高等职业教育建筑专业"十三五"规划教材

建设项目组织与管理

主　编　韩玉麒　高　倩
副主编　余佳佳　郭俊雄
参　编　黄　杉　杨茂华

西南交通大学出版社
·成　都·

图书在版编目（CIP）数据

建设项目组织与管理 / 韩玉麒，高倩主编. —成都：西南交通大学出版社，2019.1
ISBN 978-7-5643-6734-3

Ⅰ.①建… Ⅱ.①韩… ②高… Ⅲ.①基本建设项目–项目管理–高等学校–教材 Ⅳ.①F284

中国版本图书馆 CIP 数据核字（2019）第 017792 号

建设项目组织与管理

主　编	韩玉麒　高　倩
责任编辑	杨　勇
助理编辑	王同晓
封面设计	吴　兵　曹天擎
出版发行	西南交通大学出版社 （四川省成都市二环路北一段 111 号 西南交通大学创新大厦 21 楼）
邮政编码	610031
发行部电话	028-87600564　028-87600533
网址	http://www.xnjdcbs.com
印刷	四川森林印务有限责任公司
成品尺寸	185 mm×260 mm
印张	16.5
字数	411 千
版次	2019 年 1 月第 1 版
印次	2019 年 1 月第 1 次
定价	46.00 元
书号	ISBN 978-7-5643-6734-3

课件咨询电话：028-87600533
图书如有印装质量问题　本社负责退换
版权所有　盗版必究　举报电话：028-87600562

前　言

《建设项目组织与管理》是高等学校土木工程、建筑工程技术、工程管理专业的本、专科教材。建设项目组织与管理是建设工程项目管理课程的延续，主要任务是研究建设项目实施过程中的组织与管理工作。本书偏重于项目承包方在项目施工过程中的具体的组织与管理工作，可以和建设工程项目管理课程很好地结合，使学生学会运用建设工程项目管理、组织管理、施工管理，获得解决工程项目运行中的实际问题的能力，为将来从事相关工作打下良好的基础。

本书系统地介绍了工程项目管理的基本概念、工程施工组织与管理的有关概念、编制的内容和方法；重点介绍了施工组织规划中的各种施工组织方式、进度规划中的网络计划方法、施工准备工作的组织与管理，以及施工组织设计的编制方法，并结合了现在普遍使用的建筑信息化（BIM）技术，介绍了施工进度计划的计算机编制、施工场地的三维仿真设计，进一步拓展了学生的学习空间。

本书共分为9个部分，8个教学章节和1个实训章节，其中第1、2章由重庆建筑工程职业学院高倩老师编写，第3、4章由韩玉麒老师编写，第5、6章由余佳佳老师编写，第7章由郭俊雄老师编写，第8章由黄杉老师编写，实训章节由杨茂华老师编写。本教材中采用的工程案例文件、图纸文件、所用到的软件和工程文件，均可以通过扫描封底的二维码进行下载。

由于编写时间和水平有限，本书中难免存在不足之处，欢迎读者和专家批评指正。

编　者
2018年5月

目　录

1 概　述 ·· 1
   1.1 建筑产品及生产的特点 ··· 1
   1.2 工程项目综合管理 ··· 3
   1.3 工程项目管理组织 ··· 9

2 建筑施工组织与管理概论 ··· 15
   2.1 建筑施工组织与管理及其研究对象和任务 ··· 15
   2.2 建筑施工组织的原则与设计过程 ·· 19

3 施工组织方式与应用 ·· 23
   3.1 建筑施工组织方式概述 ··· 23
   3.2 流水施工的参数 ·· 29
   3.3 流水施工的组织 ·· 36
   3.4 流水施工的计算与应用 ··· 39
   3.5 流水施工综合例题 ··· 48

4 施工网络计划技术与优化 ··· 57
   4.1 建筑施工网络计划概述 ··· 57
   4.2 建筑施工网络计划图的绘制 ··· 59
   4.3 建筑施工网络计划图的计算 ··· 69
   4.4 时间坐标网络计划 ··· 75
   4.5 网络计划的检查与优化 ··· 77
   4.6 进度计划的计算机编制 ··· 83

5 施工准备工作的组织与管理 ··· 98
   5.1 施工准备工作概述 ··· 98
   5.2 施工前调查研究 ·· 101
   5.3 技术经济资料的准备 ·· 106
   5.4 施工现场准备 ··· 110
   5.5 施工队伍及物资准备 ·· 112
   5.6 季节施工准备 ··· 114
   5.7 施工准备工作计划与开工准备 ·· 116

6 施工现场的组织与管理 ··· 120
   6.1 施工现场管理概述 ·· 120
   6.2 施工现场项目经理部 ·· 122
   6.3 施工现场技术管理 ·· 125

  6.4 施工现场材料与机具的管理 ……………………………………………… 129
  6.5 施工现场劳动管理 ……………………………………………………… 136
  6.6 施工现场文明与环境保护管理 …………………………………………… 137
  6.7 施工现场安全生产管理 ………………………………………………… 141
  6.8 施工现场质量管理 ……………………………………………………… 146
  6.9 施工现场综合考评分析 ………………………………………………… 148

7 单位工程施工组织设计与管理 …………………………………………… 151
  7.1 单位工程施工组织概述 ………………………………………………… 151
  7.2 工程概况 ……………………………………………………………… 154
  7.3 施工方案 ……………………………………………………………… 155
  7.4 施工进度计划 ………………………………………………………… 166
  7.5 施工准备工作及各项资源需用量计划 …………………………………… 175
  7.6 施工平面图 …………………………………………………………… 177
  7.7 拟定技术组织措施与主要技术经济指标 ………………………………… 186

8 施工组织总设计与管理 …………………………………………………… 189
  8.1 施工组织总设计概述 …………………………………………………… 189
  8.2 工程概况及特点分析 …………………………………………………… 192
  8.3 施工部署 ……………………………………………………………… 195
  8.4 施工总进度计划 ………………………………………………………… 201
  8.5 各项资源及配置计划与施工成本计划 …………………………………… 209
  8.6 施工安全与环保计划 …………………………………………………… 214
  8.7 施工总质量计划 ………………………………………………………… 215
  8.8 施工总平面图 ………………………………………………………… 217
  8.9 技术经济指标 ………………………………………………………… 221
  8.10 各类施工组织设计的比较 ……………………………………………… 222
  8.11 BIM施工现场三维仿真布置 …………………………………………… 224

9 综合实训：某框架多层住宅楼工程施工组织总设计 ………………………… 229
  附录1 施工组织总设计编制模板 ………………………………………… 235

参考文献 ……………………………………………………………………… 257

1 概 述

【学习要点】

(1) 建筑产品及生产的特点；
(2) 工程项目有关概念；
(3) 工程项目组织与管理有关概念。

1.1 建筑产品及生产的特点

建筑产品是指建筑企业通过施工活动生产出来的产品，是建设工程的勘察、设计成果和施工、竣工验收的建筑物、构筑物及构配件和其他设施。

建筑物一般指人们进行生产、生活或其他活动的房屋或场所。例如，工业建筑、民用建筑、农业建筑和园林建筑等。

构筑物一般指人们不直接在内进行生产和生活活动的场所。如水塔、烟囱、栈桥、堤坝、蓄水池等。

1. 建筑产品的分类

在中国，建筑产品分为：
(1) 房屋建筑，包括厂房、仓库、住宅、办公楼、医院、学校、商业用房等。
(2) 构筑物，包括烟囱、窑炉、铁路、公路、桥梁、涵洞、机坪等。
(3) 机械设备和管道的安装工程（不包括机械设备本身的价值）。

建筑产品按其完成程度，又可分为：
(1) 已完工程，即竣工的房屋建筑和构筑物。
(2) 已完施工，即已完成的分部分项工程，被看作"假定产品"。
(3) 未完施工，即已投入人工、材料，但尚未完成的分部分项工程。

2. 建筑产品的特点

(1) 产品的固定性。

一般的建筑产品均由自然地面以下的基础和自然地面以上的主体两部分组成（地下建筑全部在自然地面以下）。基础承受主体的全部荷载（包括基础的自重），并传给地基，同时将主体固定在地球上。任何建筑产品都是在选定的地点上建造和使用，与选定地点的土地不可分割，从建造开始直至拆除均不能移动。所以，建筑产品的建造和使用地点是统一的，且在空间上是固定的。

（2）产品的多样性。

建筑产品不仅要满足复杂的使用功能，还要具有艺术的价值，还要体现出地方的或民族的风格、物质文明和精神文明程度。建筑设计者的水平和技巧及建设者的欣赏水平和爱好，建设地点的自然条件等因素，使建筑产品在规模、建筑形式、构造结构和装饰等方面千变万化。

（3）体积庞大。

无论是复杂的建筑产品，还是简单的建筑产品，为了满足其使用的需要，需要大量的物质资源，占据广阔的平面与空间。在建筑设计规范中，规定卧室的最小使用面积为 6 m^2，起居室最小使用面积为 12 m^2，厨房最小使用面积为 4 m^2，卫生间最小使用面积为 1.1 m^2，最低层高不能小于 2.4 m，因而建筑产品的体形庞大。

（4）具有一定的耐久性。

建筑产品的耐久性是指结构在规定的工作环境中，在预期的使用年限内，在正常维护条件下不需进行大修就能完成预定功能的能力。在我国现行国家标准《建筑结构可靠度设计统一标准》（GB 50068）确定：① 临时性结构，设计使用年限为 5 年；② 易于替换的结构构件，设计使用年限为 25 年；③ 普通房屋和构筑物，设计使用年限为 50 年；④ 纪念性建筑和特别重要的建筑结构，设计使用年限为 100 年，若建设单位提出更高要求，也可按建设单位的要求确定。因此，建筑产品需要有一定的耐久性。

3. 建筑产品生产的特点

建筑产品的特点决定了它的生产的特点与一般工业产品生产的特点相比，有自身的特殊性。其具体特点如下：

（1）建筑产品生产的流动性。

建筑产品地点的固定性决定了产品生产的流动性。一般的工业产品都是在固定的工厂、车间内进行生产，而建筑产品的生产是在不同的地区，或同一地区的不同现场，或同一现场的不同单位工程，或同一单位工程的不同部位组织工人、机械围绕着同一建筑产品进行生产。因此，使建筑产品的生产在地区与地区之间、现场之间和单位工程不同部位之间流动。

（2）建筑产品生产的单件性。

建筑产品地点的固定性和类型的多样性决定了产品生产的单件性。一般的工业产品是在一定的时期里，统一的工艺流程中进行批量生产，而具体的一个建筑产品应在国家或地区的统一规划内，根据其使用功能，在选定的地点上单独设计和单独施工。即使是选用标准设计、通用构件或配件，由于建筑产品所在地区的自然、技术、经济条件的不同，也使建筑产品的结构或构造、建筑材料、施工组织和施工方法等需要因地制宜地加以修改，从而使各地建筑产品生产具有单件性。

（3）建筑产品生产的地区性。

建筑产品的固定性决定了同一使用功能的建筑产品因其建造地点的不同必然受到建设地区的自然、技术、经济和社会条件的约束，使其结构、构造、艺术形式、室内设施、材料、施工方案等方面均各异。因此建筑产品的生产具有地区性。

（4）建筑产品生产周期长。

建筑产品的固定性和体形庞大的特点决定了建筑产品生产周期长。因为建筑产品体形庞大，使得建筑产品的建成必然耗费大量的人力、物力和财力。同时，建筑产品的生产全过程还要受到工艺流程和生产程序的制约，使各专业、工种间必须按照合理的施工顺序进行配合和衔接。又由于建筑产品地点的固定性，使施工活动的空间具有局限性，从而导致建筑产品的生产具有生产周期长、占用流动资金大的特点。

（5）建筑产品生产的露天作业多。

建筑产品地点的固定性和体形庞大的特点，决定了建筑产品生产露天作业多。因为形体庞大的建筑产品不可能在工厂、车间内直接进行施工，即使建筑产品生产达到了高度的工业化水平，也只能在工厂内生产其各部分的构件或配件，仍然需要在施工现场内进行总装配后才能形成最终建筑产品。因此建筑产品的生产具有露天作业多的特点。

（6）建筑产品生产的高空作业多。

由于建筑产品体形庞大，决定了建筑产品生产具有高空作业多的特点。特别是随着城市现代化的发展，高层建筑物的施工任务日益增多，使得建筑产品生产高空作业的特点日益明显。

（7）建筑产品生产组织协作的综合复杂性。

由上述建筑产品生产的诸特点可以看出，建筑产品生产的涉及面广。在建筑企业的内部，它涉及工程力学、建筑结构、建筑构造、地基基础、水暖电、机械设备、建筑材料和施工技术等学科的专业知识，要在不同时期，不同地点和不同产品上组织多专业、多工种的综合作业。在建筑企业的外部，它涉及各不同种类的专业施工企业，以及城市规划、土地征用、勘查设计、消防、现场准备、公共事业、环境保护、质量监督、科研试验、交通运输、银行财政、机具设备、物质材料，还有电、水、热、气的供应，劳务等社会各部门和各领域的复杂协作配合，从而使建筑产品生产的组织协作关系综合复杂。

1.2 工程项目综合管理

1.2.1 工程项目有关概念

1）建筑业

从事建筑工程和安装工程的勘查设计、建筑施工、设备安装和建筑工程维修、更新等建筑安装生产活动的一个物质生产部门。

2）建安工程

建安工程是建筑工程与安装工程的简称，建筑工程包括各类房屋和构筑物的建造，各类管道、输配电线、电信电缆及设备基础、工作台、工业炉的修筑，以及金属结构工程，土地平整工程，场地清理工程，绿化工程，天然气及石油钻井工程，水利工程，防洪工程，铁路、公路、桥梁修筑工程。安装工程包括生产、动力、运输、起重传动、医疗、实验所需的机械设备的装配，装置工程，工作台、工作体的装设工程，管线的敷设、绝缘、保温、油漆工程，设备调试、试车。

3）基本建设

凡固定资产扩大再生产的新建、改建、扩建、恢复工程及与之相连带的工作。

（1）基本建设的性质：固定资产的扩大再生产。

（2）基本建设的内容：固定资产的购置；固定资产建筑安装；其他基本建设内容（人员培训、房屋搬迁等）。

（3）基本建设的分类

① 按投资的用途分为：

生产性建设，指直接用于物质生产或为物质生产服务的建设。主要内容包括工业、农业、建筑业、运输、邮电等。

非生产性建设，指用于满足人民物质文化生活需要的建设。主要内容包括住宅、医疗卫生、科研、办公等。

② 按建设性质分为：新建项目；扩建项目；改建项目；恢复项目；迁移项目。扩建项目和改建项目通常合称为改扩建项目。

③ 按投资额构成分为：建筑安装工程；设备、工具、器具购置；其他。

④ 按建设规模分为：大型项目；中型项目；小型项目。

4）基本建设项目的组成

（1）基本建设项目：在一个或几个场地上按照一个总体设计进行施工的多个单项工程的总和。

（2）单项工程。

单项工程是建设项目的组成部分，具有独立的设计文件，竣工后能单独发挥设计所规定的生产能力或效益的一组配套齐全的工程项目，是建设工程项目的组成部分。单项工程从施工的角度看是一个独立的系统，在工程项目总体施工部署和管理目标的指导下，形成自身的项目管理方案和目标，依照其投资和质量要求，如期建成并交付使用。如某生产厂家的某一子工厂，畜牧养殖项目中的饲料加工车间、畜禽养殖场、屠宰加工车间等，工厂中的生产车间、办公楼、住宅，学校中的教学楼、食堂、宿舍等，它是基建项目的组成部分。

（3）单位工程。

单位工程是指具备独立施工条件并能形成独立使用功能的建筑物及构筑物。从施工的角度看，单位工程就是一个独立的交工系统，有自身的项目管理方案和目标，按业主的投资及质量要求，如期建成交付生产和使用。道路、桥梁、水塔、水坝、烟囱通常是一个设施，即称为单位工程。与单项工程不同的是单位工程竣工后不能独立发挥其生产能力或价值。

单位工程是指具有单独设计和独立施工条件，但不能独立发挥生产能力或效益的工程，它是单项工程的组成部分。

如生产车间这个单项工程是由厂房建筑工程和机械设备安装工程等单位工程所组成。建筑工程还可以细分为一般土建工程、水暖卫工程、电器照明工程和工业管道工程等单位工程。两者的区别主要是看它竣工后能否独立地发挥整体效益或生产能力。

(4) 分部工程。

分部工程是单位工程的组成部分,是建筑工程和安装工程的各个组成部分,按建筑工程的主要部位或工种工程及安装工程的种类划分。如土方工程、地基与基础工程、砌体工程、地面工程、装饰工程、管道工程、通风工程、通用设备安装工程、容器工程、自动化仪表安装工程、工业炉砌筑工程等。分部工程是单位工程的组成部分,分部工程划分是按照专业性质,建筑部位确定的。

(5) 分项工程。

分项工程是指分部工程的组成部分,是施工图预算中最基本的计算单位。它是按照不同的施工方法、不同材料的不同规格等,将分部工程进一步划分的。例如,钢筋混凝土分部工程,可分为捣制和预制两种分项工程;预制楼板工程,可分为平板、空心板、槽型板等分项工程;砖墙分部工程,可分为实心墙、空心墙、内墙、外墙、一砖厚墙、一砖半厚墙等分项工程。

(6) 检验批:检验批是指按同一生产条件或按规定的方式汇总起来供检验用的,由一定数量样本组成的检验体。是根据施工及质量控制和专业验收需要,按楼层、施工段、变形缝等进行划分,是工程质量验收的基本单元(最小单位)。

1.2.2 工程项目管理

建筑工程项目管理是指在一定约束条件下,以建筑工程项目为对象,以最优实现建筑工程项目目标为目的,以建筑工程项目经理负责制为基础,以建筑工程承包合同为纽带,对建筑工程项目进行高效率的计划、组织、协调、指挥、控制的系统管理活动。

工程项目管理的含义有多种表述,英国皇家特许建造学会(CIOB)对其作了如下的表述:自项目开始至项目完成,通过项目策划(Project Planning)和项目控制(Project Control),使项目的费用目标、进度目标和质量目标得以实现。此解释得到许多国家建造师组织的认可,在工程管理业界有相当的权威性。在此表述中"自项目开始至项目完成"指的是项目的实施期;"项目策划"指的是目标控制前的一系列筹划和准备工作;"费用目标"对业主而言是投资目标,对施工方而言是成本目标。项目决策期管理工作的主要任务是确定项目的定义,而项目实施期项目管理的主要任务是通过管理使项目的目标得以实现。

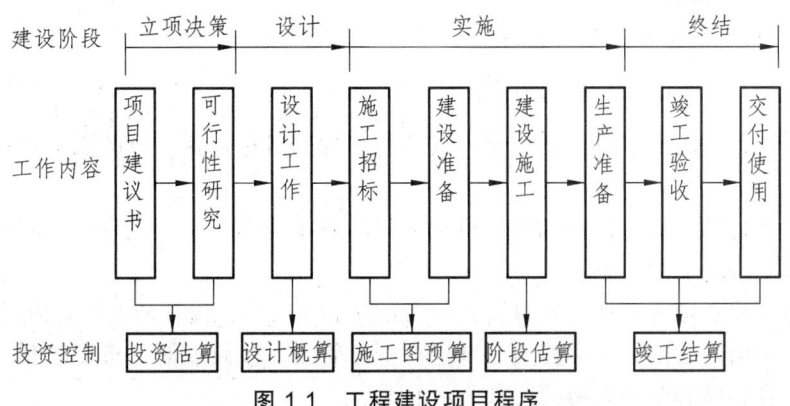

图 1.1 工程建设项目程序

1.2.3 工程项目综合管理

1. 工程项目综合管理的目的

对工程项目进行综合管理的目的是保证顺利实现项目的整体目标，统筹安排、沟通、协调各方的要求，对项目实施过程中的各种矛盾冲突进行有效解决，并通过综合管理实现工程项目的质量、进度、费用、安全等目标，使项目管理工作形成有效的整体。

2. 工程项目综合管理的基本原则

1）实现项目总体目标是综合管理工作的准绳

工程项目建设中各项具体工作都要以实现项目总体目标的功能和技术、经济指标要求为准绳，来化解各项矛盾和冲突。

2）沟通是工程项目综合管理工作顺利开展的主要手段

（1）通过沟通、协调，将参与各方的认识和要求统一，从而使行动纲领统一。

（2）通过沟通、协调，明确各项工作的顺序和衔接，加强协作和配合。

（3）通过沟通、协调，顺利地解决执行中出现的新情况、新问题、新矛盾。

3）保持工程项目各项工作的整体协调、有序运行

（1）确保各项工作分工明确，界面清晰，层次分明，责任到人以便于管理。

（2）确保一切工作纳入计划，尽可能在行动之前解决矛盾和冲突。

（3）确保各项工作都要按计划运行、完成，不盲目赶工和超前。

3. 工程项目综合管理的内容和任务

一个工程项目往往由许多参与单位承担不同的建设任务，而各参与单位的工作性质、工作任务和利益不同，因此就形成了不同类型的项目管理。

按工程项目不同参与方的工作性质和组织特征划分，工程项目管理有以下类型：

① 业主方的项目管理；
② 设计方的项目管理；
③ 施工方的项目管理；
④ 供货方的项目管理；
⑤ 建设项目总承包方的项目管理。

1）业主方项目管理的目标和任务

业主方项目管理服务于业主的利益，其项目管理的目标包括项目的投资目标、进度目标和质量目标。

项目的投资目标、进度目标和质量目标之间既有矛盾的一面，也有统一的一面，它们之间的关系是对立又统一的关系。

业主方的项目管理工作涉及项目实施阶段的全过程，即在设计前的准备阶段、设计阶段、施工阶段、动用前准备阶段和保修期分别进行安全管理、投资控制、进度控制、质量控制、合同管理、信息管理和组织和协调，如表1.1所示。

表 1.1　业主方项目管理的任务

	设计前的准备阶段	设计阶段	施工阶段	动用前准备阶段	保修期
安全管理					
投资控制					
进度控制					
质量控制					
合同管理					
信息管理					
组织和协调					

表 1-1 构成业主方 35 个分块项目管理的任务。其中安全管理是项目管理中的最重要的任务，因为安全管理关系到人的健康与安全，而投资控制、进度控制、质量控制和合同管理等则主要涉及物质的利益。

2）设计方项目管理的目标和任务

其项目管理的目标包括设计的成本目标、设计的进度目标和设计的质量目标，以及项目的投资目标。

设计方项目管理的任务包括：

① 与设计工作有关的安全管理；
② 设计成本控制和与设计工作有关的工程造价控制；
③ 设计进度控制；
④ 设计质量控制；
⑤ 设计合同管理；
⑥ 设计信息管理；
⑦ 与设计工作有关的组织和协调。

3）施工方项目管理的目标和任务

其项目管理的目标包括施工的成本目标、施工的进度目标和施工的质量目标。

施工方项目管理的任务包括：

① 施工安全管理；
② 施工成本控制；
③ 施工进度控制；
④ 施工质量控制；
⑤ 施工合同管理；
⑥ 施工信息管理；
⑦ 与施工有关的组织与协调。

4）供货方项目管理的目标和任务

其项目管理的目标包括供货方的成本目标、供货的进度目标和供货的质量目标。

供货方项目管理的任务包括：
① 供货的安全管理；
② 供货方的成本控制；
③ 供货的进度控制；
④ 供货的质量控制；
⑤ 供货合同管理；
⑥ 供货信息管理；
⑦ 与供货有关的组织与协调。

5）建设项目总承包方项目管理的目标和任务

其项目管理的目标包括项目的总投资目标和总承包方的成本目标、项目的进度目标和项目的质量目标。

建设项目总承包方项目管理的任务包括：
① 安全管理；
② 投资控制和总承包方的成本控制；
③ 进度控制；
④ 质量控制；
⑤ 合同管理；
⑥ 信息管理；
⑦ 与建设项目总承包方有关的组织和协调。

4. 工程项目综合管理的过程

1）综合管理过程的策划

（1）项目整体目标的设定是开展项目管理的前提。目标设定的内容如下：
① 投资建设的主要内容，建成后需要达到的功能及产品的生产能力；
② 项目投资的过程和各阶段的主要里程碑；
③ 对各里程碑交付成果的质量要求；
④ 对费用控制的要求。

（2）项目管理模式的选择和确定。

项目具体管理的承担者主要是业主单位、咨询服务单位和承包商。选择项目管理模式时考虑的因素主要有以下几点：
① 业主本身的人力资源状况；
② 咨询服务机构的能力与信誉；
③ 承包商的能力与信誉；
④ 上级主管单位的意愿。

（3）根据合同规定的项目管理的范围和职责分工。

① 各项管理单位的工作主要有：针对项目规定的各项目标要求建立合适的组织机构，逐级分解落实各项任务；建立各类管理体系（质量管理、进度管理、费用管理、安全管理等）。
② 各类管理体系必须在公开、透明的项目管理体系文件上体现，这些项目管理体系文件

主要包括：组织机构、部门和岗位职责，资源管理、项目管理程序，作业指导书和岗位工作手册等。

③ 在项目经理的领导下发动项目管理全体人员共同参与制定。

④ 工程管理文件具体要求以下两点：第一，在反复协调的基础上制定工程项目管理文件的内容，使所有文件形成一个有机的整体，相互配套；第二，工程项目管理文件的文字应当简明扼要，言语科学，解释清楚，便于执行。

（4）工程项目综合管理的框架。

图1.2说明了工程项目综合管理的框架。横轴表示工程项目建设周期的各阶段工作任务，纵轴表示各种项目管理目标，工程项目综合管理用图中箭头表示，箭头随着工程项目建设周期演变而更加集中。

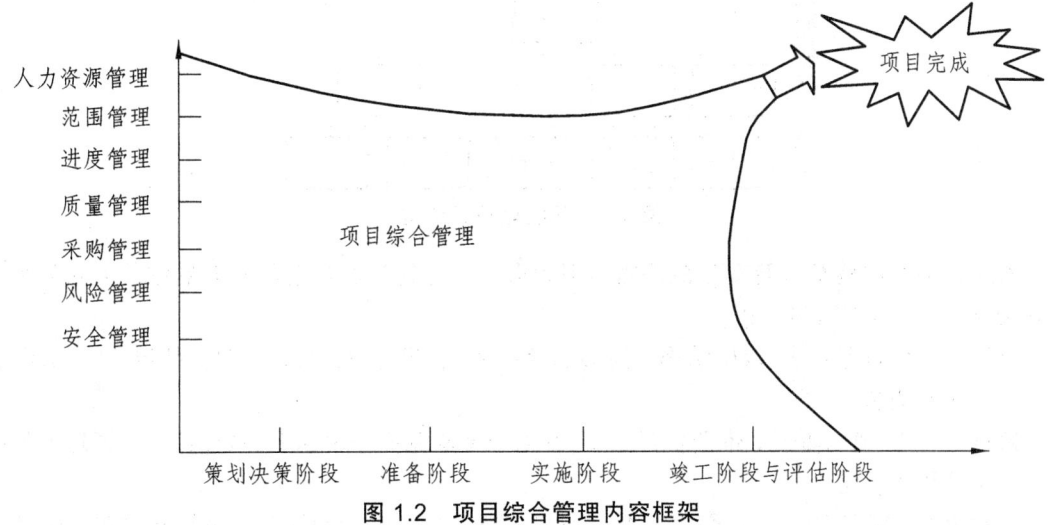

图1.2　项目综合管理内容框架

1.3　工程项目管理组织

1.3.1　工程项目管理组织的定义

工程项目管理组织是指为了实现工程项目目标而进行的系统的设计、建立和运行，建成一个可以完成工程项目管理任务的组织机构，建立必要的规章制度，划分并明确岗位、层次、责任和权力，并通过一定岗位人员的规范化行为和信息流通，实现管理目标。

工程项目管理组织是在整个工程项目中从事各种管理工作的人员的组合。工程项目的业主、承包商、设计单位、材料设备供应单位都有自己的工程项目管理组织，这些组织之间存在各种联系，有各种管理工作、责任和任务的划分，形成工程项目总体的管理组织系统。这种组织系统和工程项目组织存在一致性，故一般情况下并不明确区分工程项目组织和工程项目管理组织，而将其视为同一个系统。

1.3.2 工程项目管理组织的结构

项目实施组织结构的类型从面向功能到面向活动的程度进行划分，可分为直线型、职能型、直线职能型、项目型、矩阵型等。

1. 直线型组织

直线型组织结构是一种最早也是最简单的组织形式。它的特点是组织各级行政单位从上到下实行垂直领导，组织最高管理者至最低执行者之间的行政指挥系统架构类似于一条直线，每个下属部门只接受一个上级的指令，不另设职能机构，各级主管负责人对所属单位的一切问题负责。如下图1.3所示。

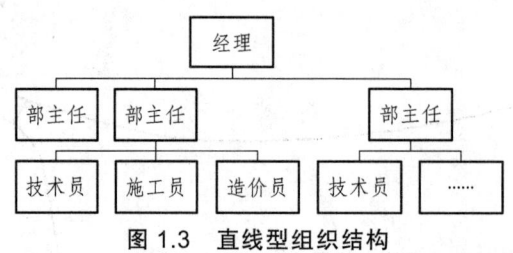

图 1.3 直线型组织结构

直线型组织结构是最简单和最基础的组织形式。它的特点是企业各级单位从上到下实行垂直领导，呈金字塔结构。

直线型的优点是：① 目标明确，沟通迅速；② 指挥统一，有利于项目控制；③ 有利于全面型人才的成长。

缺点是：① 机构重复，浪费资源；② 不利于企业专业技术水平的提高；③ 管理者负担过重；④ 结构不稳定。

这种组织结构适用于企业规模不大，职工人数不多，生产和管理工作都比较简单的情况或者企业中某单独的现场作业管理。

2. 职能型组织

职能型组织结构是在组织内设置若干职能部门，比如财务部门，人事部门，这些部门都有权在各自业务范围内向下级下达命令。也就是各基层组织都接受各职能部门的领导。如下图1.4所示。

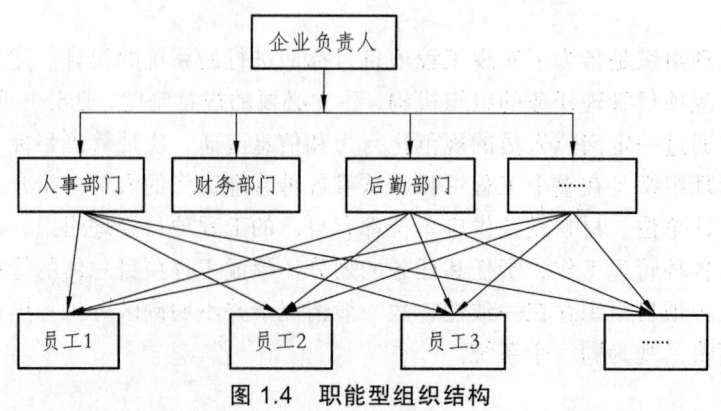

图 1.4 职能型组织结构

职能型组织结构是以工作方法和技能作为部门划分的依据。现代企业中许多业务活动都需要有专门的知识和能力。通过将专业技能紧密联系的业务活动归类组合到一个单位内部，可以更有效地开发和使用技能，提高工作的效率。职能型的优点是：① 有利于企业效率、技术提升；② 可以更加灵活的利用企业资源；③ 有利专业管理协调职能的充分发挥。缺点是：① 指令源不唯一，破坏统一指挥原则；② 职能部门之间协调困难，办事效率低；③ 容易出现责任不明。

职能制实行的条件是：企业必须有较高的综合平衡能力，各职能部门按企业综合平衡的结果，为同一个目标进行专业管理。否则，就不宜采用职能制。

3. 直线职能型组织

其实，在现代管理中，单纯的直线型或职能型的组织方式都是不可行的，单纯的直线型，对于每层管理者要求高，同时每层的管理者要负担其所管理的人员的所有方面的工作，单纯的职能型，会造成职能部门面对大量的部门员工，同时会造成复杂的多头领导。所以，现代的企业组织，如果采取这两种方式时，通常会将两者结合起来，就构成直线职能型管理组织。

这种组织结构形式是把企业管理机构和人员分为两类：一类是直线领导机构和人员，按命令统一原则对各级组织行使指挥权；另一类是职能机构和人员，按专业化原则，从事组织的各项职能管理工作。直线领导机构和人员在自己的职责范围内有一定的决定权和对所属下级的指挥权，并对自己部门的工作负全部责任。而职能机构和人员，则是直线指挥人员的参谋，不能对直接部门发号施令，只能进行业务指导。

直线职能制兼顾了直线制和职能制的优点，同时，不可避免的也兼带两方面的缺点。因而在企业真正执行时，往往会在各个直线部门中也设置一些职能岗位，由这些岗位和各职能部门管理对接，来增加工作效率。

4. 项目型组织

项目型组织作主要适合于开展各种业务项目的企业，是一种专门为开展一次性和独特性的项目任务而建立的组织结构。例如，现有的建筑施工企业、系统开发与集成企业和管理咨询企业等多数都采用这种组织结构。在项目型组织中，雇员多数属于某个项目团队，而项目团队通常是多种职能人员组合而成的。在这种组织中也会有一定数量的职能部门负责整个企业的职能管理业务。例如，人力资源管理、财务管理和业务管理部门等。项目型组织的职能部门一般不行使对项目经理的直接领导，只是为各种项目提供支持或服务。

这种项目型组织的主要使命是开展各种业务项目。在这种组织中，绝大多数人员专门从事项目工作，只有少数人从事职能管理工作。这种组织中的项目经理是专职的，而且具有较大的权力和很高的权威性。这种组织的项目团队由专职项目经理、项目管理人员、项目工作人员和少量临时抽调的项目工作人员构成。例如，一个管理咨询公司中专门负责"战略管理咨询"的项目团队，有专职的项目经理、项目管理人员和专职的项目工作人员，在开展一些特殊行业的"战略管理咨询"时才会从本公司或外公司聘用少量熟悉这一特殊行业的专业人员参加项目团队的工作。项目型组织是非常适合于开展项目和项目管理的一种组织形式，所以多数从事业务项目经营活动的企业都采取这种组织结构和模式。这种项目型组织的结构如图1.5所示。

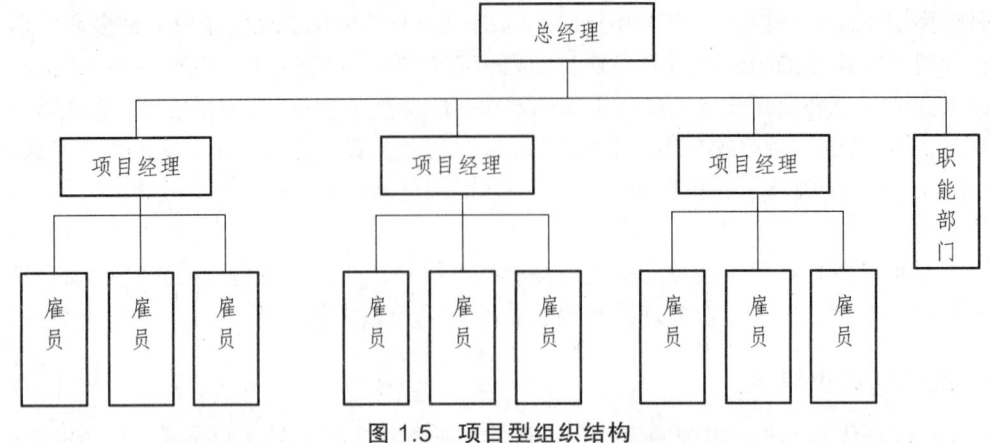

图 1.5 项目型组织结构

项目型组织结构某种程度上和直线型很相近，比较适合于小型项目，员工与员工之间的关系也比较松散，可能项目雇员并非组织成员，一个项目结束后，雇员即可离开。

5. 矩阵型组织

矩阵型组织是一种职能型组织和项目型组织的混合物，按照职能划分的纵向领导系统和按项目（任务或产品）划分的横向领导系统相结合的组织形式。这种纵横交叉的领导系统构成了矩阵结构。如图 1.6 所示

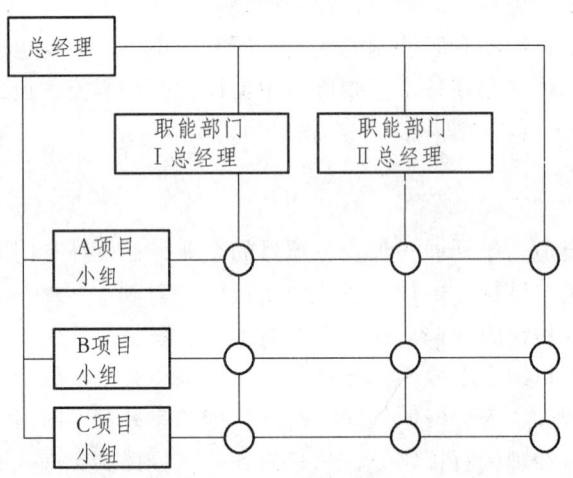

图 1.6 矩阵型组织结构

这种组织结构中既有适合于日常运营的直线职能型组织结构，又有适合于完成专门任务的项目型组织结构，因此它适合于既有日常运营业务，又有项目工作的企业或组织。例如，各种综合性医院、高等院校、软件开发企业和科研机构等。这种组织结构根据直线职能制和矩阵制的混合程度不同，又可以分为强矩阵型组织、弱矩阵型组织和均衡矩阵型组织。强弱不同的矩阵型组织分别保留了不同程度的直线职能型组织的特点。例如，在弱矩阵型组织中，项目经理的角色主要是协调者或促进者的角色，项目经理的权威性较低，有的项目经理甚至还是兼职的。同时，矩阵型组织也具有许多项目型组织的特点。例如，在强矩阵型的项目组

织中，有专职的项目经理、专职的项目管理队伍，项目经理也具有较大的权力等。

矩阵型组织的主要特色是它的专业职能部门构成了矩阵型组织的"列"，同时这种组织建立的项目团队构成了矩阵型组织的"行"。矩阵型组织从不同职能部门抽调各种专业人员组成一个个项目团队，当这些项目团队的任务结束以后，项目团队的人员又可以回到原来的专业职能部门中去，所以它具有很大的灵活性。

矩阵型组织的优点是：① 具有灵活性，能够对客户和公司的要求做出较快的响应；② 项目经理负责制，增加了工作效率；③ 当有多个项目同时进行时，公司可以对各个项目所需资源、进度与成本等进行统一协调与平衡，保证每个项目都能完成预期目标；④ 项目中的行政管理人员，利于提高公司高层管理者对项目的信任；⑤ 当项目结束时，项目团队成员各自回到原来的职能部门，方便对人力资源进行管理。其缺点是：① 会造成多重领导，项目经理和职能部门会对工作人员产生多重领导；② 对项目经理的能力要求较高，不仅要处理好资源分配、技术支持、进度安排等方面的工作，还需要懂得如何与各职能部门进行协调和配合；③ 项目经理只关注项目的成败，可能会影响整个企业收益。

矩阵结构适用于一些重大攻关项目。企业可用来完成涉及面广的、临时性的、复杂的重大工程项目或管理改革任务。特别适用于以开发与实验为主的单位，例如科学研究单位，尤其是应用性研究单位等。

6. 组合型组织

组合型组织是一种集成直线型、职能型、项目型和矩阵型组织的全面组合。这种组织既有直线职能部门，又有为完成各类项目而设立的矩阵型组织和项目型组织。从项目型组织的特性上说，这种组织有自己专门的项目队伍，这种项目队伍设立有自己的管理规章制度，他们使用与本企业直线职能部门不同的规章制度，他们可以建立独立的报告和权力体系结构。同时，这类组织的直线职能部门和项目部门与项目队伍还可以为完成一些特定的项目而按照矩阵型组织的方法去组织项目团队，在项目完成后这种项目团队的人员可以回到原有的职能部门或项目部门中去，因此这种组织具有浓厚的矩阵型组织的色彩。

1.3.3 工程施工现场管理组织结构

依据国际工程承包惯例，施工项目管理应以高效地实现项目目标为目的，以项目经理负责制为基础，因此承包商的工程管理和实施模式，一般为公司和项目经理部两级，重点突出进行具体工程施工的项目经理部的管理作用。在工程施工现场，多设置为项目经理负责制的项目型组织结构形式。

项目经理部下设：

（1）项目经理，全面负责工程，组织带领项目部人员、班组长进行学习，确保工程质量、进度，完满完成工程。

（2）技术负责人，指导督促现场人员搞好工程的质量、安全检查，参与质量事故的调查、分析及处理。全面负责工程项目施工组织设计，施工技术和质量控制工作。

（3）施工员，负责施工现场地放线、定位、标高、复核等施工技术具体工作。将施工工艺、质量要求向施工班组交底。

（4）材料员，负责工程原料、材料、工具、构配件的订货、供应、运输与验收工作。

安全员，负责安全技术措施的编制及安全生产的各项规章制度的落实工作。

质检员，负责进场的原材料、配件、构件、机械的送检、检验、测试等工作。

资料员，负责记录施工全过程的各类资料的收集，采集并分类组卷，建立与竣工资料目录相符的资料档案。

具体的现场组织形式如图1.7所示。

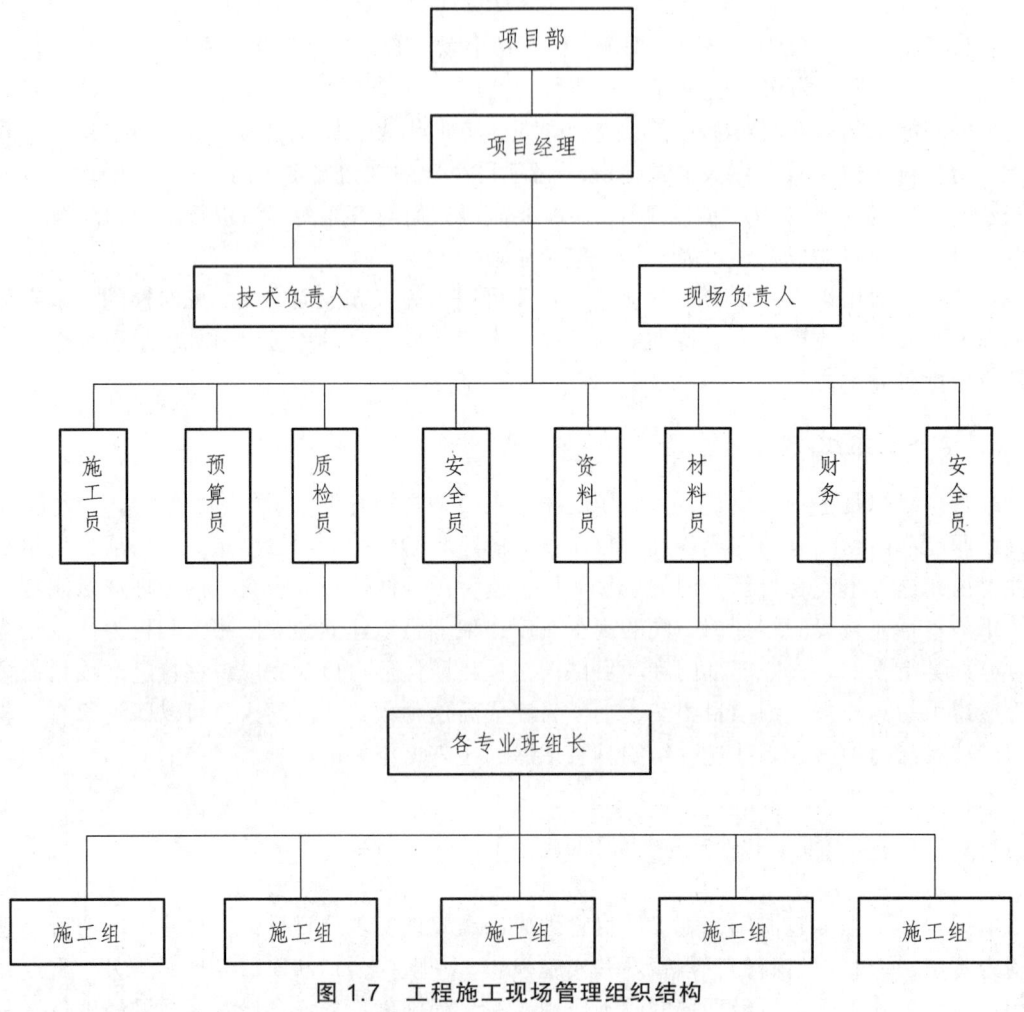

图1.7　工程施工现场管理组织结构

【思考题】

（1）建筑产品与其他产品相比，有什么独特的特点？
（2）基本建设项目的组成有哪些？
（3）根据工程项目不同参与方，工程项目管理包含哪些方面？
（4）工程项目的基本建设程序有哪些？

2 建筑施工组织与管理概论

【学习要点】

（1）建筑施工组织与管理的定义、研究对象；
（2）建筑施工组织与管理的原则与编制。

2.1 建筑施工组织与管理及其研究对象和任务

2.1.1 建筑施工组织与管理的定义和作用

随着社会经济的发展和建筑技术的进步，现代建筑施工已成为一项过程十分复杂的生产活动。一个大型建设项目的建筑施工安装工作，不但包括组织成千上万的各种专业建筑工人和数量众多的各类建筑机械、设备有条不紊地投入工程施工中，还包括组织种类繁多的，数以万计的建筑材料、制品和构配件的生产、运输、储存和供应工作，组织施工机具的供应、维修和保养工作，组织施工现场临时供水、供电、供热，以及安排施工现场生产和生活所需的各种临时建筑等，这些工作的组织与协调，对于多快好省地进行工程建设具有十分重要的意义。

施工组织是指根据批准的建设计划、设计文件（施工图）和工程承包合同，对土建工程任务从开工到竣工交付使用，所进行的计划、组织、控制等活动的统称。

施工组织设计是用以指导施工组织与管理、施工准备与实施、施工控制与协调，以及资源的配置与使用等全面性的技术、经济文件，是对施工活动的全过程进行科学管理的重要手段。通过编制施工组织设计，可以针对工程的特点，根据施工环境的各种具体条件，按照客观的规律施工。

施工组织设计是对施工活动实行科学管理的重要手段，它具有战略部署和战术安排的双重作用。它体现了实现基本建设计划和设计的要求，提供了各阶段的施工准备工作内容，协调施工过程中各施工单位、各施工工种、各项资源之间的相互关系。包括施工技术和施工质量的要求。

施工组织设计是规划和指导拟建工程从施工准备到竣工验收全过程的一个综合性的技术经济文件，是沟通工程设计和施工之间的桥梁，它既要体现拟建工程的设计和使用要求，又要符合建筑施工的客观规律，对施工的全过程起到战略部署或战术安排的作用，具体如下：

① 施工组织设计可以指导工程投标与签订工程承包合同,并作为投标书的内容和合同文件的一部分。

② 施工组织设计是施工准备工作的重要组成部分,对施工过程实行科学管理,以确保各施工阶段的准备工作按时进行。

③ 施工组织设计是对拟建工程施工的全过程实行科学管理的重要手段,是检查工程施工进度、质量、成本三大目标的依据。

④ 通过施工组织设计的编制,确定施工方法、施工顺序、劳动组织和技术组织措施等,提高综合效益。

2.1.2 建筑施工组织与管理的研究对象和分类

建筑施工组织就是针对建筑工程施工的复杂性,研究工程建设的统筹安排与系统管理的客观规律,根据工程项目单件性生产的特点,进行特有的资源配置的生产组织。

建筑施工组织须详细地研究工程的特点,地区环境和施工条件的特征,从施工的全局和技术经济的角度出发,遵循施工工艺的要求,合理安排施工过程的空间布置和时间排列,科学组织物质资源的供应和消耗,把施工中各单位、各部门及各施工阶段的关系更好地协调起来。

施工组织设计应包含有以下主要内容:

1) 工程任务情况

施工组织设计的第一部分要将本建设项目的工程概况作简要说明。

(1) 工程简况:结构形式,建筑总面积,概算价格,占地面积,地质概况等。

(2) 施工条件:建设地点,建设总工期,分期分批交工计划,承包方式,建设单位的要求,承建单位的现有条件,主要建筑材料供应情况,运输条件及工程开工尚需解决的主要问题。

2) 施工总方案

包括主要施工方法,工程施工进度计划;主要单位工程;综合进度计划和施工力量、机具及部署。

3) 施工组织技术措施

包括工程质量保证、安全防护及环境污染防护等各种措施。

4) 施工总平面布置图

在施工现场合理布置仓库、施工机械、运输道路、临时建筑、临时水电管网、围墙、门卫等,并要考虑消防安全设施。最后设计出施工总平面布置图或单位工程、分部工程的施工总平面布置图。

5) 总包和分包的分工范围及交叉施工部署

建设工程必须按照批准的施工组织设计进行。在施工过程中确需对施工组织设计进行重大修改的,必须报经有关部门批准同意。

6) 施工组织设计主要技术经济指标

这是衡量施工组织设计编制好坏的一个标准,它包括劳动力均衡性指标、工期指标、劳动生产率、机械化程度、机械利用率、降低成本等指标。

在上述的几项基本内容中，施工方案和施工组织技术措施是贯彻整个施工阶段的工作，其余各项主要用于指导准备工作的进行，为顺利施工做好各项准备工作。施工组织设计的几项主要内容是密切联系不可分割的，它们之间既相互依存又相互制约，因此，在编制施工组织设计要抓住核心问题，才能同时处理好各个方面的关系。对应于上述的主要内容，施工组织设计应至少包含有以下文件：一份施工组织设计说明书，一张工程施工进度计划表，一套施工现场平面布置图。这套文件又称"三一"文件。

一方面全部工程能否按期完成，或者分部工程能否提前交付使用，主要取决于施工进度计划的安排；而施工进度计划的安排又必须依据施工准备工作，场地条件，劳动力、机械设备、材料的供应和施工的技术水平来制定和实施。另一方面，施工准备工作的规模和进度，施工平面的分期布置，各项业务组织的规模和各项资源计划，必须以施工的进度计划为依据，所以，施工进度计划是施工组织设计中的关键环节。

建筑施工组织设计按照不同的分类方法，有如下几种类型：

1）按编制目的不同分类

（1）投标性施工组织设计：在投标前，由企业有关职能部门负责牵头编制，在投标阶段以招标文件为依据，为满足投标书和签订施工合同的需要编制。

（2）实施性施工组织设计：在中标后施工前，由项目经理负责牵头编制，在实施阶段以施工合同和中标施工组织设计为依据，为满足施工准备和施工需要编制。

2）按编制对象范围不同分类

（1）施工组织总设计：是以整个建设项目或群体工程为对象，规划其施工全过程各项活动的技术、经济的全局性、指导性文件，是整个建设项目施工的战略部署，内容比较概括。

一般是在初步设计或扩大设计批准之后，由总承包单位的总工程师负责，会同建设、设计和分包单位的总工程师共同编制。

施工组织总设计的主要内容如下：

① 建设项目的工程概况；
② 施工部署及其核心工程的施工方案；
③ 全场性施工准备工作计划；
④ 施工总进度计划；
⑤ 各项资源需求量计划；
⑥ 全场性施工总平面图设计；
⑦ 主要技术经济指标（项目施工工期、劳动生产率、项目施工质量、项目施工成本、项目施工安全、机械化程度、预制化程度、暂设工程等）。

（2）单位工程施工组织设计：是以单位工程为对象编制的，是用以直接指导单位工程施工全过程各项活动的技术，经济的局部性、指导性文件，是施工组织总设计的具体化，具体地安排人力、物力和实施工程。

它是在施工图设计完成后，以施工图为依据，由工程项目的项目经理或主管工程师负责编制的。

单位工程施工组织设计的主要内容如下：
① 工程概况及施工特点分析；
② 施工方案的选择；
③ 单位工程施工准备工作计划；
④ 单位工程施工进度计划；
⑤ 各项资源需求量计划；
⑥ 单位工程施工总平面图设计；
⑦ 技术组织措施、质量保证措施和安全施工措施；
⑧ 主要经济技术指标。

（3）分部工程施工组织设计：一般针对工程规模大、特别重要的、技术复杂、施工难度大的建筑物或构筑物，或采用新工艺、新技术的施工部分，或冬雨季施工等为对象编制，是专门的、更为详细的专业工程设计文件。

分部工程施工组织设计的主要内容：
① 工程概况及施工特点分析；
② 施工方法和施工机械的选择；
③ 分部工程的施工准备工作计划；
④ 分部工程的施工进度计划；
⑤ 各项资源需求量计划；
⑥ 技术组织措施、质量保证措施和安全施工措施；
⑦ 作业区施工平面布置图设计。

三类施工组织设计的内容对比如表2.1。

表2.1 三类施工组织设计内容对比

施工组织总设计	单位工程施工组织设计	分部（分项）工程施工组织设计
建设项目的工程概况	工程概况及施工特点分析	工程概况及施工特点分析
施工部署及其核心工程的施工方案	施工方案的选择	施工方法和施工机械的选择
全场性施工准备工作计划	单位工程施工准备工作计划	分部（分项）工程的施工准备工作计划
施工总进度计划	单位工程施工进度计划	分部（分项）工程的施工进度计划
各项资源需求量计划	各项资源需求量计划	各项资源需求量计划
全场性施工总平面图设计	单位工程施工总平面图设计	作业区施工平面布置图设计
—	技术组织措施、质量保证措施和安全施工措施	技术组织措施、质量保证措施和安全施工措施
主要技术经济指标（项目施工工期、劳动生产率、项目施工质量、项目施工成本、项目施工安全、机械化程度、预制化程度、暂设工程等）	主要技术经济指标（工期、资源消耗的均衡性、机械设备的利用程度等）	—

2.2 建筑施工组织的原则与设计过程

2.2.1 建筑施工组织的依据与原则

在进行建筑施工组织的设计时,要依照一定设计依据和设计原则。首先,建筑施工组织的设计依据如下:

1)计划文件

(1)建设项目的可行性研究报告。
(2)国家批准的固定资产投资计划。
(3)单位工程项目一览表。
(4)施工项目分期分批投产计划。
(5)投资指标和设备材料订货指标。
(6)建设地点所在地区主管部门的批复文件。
(7)施工单位主管部门下达的施工任务。

2)设计文件

(1)经批准的初步设计或技术设计及设计说明书。
(2)项目总概算或修正总概算。

3)合同文件和建设地区的调查资料

(1)合同文件即施工单位与建设单位签订的工程承包合同。
(2)建设地区的调查资料包括地形、地质、气象和地区性技术经济条件等资料。

4)国家、地方有关工程施工和验收的标准、规范、规程和图集

建筑施工组织的编制要符合国家和当地建设地区的相关标准、规范、规程和图集等文件,现行常用的国家标准和规范、规程如下表 2.2 所示。

表 2.2 现行常用的国家标准和规范、规程

序号	标准、规范、规程名称	编号
1	《建筑施工组织设计规范》	GB 50502
2	《工程测量规范》	GB 50026
3	《建筑工程施工质量验收统一标准》	GB 50300
4	《建筑施工安全技术统一规范》	GB 50870
5	《建筑地基基础工程施工质量验收规范》	GB 50202
6	《砌体工程施工质量验收规范》	GB 50203
7	《混凝土结构工程施工质量验收规范》	GB 50204

续表

序号	标准、规范、规程名称	编号
8	《钢结构工程施工质量验收规范》	GB 50205
9	《屋面工程质量验收规范》	GB 50207
10	《地下防水工程施工质量验收规范》	GB 50208
11	《建筑地面工程施工质量验收规范》	GB 50209
12	《建筑装饰装修工程质量验收标准》	GB 50210
13	《建筑给水排水与采暖工程施工质量验收规范》	GB 50242
14	《通风与空调工程施工质量验收规范》	GB 50243
15	《建筑电气工程施工质量验收规范》	GB 50303
16	《民用建筑工程室内环境污染控制规范》	GB 50325
17	《建筑地基基础设计规范》	GB 50007
18	《砌地基基础计规范》	GB 50003
19	《混凝土结构设计规范》	GB 50010
20	《建筑施工安全检查标准》	JGJ 59
21	《施工现场临时用电安全技术规范》	JGJ 46
22	《建筑施工高处作业安全技术规范》	JGJ 80
23	《施工扣件式钢管脚手架安全技术规范》	JGJ 130

*注：国家最新的建设工程标准、规范可以在"国家工程建设标准化信息网"（www.ccsn.gov.cn/）上查询，每年都会有大量的建设工程标准、规范修订，进行施工组织的设计时，应当符合现行使用的最新标准、规范。

其次，建筑施工组织的设计要符合以下原则：

（1）遵循招标文件条款的原则。在编制施工组织设计的文字说明、插图、插表中，严格按照招标文件的规定，做到统一标准，规范编制。

（2）遵循设计图纸，施工规范、规程，验收标准的原则。在编写主要项目施工方法中，严格按设计图纸要求，贯彻执行国家、省、市有关部门各种制度、规定、标准，确保工程质量。

（3）坚持实事求是的原则。在制定具体项目实施方案过程中，充分研究、分析工程特点，坚持科学组织、合理安排、均衡生产，确保优质、高效地完成本工程的建设任务。

（4）坚持施工全过程严格管理的原则。在各道工序施工中，严格执行监理工程师的指令，尊重建设单位和监理单位的意见，严格管理，保证施工过程中的各个环节都处于良好的受控状态。

（5）坚持推广应用"四新"成果的原则。在施工中积极推广、应用新技术、新材料、新工艺、新设备，充分发挥科学技术在施工中的先导作用。

（6）坚持专业化作业与综合管理相结合的原则。在施工组织方面，以专业队为基本组成形式，充分发挥专业人员和先进优良设备的优势，同时采取综合管理手段、科学管理调配以达到整体优化的目的。

（7）预见施工中的薄弱环节，突出重点，落实季节性施工措施，确保连续施工。

（8）加强经济核算，进行多方比较，选择最佳方案以提高经济效益。

2.2.2 施工组织设计的编制和管理

1. 施工组织设计的编制

施工组织设计应由项目负责人主持编制。征得建设单位同意的情况下，可根据需要分阶段编制和审批。由于施工工程项目的大小不同，所要求编制组织设计的内容也有所不同，但其方法和步骤基本大同小异，大致可按以下步骤进行。

（1）收集编制依据文件和资料：① 工程项目设计施工图纸；② 工程项目所要求的施工进度和要求；③ 施工定额、工程概预算及有关技术经济指标；④ 施工中可配备的劳力、材料和机械装备情况；⑤ 施工现场的自然条件和技术经济资料。

（2）编写工程概况：主要阐述工程的概貌、特征和特点，以及有关要求等。

（3）选择施工方案、确定施工方法：主要确定对工程施工的先后顺序、选择施工机械类型及其合理布置，明确工程施工的流向及流水参数的计算，确定主要项目的施工方法等（总设计还需先做出施工总体部署方案）。

（4）制定施工进度计划：包括对分部分项工程量的计算、绘制进度图表。对进度计划的调整平衡等。

（5）计算施工现场所需要的各种资源需用量及其供应计划（包括各种劳力、材料、机械及其加工预制品等）。

（6）绘制施工平面图。

（7）其他：提出对有关工程的质量通病和易于发生安全问题的环节。制订防治措施，制订降低成本（如节约劳力、材料、机具及临时设施费等）的具体措施、超奖减罚等的具体要求和技术经济指标。

2. 施工组织设计的审批

根据施工组织的种类不同，施工组织设计的审批人和流程也不同，如表 2.3 所示。

表 2.3 施工组织的审批

种类	审批人
施工组织总设计	总承包单位技术负责人审批
单位工程施工组织设计	施工单位技术负责人或技术负责人授权的技术人员审批
施工方案	项目技术负责人审批
重点、难点分部（分项）工程和专项工程施工方案	施工单位技术部门组织相关专家评审，施工单位技术负责人批准。

《建设工程安全生产管理条例》（国务院第 393 号令）中规定：对下列达到一定规模的危险性较大的分部（分项）工程编制专项施工方案，并附具安全验算结果，经施工单位技术负

责人、总监理工程师签字后实施,由专职安全生产管理人员进行现场监督:① 基坑支护与降水工程;② 土方开挖工程;③ 模板工程;④ 起重吊装工程;⑤ 脚手架工程;⑥ 拆除爆破工程;⑦ 国务院建设行政主管部门或者其他有关部门规定的其他危险性较大的工程。

其中,需要施工单位组织专家进行论证、审查的有:以上所列工程中涉及深基坑、地下暗挖工程、高大模板工程的专项施工方案。

专业承包单位施工的分部(分项)工程或专项工程的施工方案,应由专业承包单位技术负责人或技术负责人授权的技术人员审批;有总承包单位时,应由总承包单位项目技术负责人核准备案。

规模较大的或在工程中占有重要地位的分部(分项)工程和专项工程的施工方案应按单位工程施工组织设计进行编制和审批。

【思考题】

(1)建筑施工组织的分类有哪些?

(2)施工组织设计的编制步骤有哪些?

(3)某学校在进行学校新校区的建设,包括一幢教学楼、一幢办公楼、一幢食堂和两幢宿舍楼。试分析,该工程项目中,有哪些单项工程,又可能有哪些单位工程、分部工程、分项工程?

3 施工组织方式与应用

【学习要点】

（1）各种不同的施工组织方式与比较；
（2）流水施工的原理与参数；
（3）流水施工的计算与应用。

3.1 建筑施工组织方式概述

3.1.1 建筑施工组织方式

考虑工程项目的施工特点、工艺流程、资源利用、平面或空间布置等要求，建设工程项目施工展开方式可以采用依次、平行、流水等施工组织方式。对于相同的施工对象，当采用不同的作业组织方法时，其效果也各不相同。

（1）依次施工：依次施工又叫顺序施工，是将拟建工程划分为若干个施工过程，前一个施工过程完成后，后一个施工过程才开始施工。这是一种最基本、最原始的施工组织方式。

（2）平行施工：平行施工是在施工工艺要求和施工条件许可的情况下，将多个工程对象或同一施工项目的不同的施工段的尽可能多的施工过程同时投入作业的一种施工组织方式。

（3）流水施工：流水施工是将拟建工程在竖直方向上划分施工层，在平面上划分施工段，然后按施工工艺的分解组建相应的专业施工队，按照规定的顺序在若干个工作性质相同、劳动量大致相等的工作段上，不间断地进行施工的方法。

3.1.2 各种施工组织方式比较

建筑工程中，采用不同的施工方式各有其特点和优劣性。以某一分部分项工程为例，来对各种施工组织方式进行比较。

【例3.1】 某大礼堂主体工程共有12根相同的混凝土支撑柱，施工方按照本身的情况，在施工中把该分部工程划分为三个相同的施工部分,每个混凝土支撑柱有四个主要的施工过程,即钢筋帮扎—模板支护—混凝土浇筑—模板拆除,各部分各施工过程所需要的人工和资源量如表 3.1 所示,试组织各种不同的施工方式,并进行比较。

表 3.1 工程详情表

施工工程	班组人数/人	班组数	材料资源量	完成时间/d
钢筋绑扎	钢筋工 2	1	4 t	2
模板支护	模板工 2	1	60 m^2	2
混凝土浇筑	混凝土工 1	1	25 m^3	1
模板拆除	模板工 2	1	—	1

依次组织施工方式是按照建筑工程内部各分项、分部工程内在的联系和必须遵循的施工顺序,不考虑后续施工过程在时间上和空间上的搭接,而依照顺序组织施工的方式。有如下特点:

(1)由于没有充分利用工作面去争取时间,所以工期长;

(2)工作队不能实现专业化施工,不利于改进工人的操作方法和施工机具,不利于提高工程质量和劳动生产率;

(3)如采用专业工作队施工,则工作队及工人不能连续作业,会形成窝工;

(4)单位时间内投入的资源量较少,有利于资源供应的组织工作;

(5)施工现场的组织,管理比较简单。

依次施工适用于工程量较小,工作面有限,工期要求不紧的工程。按施工段施工时(图 3.1),每段施工工期为各施工过程作业时间与合理间断之和 $\sum t_i$,总工期为各段施工工期之和,即 $T =$ 段数 $\times \sum t_i$,上例工程按施工段施工总工期为

$$T = 3 \times (2+2+1+2+1) = 24 \text{ d}$$

按施工过程施工时(图 3.2),总工期为所有施工过程作业时间与合理间断之和,由于此种施工方式,在各施工段模板拆除前,该段混凝土已经有了合理的养护时间,因此,可以节省出混凝土养护时间,上例工程按施工过程施工总工期为

$$T = 3 \times (2+2+1+1) = 18 \text{ d}$$

1）依次施工

施工过程	1	2	3	4	5	6	7	8	9	10	11	12	13	14	15	16	17	18	19	20	21	22	23	24
钢筋绑扎	柱1	柱1							柱2	柱2							柱3	柱3						
模板支护			柱1	柱1							柱2	柱2							柱3	柱3				
混凝土浇筑					柱1								柱2								柱3			
模板拆除								柱1								柱2								柱3

施工进度

	1	2	3	4	5	6	7	8	9	10	11	12	13	14	15	16	17	18	19	20	21	22	23	24
钢筋	4								4								4							
模板		60	60	60	60	60	60	60		60	60	60	60	60	60	60		60	60	60	60	60	60	60
混凝土					25								25								25			

资源需求

	1	2	3	4	5	6	7	8	9	10	11	12	13	14	15	16	17	18	19	20	21	22	23	24
钢筋工	2	2							2	2							2	2						
模板工			2	2							2	2					2	2	2	2				
混凝土工					1								1								1			
班组总人数	2	2	2	2	1	0	0	0	2	2	2	2	1	0	0	0	2	2	2	2	1	0	0	0

人工需求

进度

图 3.1 按施工段依次施工

图 3.2 按施工过程依次施工

2）平行施工（图 3.3）

施工过程	施工进度							
	1	2	3	4	5	6	7	8
钢筋绑扎	柱1 柱2 柱3							
模板支撑			柱1 柱2 柱3					
混凝土浇筑					柱1 柱2 柱3			
模板拆除								柱1 柱2 柱3
资源需求								
钢筋		12						
模板					180			
混凝土					75			
人工需求								
钢筋工	6	6						
模板工			6	6				6
混凝土工					3			
班组总人数	6	6	6	6	3	0	0	6

图 3.3 平行施工

平行施工组织方式是将同类的工程任务，组织几个工作队，在同一时间不同空间上，完成同样的施工任务的施工组织方式，有如下特点：

（1）充分地利用工作面，争取时间，可以缩短工期；

（2）工作队不能实现专业化生产，不利于改进工人的操作方法和施工机具，不利于提高工程质量和劳动生产率；

（3）如采用专业工作队施工，则工作队及其工人不能连续作业；

（4）单位时间投入施工的劳动力、施工机具、材料等资源量成倍增长，不利资源供应的组织，现场临时设施也相应增加；

（5）施工现场组织管理复杂。

平行施工适用于工期要求紧，各施工段施工过程均衡，有足够的工作面的工程，每段施工工期为各施工过程作业时间之和 $\sum t_i$，总工期为工期最长的施工段的施工工期，即 $T = \max t_i$。上例工程总工期为 $T = (2+2+1+2+1) = 8\ (\text{d})$。

3）流水施工（图3.4）

施工过程	施工进度											
	1	2	3	4	5	6	7	8	9	10	11	12
钢筋绑扎		柱1	柱1	柱2	柱3	柱3						
				柱2								
模板支护				柱1	柱1	柱2	柱3	柱3				
						柱2						
混凝土浇筑							柱1		柱3			
								柱2				
模板拆除										柱1		柱3
											柱2	
资源需求												
钢筋	4			4			4					
模板				60		120			180		120	60
混凝土							75	75	75			
人工需求												
钢筋工	2	2	2	2	2	2						
模板工			2	2	2	2	2	2			2	2	2
混凝土工							1	1	1			
班组总人数	2	2	4	4	4	4	3	1	1	2	2	2

图 3.4 流水施工

流水施工方式是将拟建工程项目中的每一个施工对象分解为若干个施工过程，并按照施工过程成立相应的专业工作队，在空间上分解为合理的施工段，各专业队按照施工顺序依次完成各个施工对象各施工段的施工过程，同时保证施工在时间和空间上连续、均衡和有节奏地进行，使相邻两专业队能最大限度地搭接作业。

流水施工有如下的特点：

（1）生产工人和设备从一个施工段转移到另一个施工段代替了建筑产品的流动。生产的流动施工既在建筑物的水平方向流动（平面流动），又沿建筑物的垂直方向流动（层间流动），科学地利用了工作面，争取了时间，总工期趋于合理；

（2）按工种建立劳动组织，工作队及其工人实现了专业化生产，有利于改进操作技术，可以保证工程质量和提高劳动生产率；

（3）工作队及其工人能够连续作业，相邻两个专业工作队之间，可实现合理搭接；

（4）同一施工过程保持了连续施工的特点，不同施工过程在同一施工段上尽可能连续施工，单位时间内生产资源的供应和消耗基本一致，有利于资源供应的组织工作；

（5）为现场文明施工和科学管理创造了有利条件。

工业生产的经验表明，流水施工作业克服了依次施工和平行施工的缺点，既缩短了工期，又充分利用了工作面，是组织生产的最高形式。在建筑安装施工中，由于建筑产品固定性和施工流动性的特点，应用流水施工作业的方法组织施工，和一般的工业生产相比，具有不同的特点和要求。

3.2 流水施工的参数

为了说明组织流水施工时，各施工过程在时间和空间上的开展情况及相互依存关系，引入一些描述工艺流程、空间布置和时间安排等方面的状态参数——流水施工参数，包括工艺参数、空间参数和时间参数。

1. 工艺参数

工艺参数是指组织流水施工时，用以表达流水施工在施工工艺方面进展状态的参数，通常包括施工过程（n）和流水强度（V）两项参数。

1）施工过程（n）

组织建设工程流水施工时，根据施工组织及计划安排需要而将计划任务划分成的子项称为施工过程。

施工过程的数目一般用 n 来表示，它是流水施工的重要参数之一。根据性质和特点不同，施工过程一般分为三类，即建造类施工过程、运输类施工过程和制备类施工过程。

（1）建造类施工过程：是指在施工对象的空间上直接进行砌筑、安装与加工，最终形成建筑产品的施工过程。

（2）运输类施工过程：是指将建筑材料、各类构配件、成品、制品和设备等运到工地仓库或施工现场使用地点的施工过程。

（3）制备类施工过程，是指为了提高建筑产品生产的工厂化、机械化程度和生产能力而形成的施工过程。如砂浆、混凝土、各类制品、门窗等的制备过程和混凝土构件的预制过程。

由于建造类施工过程占有施工对象的空间，直接影响工期的长短，因此必须列入施工进度计划，并在其中大多作为主导施工过程或关键的工作。运输类与制备类施工过程一般不占有施工对象的工作面，不影响工期，故不需要列入流水施工进度计划之中，只有当其占有施工对象的工作面，影响工期时，才列入施工进度计划中。

2）流水强度（V）

流水强度是指流水施工的某施工过程（专业工作队）在单位时间内完成的工程量，也称为流水能力或生产能力。

流水强度通常用 V 来表示。

表示：

$$V = \sum_{i=1}^{x} R_i S_i \tag{3.1}$$

式中　V——某施工过程（队）的流水强度；

　　　R_i——投入该施工过程的第 i 种施工资源量（施工机械台数或工人数）；

　　　S_i——投入该施工过程的第 i 种施工资源的产量定额；

　　　X——投入该过程的施工资源种类数。

如例3.1中，施工过程为"钢筋绑扎—模板支护—混凝土浇筑—模板拆除"，施工过程数 n 为4。流水强度分别为：钢筋绑扎——2 t/d；模板支护——30 m²/d；混凝土浇筑——25 m³/d；模板拆除 60 m²/d。

2. 空间参数

空间参数是指在组织流水施工时，用以表达流水施工在空间布置上开展状态的参数。主要包括工作面，施工段（m），施工层（c）。

1）工作面

工作面是指在某专业工种的工人或某种施工机械进行施工的活动空间。工作面的大小，决定能安排的施工人数或机械台数的多少。每位作业的工人或每台施工机械所需工作面的大小，取决于单位时间内其完成的工程量和安全施工的要求。在工作面上，前一施工过程的结束就为后一个（或几个）施工过程提供了新的工作面。在确定一个施工过程必要的工作面时，不仅要考虑施工过程必需的工作面，还要考虑生产效率，同时应遵守安全技术和施工技术规范的规定。

工作面的大小可以采用不同的单位来计量，如：对于道路工程，可以采用沿着道路的长度，以 m 为单位；对于浇筑混凝土楼板则可以采用楼板的面积，以 m² 为单位；等等。主要工种工作面参考数据如下表3.2。

表 3.2 主要工种工作面参考数据

种类	工序名称	单位	工作面
平面形	地面抹灰	m²/人	30~40
	地面油漆	m²/人	20~22
	地面水磨石	m²/人	12~18
	板支模板	m²/人	20~25
	板扎钢筋	m²/人	30~35
	板浇混凝土	m²/人	10~12
立面形	墙模板	m²/人	12~18
	墙抹灰	m²/人	20~26
	柱抹灰	m²/人	9~13
	刷浆	m²/人	100~120
	油漆	m²/人	40~50
	安门窗	m²/人	7~9
仰面形	梁抹灰	m²/人	11~12
	天棚抹灰	m²/人	18~20
	天棚刷浆	m²/人	80~100
	天棚钉板	m²/人	10~12
带形	挖基槽	m/人	3~4
	砌砖基础	m/人	2~2.5
	砌砖墙	m/人	6~8
	支梁模板	m/人	7~8
	扎梁钢筋	m/人	8~10
	浇梁混凝土	m/人	1.5~2.5
坑形	挖基坑	m²/人	2~2.5
	砌砖柱	m²/人	0.2~0.4
	支柱模板	m²/人	0.15~0.2
	扎柱钢筋	m²/人	0.6~0.7
	浇柱混凝土	m²/人	0.15~0.25

2）施工段（m）

将施工对象在平面或空间上划分成若干个劳动量大致相等的施工段落，称为施工段或流水段。施工段的数目一般用 m 表示，它是流水施工的主要参数之一。

(1) 划分施工段的目的。

划分施工段的目的就是为了组织流水施工。在组织流水施工时，专业工作队完成一个施工段上的任务后，遵循施工组织顺序又到另一个施工段上作业，产生连续流动施工的效果。在一段情况下，一个施工段在同一时间内，只安排一个专业工作队施工，各专业工作队遵循施工艺顺序依次投入作业，同一时间内在不同施工段上平行施工，使流水施工均衡地进行。组织流水施工时，可以划分足够数量的施工段，充分利用工作面，避免窝工，尽可能缩短工期。

(2) 划分施工段的原则。

① 同一施工过程在不同的施工段上的工程量应基本相等，即每个专业工作队在各个施工段上的劳动量应大致相等，相差幅度不宜于超过 10%~15%，这样更容易保证专业工作队均衡施工。

② 每个施工段内要有足够的工作面，以保证相应数量的工人、主导施工机械的生产效率，满足合理劳动组织的要求。

③ 施工段的界限应尽可能与结构界限（如沉降缝、伸缩缝等）相吻合，或设在对建筑结构整体性影响小的部位，以保证建筑结构的整体性。

④ 施工段的数目要满足合理组织流水施工的要求。施工段数目过多，会降低施工速度，延长工期；施工段过少，不利于充分利用工作面，可能造成窝工。

⑤ 对于多层建筑物、构筑物或需要分层施工的工程，既分施工段，又分施工层，各专业工作队依次完成第一施工层中各施工段任务后，再转入第二施工层的施工段上作业，依此类推。以确保相应专业队在施工段与施工层之间，组织连续、均衡、有节奏地流水施工。

在分层施工中，如需保证各工作队能够连续施工，应使施工段数不小于施工过程数，即 $m \geq n$。当 $m=n$ 时，上一层的第一个施工段的最后一个施工工程完成后，第一个施工作业队恰好完成最后一个施工段的第一个施工过程，如果施工工艺不存在技术间歇或组织间歇，即可以连续地进行下一层的施工；当 $m>n$ 时，虽然有停歇的工作面，但是施工班组仍能连续施工，不会造成窝工的出现；当 $m<n$ 时，第一个施工作业队完成最后一个施工段的第一个施工过程后，第一个施工段尚未完工，不能进入下一层的施工，就会造成工人窝工。

如例 3.1 中，每个施工段划分 4 根混凝土支撑柱，施工段数 $m = 3$。

3）施工层（c）

施工层指当工作面只能在施工进行过程中沿着施工对象的高度逐步形成时，为了组织流水施工，必须沿建筑物竖向进行分解而形成的施工段落。施工层数用 c 来表示。

施工层的划分是按两种不同的需要决定的：其一，是为了组织垂直方向的平行作业，因此可以充分利用空间，缩短工期，故对此应尽可能多地划分施工层次；其二，是受施工条件的限制，如砌墙、抹灰、挖土、浇灌混凝土等作业，因其受一次（层）只能施工的高度、深度和厚度的限制而需分层进行，使工期延长，故对此应尽可能少地划分施工层次。

施工层一般只能在施工进行过程中，沿着施工对象的高度逐步形成，它要按工程对象的具体情况而定，一般砌筑工程施工层的高度为 1.2~1.8 m，也可按楼层的自然层高定，如一个 16 层的全现浇剪力墙结构的房屋，其结构层数就是施工层数。如果该房屋每层划分为三个施工段，那么其总的施工段数：M = 16 层×3 段/层=48 段。

3. 时间参数

是指在组织流水施工时，用以表达流水施工在时间安排上所处状态的参数，主要包括流水节拍（t_{ij}）、流水间歇时间（t_j）、流水搭接时间（t_d）、流水步距（$B_{i,i+1}$）、流水工期（T）等。

1）流水节拍（t_{ij}）

流水节拍是指在组织流水施工时，某个施工过程在一个施工段上的施工时间。第 i 个施工过程在第 j 个施工段的流水节拍一般用 t_{ij} 来表示（i=1，2，…，n；j=1，2，…，m）。

流水节拍是流水施工的主要参数之一，它表明流水施工的速度和节奏性。流水节拍小，代表每个施工过程的速度快，节奏感强；反之，则相反。流水节拍决定着单位时间的资源供应量，同时，流水节拍也是区别流水施工组织方式的特征参数，相同的施工过程，在不同的施工段，流水节拍可能相同，也可能不相同，具体的情况，在本书"3.4 流水施工的计算与应用"里会详细讲解。

同一施工过程的流水节拍，主要由所采用的施工方法、施工机械，以及在工作面允许的前提下投入施工的工人数、机械台数和采用的工作班次等因素确定。有时，为了均衡施工和减少转移施工段时消耗的工时，可以适当调整流水节拍，其数值最好为半个班的整数倍。

流水节拍的确定通常有三种方法：一是根据现有能投入的资源（劳动力、机械台班数和材料数）来确定；二是根据以往经验确定；三是根据工期倒推确定。

（1）定额计算法。

它是根据各施工段的工程量、能够投入的资源量（工人数、机械台数和材料数等）进行计算，公式如下：

$$t_{ij} = \frac{Q_{ij}}{S_{ij}R_{ij}Z_{ij}} = \frac{P_{ij}}{R_{ij}Z_{ij}} \tag{3.2}$$

$$t_{ij} = \frac{Q_{ij}H_{ij}}{R_{ij}N_{ij}} \tag{3.3}$$

式中　t_{ij}——第 i 个施工过程在第 j 个施工段上的流水节拍；

Q_{ij}——第 i 个施工过程在第 j 个施工段上的工程量；

S_{ij}——第 i 个专业班组或机械的产量定额；

R_{ij}——第 i 个专业班组人数或机械台数；

Z_{ij}——第 i 个专业班组或机械的工作班次；

P_{ij}——第 i 个施工过程在第 j 个施工段上的劳动量；

H_{ij}——第 i 个专业班组或机械的产量定额。

（2）经验估算法。

经验估算法是根据以往的施工经验进行估算。一般为了提高其准确程度，往往先估算出该流水节拍的最长、最短和正常（即最可能）三种时间值，然后据此求出期望时间值作为某专业工作队在某施工段上的流水节拍。可采用如下公式计算：

$$t_{ij} = \frac{a_{ij} + 4c_{ij} + b_{ij}}{6} \tag{3.4}$$

式中　a_{ij}——第 i 个施工过程在第 j 个施工段上的最短估算时间；
　　　b_{ij}——第 i 个施工过程在第 j 个施工段上的最长估算时间；
　　　c_{ij}——第 i 个施工过程在第 j 个施工段上的最可能估算时间。

这种方法多适用于采用新工艺、新方法和新材料等没有定额可循的工程。

（3）工期倒推法。

对某些施工任务在规定日期内必须完成的工程项目，往往采用工期倒推法。

根据工期按经验估算出各分部所需的施工时间。根据各分部估算出的时间，确定各施工过程所需的时间。然后根据式（3.2）或（3.3）求出各施工过程所需的人数或机械台数。

确定流水节拍要考虑如下几个要点：

① 施工队组人数要满足该施工过程的劳动组合要求；
② 工作面大小；
③ 机械台班产量复核；
④ 各种材料的储存及供应；
⑤ 施工技术及工艺要求；
⑥ 尽量取整数。

如例 3.1 中，每个相同的施工过程的流水节拍是一样，分别为：钢筋绑扎——2 天，模板支护——2 天，混凝土浇筑——1 天，模板拆除——1 天。

2）间歇时间（t_j）与搭接时间（t_d）

流水间歇时间是指在组织流水施工中，由于施工过程之间的工艺或组织上的需要，必须要留的时间间隔。用符号 t_j 表示。

（1）技术间歇时间。

技术间歇时间是指在同一施工段的相邻两个施工过程之间必须留有的工艺技术间隔时间。如混凝土浇筑施工完成后，后续施工过程不能立即投入作业，必须有足够的时间间歇。

（2）组织间歇时间。

组织间歇时间是指由于施工组织上的需要，同一段相邻两个施工过程在规定流水步距之外所增加的必要的时间间隔。如标高抄平、弹线、基坑验槽、浇筑混凝土前检查预埋件等。

如例 3.1 中，存在有一个技术间歇时间，就是混凝土浇筑完成后需要养护 2 d 方能拆模。

（3）流水搭接时间（t_d）。

在组织流水施工时，有时为了缩短工期，在工作面允许的条件下，如果前一个施工队组完成部分施工任务后，能够提前为后一个施工队组提供工作面，使后者提前进入前一个施工段，两者在同一施工段上平行搭接施工的时间，通常以 t_d 表示。

比如在混凝土楼板的施工中，当模板底模部分完成，可以给钢筋绑扎提供工作面时，钢筋工即可进场进行楼板的钢筋绑扎，两个工种之间的重合时间，就是流水搭接时间。

3）流水步距（$B_{i,i+1}$）

流水步距是指组织流水施工时，相邻两个施工过程（或专业工作队）相继开始施工的最小间隔时间。流水步距一般用 $B_{i,i+1}$ 来表示，其中 i（$i=1,2,\cdots,n-1$）为专业工作队或施工过程的编号。它是流水施工的主要参数之一。

流水步距的数目取决于参加流水的施工过程数。如果施工过程数为 n 个，则流水步距的总数为 $n-1$ 个。

流水步距的大小取决相邻两个施工过程（或专业工作队）在各个施工段上的流水节拍及流水施工的组织方式。

确定流水步距，一般应满足以下基本要求：

① 各施工过程按各自流水速度施工，始终保持工艺先后顺序；
② 各施工过程的专业工作队投入施工后尽可能保持连续作业；
③ 相邻两个施工过程（或专业工作队）在满足连续施工的条件下，能最大限度地实现搭接。

根据流水施工的节奏的不同，流水步距有不同的计算方法，具体计算将会在 3.4 节详细讲述。

例 3.1 中，各流水步距分别为 $B_{i,i+1}$=（2，4，3），（i=1，2，3，4 分别代表"钢筋绑扎""模板支护""混凝土浇筑""模板拆除"），B_{12} 为"钢筋绑扎"和"模板支护"的间隔时间，即为"钢筋绑扎"的工作时间 2 d，B_{23} 为"模板支护"和"混凝土浇筑"的间隔时间，参看图 3.4，为了保证混凝土浇筑工作的连续性，混凝土工程的进场时间需要向后推迟，推迟到最后一个施工段的混凝土浇筑和最后一个施工段的模板支护无间隔连续施工，需向后推迟两天（作为组织间隔时间），则 $B_{23}=2+2=2$（d），B_{34} 为"混凝土浇筑"的工作时间加养护时间，为 $B_{23}=1+2=3$（d）。

4）流水施工工期 T

流水施工工期是指从第一个专业工作队投入流水施工开始，到最后一个专业工作队完成流水施工为止的完成一个流水组施工所需的时间。流水工期长度为所有流水步距之和与最后一个施工段的施工延续时间之和，可采用如式（3.5）计算。

$$T = \sum B_{i,i+1} + T_n \quad (3.5)$$

式中 T——流水施工工期；

$\sum B_{i,i+1}$——流水施工中各流水步距之和；

T_n——流水施工中最后一个施工过程在各施工段上的持续总时间。

由于一项建设工程往往包含有许多流水组，故流水施工工期一般不是整个工程的总工期。但总工期和流水工期是有紧密关联的。

如例 3.1 中，流水工期 $T = 2+4+3+3=12$（d）。

3.3 流水施工的组织

1. 流水施工的类型

1）按流水施工的组织范围分类

（1）细部流水（分项工程流水）。

细部流水也称为分项工程流水施工、施工过程流水施工，是对某一分项工程组织的流水施工，即在一个专业工种内部组织起来的流水施工。其是组织流水施工中范围最小的流水施工，如安装胶合板门窗组织的流水施工，浇钢筋筑混凝土施工过程的流水施工，框架填充墙体砌筑施工过程的流水施工等。

（2）专业流水（分部工程流水）。

专业流水也称为分部工程流水，是指组织分部工程内部各分项工程之间的流水施工。由几个专业施工班组各自连续地完成各个施工段的施工任务，施工班组之间流水作业。如主体工程的流水施工，装饰工程的流水施工。分部工程流水施工是组织单位工程流水施工的基础。

（3）项目流水（单位工程流水）。

项目流水也称为单位工程流水，是在一个单位工程内部，各个分部工程之间组织起来的流水施工，是各分部工程流水的组合，如一幢教学楼、一个厂房车间、一座纪念碑等组织的流水施工。

（4）综合流水（建筑群流水）。

综合流水也称为建筑群流水、群体工程流水、大流水，是指在多个单位工程之间组织的流水施工，是在一个群体工程内各单位工程流水的组合。这种流水施工方式具有控制性的作用，能组织多幢房屋或构筑物的大流水施工，在宏观上对整个建筑群的施工进行控制。在实际工程中，建筑群之间可能采取综合流水方式，也可能采取"大平行，小流水"的方式来节省工程工期。

2）按施工过程的分解程度分类

（1）彻底分解流水施工。

彻底分解流水施工是指将工程对象分解为若干施工过程，每一施工过程对应的专业施工班组均由单一工种的工人及机具设备组成。其特点在于各专业施工班组任务明确，专业性强，便于熟练施工，能够提高工作效率，保证工程质量。但由于分工较细，对每个专业施工班组的协调配合要求较高，给施工管理增加了一定的难度。

（2）局部分解流水施工。

局部分解流水施工是指划分施工过程时，考虑专业工种的合理搭配或专业施工班组的构成，将其中部分的施工过程不彻底分解而交给多工种协调组成的专业施工班组来完成施工，局部分解流水施工适用于工作量较小的分部工程。

3）按流水施工的节奏特征分类（图3.5）

（1）有节奏流水：同一施工过程在各施工段上的流水节拍都相等的一种流水施工方式。有节奏流水又根据不同施工过程之间的流水节拍是否相等，分为等节奏流水施工和异节奏流水施工。等节奏是指在有节奏流水施工中,各施工过程的流水节拍都相等的流水施工,也称为全等节拍流水、固定节拍流水。异节奏流水又可分为成倍节拍流水(等步距异节拍流水)和(异步距)异节拍流水。成倍节拍流水是指在有节奏流水施工中,各施工过程的流水节拍虽不相等,但均为最小节拍的倍数的流水施工。异节拍流水在有节奏流水施工中,虽然不同施工段上同一施工过程的流水节拍相等,但不同施工过程之间的流水节拍不尽相等又不成比例的流水施工。例 3.1 的流水施工安排,即为有节奏成倍节拍流水。

(2)无节奏流水:同一施工过程在各施工段上的流水节拍不完全相等的一种流水施工方式。

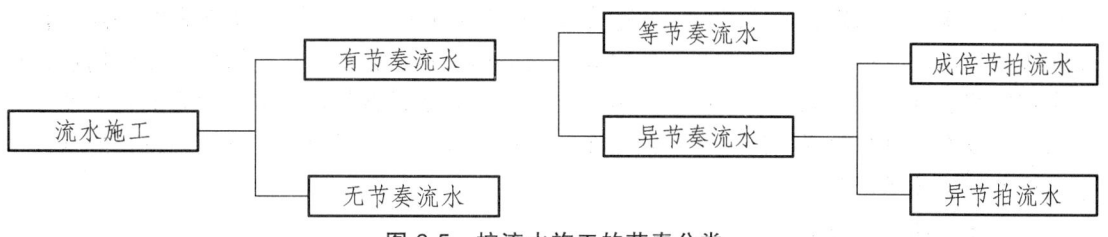

图 3.5 按流水施工的节奏分类

2. 流水施工的组织程序

组织一个工程的流水施工,一般应按以下程序进行。

(1)把工程对象划分为若干个施工阶段。

每一拟建工程都可以根据其工程特点及施工工艺要求划分为若干个施工阶段(或分部工程),如建筑物可划分为基础工程、主体工程、围护结构工程和装饰工程等施工阶段。然后分别组织各施工阶段的流水施工。

(2)确定各施工阶段的主导施工过程并组织专业工作班组。

组织一个施工阶段的流水施工时,往往可按施工顺序划分成许多个分项工程。例如基础工程施工阶段可划分成挖土、钢筋混凝土基础、砖基础和回填土等分项工程。其中有些分项工程仍是由多个工种组成的,如钢筋混凝土分项工程由模板、钢筋和混凝土三个工种工程组成,这些分项工程有一定的综合性,由此组织的流水施工具有一定的控制作用。

(3)划分施工段。

施工段可根据流水施工的原理和工程对象的特点来划分。在无层间施工时,施工段数与主导施工过程(或作业班组)数之间一般无约束关系。

(4)确定施工过程的流水节拍。

流水节拍的大小对工期影响较大。根据现有条件和施工要求确定合适的人数求得流水节拍,该流水节拍在最大和最小流水节拍之间。

(5)确定施工过程间的流水步距。

流水步距可根据流水形式来确定。流水步距的大小对工期影响也较大,在可能的情况下组织搭接施工也是缩短流水步距的一种方法。

3. 流水施工的开展顺序

按照流水施工原理,各项流水作业的先后主次关系,有其内在的规律性。长期的工程施工经验表明,正确合理的施工程序,应该按照先场外后场内、先地下后地上、先深后浅、先主体后附属、先土建后设备、先屋面后内装的基本要求展开施工。

（1）先场外，后场内。

工业建设项目或大型基础设施项目，应先进行厂区外部的配套基础设施工程施工。如材料物资运输所需要的铁路专用线、装卸码头、与国道连接的公路、变电站、围堤、蓄水库等等，这些配套设施工程的建成，可以为场区内部工程施工创造交通运输、动力能源供应等方面的有利条件。然后根据场外的条件，布置对应的临时设施。

（2）先地下，后地上。

地基处理、基础工程、地下管线和地下构筑物等工程，应按设计要求先行施工到位后再进行地上建筑物和构筑物的施工，要避免和防止地下施工对上部主体工程地基的影响。当然，由于施工技术的发展，对于主体建筑物也有可能采用逆筑法施工，以克服施工场地拥挤，充分利用空间、利用先行完成的上部结构承载能力安装起重设备吊运土方，达到缩短工期甚至降低施工成本的良好效果，但这都必须是建立在技术方案安全可靠、经济效果可行的基础上所进行的施工技术创新。

（3）先主体，后附属。

这里的主体工程是指主要建筑物，应该先行组织施工。附属工程可以认为是主体工程以外的其他工程，其广义的内容有主要建筑物的附属用房、裙房、配套的零星建筑，以及建筑物之外的附属工程，如道路、围墙、绿化、建筑小品等，它们之间在施工程序上的先后关系，对充分利用施工场地、保证工程质量、缩短施工工期、降低工程施工成本都有重要的意义。

（4）先土建，后设备。

土建工程和设备安装工程在施工过程中往往有许多交叉衔接，但在总体的施工程序安排上，应以土建工程先行开路，设备安装相继跟进，使二者配合紧密，相互协调，互创工作而恰到好处。

设备安装工程，既指建筑设备，如给水、排水、煤气、卫生工程，暖气、通风与空调工程、电气照明及通信线路工程，电梯安装工程等，也包括工业建筑的生产设备安装工程。建筑设备安装应紧跟土建施工进度，相继穿插完成综合留洞和管线预埋，对于大型机器设备应在安装部位的土建工程刚护封闭之前吊运至待装地点。土建施工要随时顾及设备安装的要求，注意设备基础的位置、标高、尺寸和预埋件的正确性，为设备就位安装创造条件，避免和防止土建装修中湿粉、铺粘和喷涂作业的施工垃圾粉尘对设备的污染。

（5）先屋面，后内装。

建筑工程应在做好屋面防水层和楼面找平层之后，才能进行下层的室内精装修装饰工程，以免因雨天屋面渗漏而污染室内的墙面和楼地面。

（6）大型项目"大平行，小流水"。

对于工期较紧的大型项目，可以采用"大平行，小流水"的施工组织方式，即将工程划分为不同的施工区，在各个施工区内，进行分段流水施工，各个施工区平行施工，以期达到最短施工周期。比如某些大型社区的建设，分为多幢建筑，可以把多幢建筑划分为，某些具有相近工程量的施工区，然后在施工区内进行流水施工安排，而多个施工区进行平行施工。

4. 流水施工的表达形式

流水施工的表达形式主要有水平指示图表（横道图）、垂直指示图表（斜线图）和网络图，用于反映工程施工时各施工过程按其工艺上的先后顺序，相互配合的关系和它们在时间、空间上的开展情况。

（1）横道图：亦称甘特图或水平图，它的优点是简单、直观、清晰明了。在水平图表中，用水平坐标表示时间，垂直坐标表示施工过程，此时 n 条水平线段则表示施工对象，水平图表具有绘制简单，流水施工形象直观的优点。本教材的流水施工案例均采用横道图方式来表示。

（2）垂直指示图表：亦称斜线图（图 3.6），是将横道图中的水平工作进度线改绘为斜线，在图左侧纵向依次排列各项目工作活动所处的不同空间位置，在图右侧时间进度表中斜向画出代表各种不同活动的工作进度直线的一种与横道图含义类似的进度图表。斜线图可明确表达不同施工过程之间分段流水、搭接施工情况，流水步距，并可以用斜率形象地反映各施工过程的流水强度。

（3）网络图：网络图是指使用连续的网络来表示各施工过程之间的关系，其优点在于逻辑关系表达清晰，能够反映出计划任务的主要矛盾和关键所在，并可利用计算机进行全面的管理，本教材将在第 4 章中详细讲述。

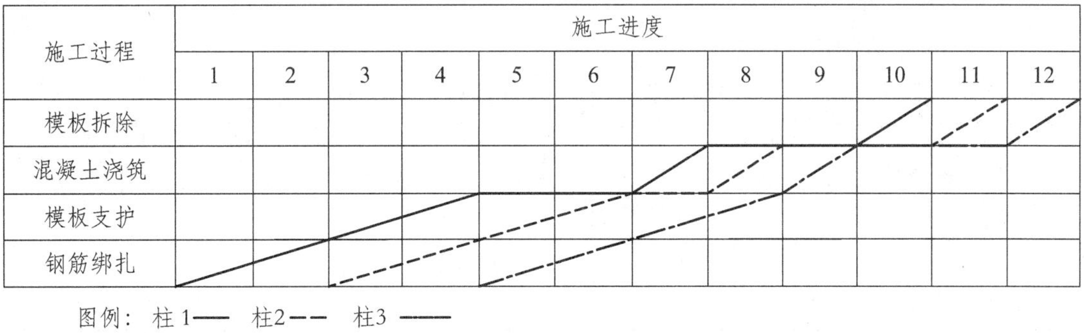

图例：柱1—— 柱2---- 柱3—·—

图 3.6 斜线施工图

3.4 流水施工的计算与应用

3.4.1 有节奏流水施工的计算

有节奏流水是指在组织流水施工时，同一施工过程在各施工段上的流水节拍都相等的一种流水施工方式。根据不同施工过程之间的流水节拍是否相等，有节奏流水又可分为等节奏流水施工和异节奏流水施工。

1. 等节奏流水施工

等节奏流水施工是指同一施工过程在各施工段上的流水节拍都相等，并且不同施工过程之间的流水节拍也相等的流水施工方式。即各施工过程的流水节拍均为常数，故又称全等节拍流水或固定节拍流水。

等节奏流水施工的特征如下：

（1）各个施工过程在各施工段上的流水节拍彼此相等。如有 n 个施工过程，流水节拍为 $B_{i,i+1}$，则有 $B_{1,2}=B_{2,3}=\cdots=B_{n-1,n}=t$。

（2）各专业工作队在各施工段上能够连续作业，施工段之间没有空闲时间。

（3）施工班组数（n_1）=施工过程数（n）。

1）无间歇全等节拍流水

无间歇全等节拍流水是指各个施工过程之间没有技术和组织间歇，这种施工流水，流水节拍和流水步距全部相等，各流水步距值等于流水节拍值，又称为等节拍等步距流水。施工工期 T 可按式（3.6）计算：

$$T = \sum B_{i,i+1} + T_n = (n-1)t + mt = (m+n-1)t \quad (3.6)$$

式中 T——工期；

T_n——流水施工中最后一个施工过程在各施工段上的持续总时间；

m——施工段数；

n——施工过程数；

t——流水节拍值。

如果有分层施工，则 m 替换为 $M = c \times m$ 进行计算。

【例3.2】 某工程划分为 A、B、C、D 四个施工过程，每个施工过程分 3 个施工段，流水节拍均为 2 d。对该工程进行等节拍等步距流水施工进度安排。

【解】 根据已知条件，其工期计算如下：

$$T = (c \times m + n - 1)B = (1 \times 3 + 4 - 1) \times 2 = 12 \text{（d）}$$

施工进度图如图 3.7 所示。

施工过程	施工进度											
	1	2	3	4	5	6	7	8	9	10	11	12
A	──	──	──	──								
B			──	──	──	──						
C					──	──	──	──				
D							──	──	──	──		

图 3.7　无间歇全等节拍流水进度计划

2）有间歇等节拍不等步距流水

有间歇等节拍不等步距流水即各施工过程的流水节拍全部相等,但各流水步距不相等(有的步距等于节拍,有的步距则不等于节拍)。这是由于各施工过程之间,有的需要有技术与组织间歇时间,有的可以安排搭接施工所致。此时,流水步距 $B_{i,i+1}=t+t_j-t_d$,施工工期 T 可按式（3.7）计算：

$$T = \sum B_{i,i+1} + T_n = (n-1)t + \sum t_j - \sum t_d + mt = (m+n-1)t + \sum t_j - \sum t_d \quad (3.7)$$

式中　T——工期；

　　　T_n——流水施工中最后一个施工过程在各施工段上的持续总时间；

　　　m——施工段数；

　　　n——施工过程数；

　　　t——流水节拍值；

　　　t_j——间隔时间；

　　　t_d——搭接时间。

如果有分层施工,则 m 替换为 $M = c \times m$ 进行计算。

【例 3.3】　某工程划分为 A、B、C、D 四个施工过程,每个施工过程分 3 个施工段,各施工过程的流水节拍均为 3 d,其中,施工过程 A 与 B 之间有 2 d 的间歇时间,施工过程 D 与 C 搭接 1 d；试算组织该工程等节拍不等步距流水施工进度计划。

【解】　根据已知条件,其工期计算如下：

$$T = (m+n-1)B + t_j - t_d = (3+4-1) \times 2 + 2 - 1 = 13 \text{（d）}$$

施工进度图如图 3.8 所示。

施工过程	施工进度												
	1	2	3	4	5	6	7	8	9	10	11	12	13
A	1			2	3								
B			t_j		1		2		3				
C							1		3		3		
D								t_d 1		2		3	

图 3.8　有间歇全等节拍流水进度计划

等节奏流水一般适用于工程规模较小、建筑结构比较简单、施工过程不多的房屋或某些构筑物，常用于组织一个分部工程的流水施工。

等节奏流水施工的组织方法是：首先，划分施工过程，应将劳动量小的施工过程合并到相邻施工过程中去，以使各流水节拍相等；其次，确定主要施工过程的施工班组人数，计算其流水节拍；最后，根据已定的流水节拍，确定其他施工过程的施工班组人数及其组成。

2. 异节奏流水施工

异节奏流水施工是指同一施工过程在各施工段上的流水节拍都相等，但不同施工过程之间的流水节拍不完全相等的一种流水施工方式。异节奏流水又可分为成倍节拍流水和（异步距）异节拍流水。需要注意的是异节奏仍然是有节奏，只是节奏不完全相等。

1）成倍节拍流水

成倍节拍流水指在工程项目建设进度控制中，在组织流水施工时，通常会遇到不同施工过程之间，由于劳动量的不等和技术或组织上的原因，它们之间的流水节拍互成倍数，以此组织流水施工，即为成倍节拍专业流水。例如，某工地建造6幢住宅，每幢房屋的主要施工过程划分为：基础工程——1个月；主体结构——3个月；粉刷装修——2个月；室外与清洁工程——2个月。

成倍节拍流水施工的组织方式是：首先，根据工程对象和施工要求，划分若干个施工过程；其次，根据各施工过程的内容、要求及其工程量，计算每个施工过程在每个施工段所需的劳动量；接着，根据施工班组人数及组成，确定劳动量最少的施工过程的流水节拍；最后，确定其他劳动量较大的施工过程的流水节拍，用调整施工班组人数或其他技术组织措施的方法，使它们的节拍值分别等于最小节拍的整数倍。

（1）成倍节拍流水的特点。

① 同一施工过程在各施工段上的流水节拍彼此相等，不同的施工过程在同一施工段上的流水节拍彼此不同，但互为倍数关系。

② 流水步距彼此相等，且等于所有流水节拍的最小公约数。

③ 各专业工作队都能够保证连续施工，施工段没有空闲。

④ 专业工作队数大于施工过程数，即 $n_1 > n$。

（2）组织步骤与主要参数的确定。

① 确定施工起点流向，分解施工过程。

② 确定施工顺序，划分施工段，施工段 $m \geq n1$。

③ 按异节拍专业流水确定流水节拍。

④ 按以下公式确定流水步距：

$$B = 最小公约数\{t_1, t_2, \cdots, t_n\}$$

⑤ 按以下公式确定各施工过程专业工作队数 b_i 和工作队总数 n_1。

$$b_i = t_i/B$$
$$n_1 = \sum b_i$$

式中 t_i——施工过程 i 在各个施工段上的流水节拍；

b_i——施工过程 i 所要组织的专业工作队数；

n_1——工作队的总数。

⑥ 确定计划的总工期。按式（3.8）计算

$$T = \sum B_{i,i+1} + T_n = (m+n_1-1)t + \sum t_j - \sum t_d \quad (3.8)$$

式中 T——工期；

T_n——流水施工中最后一个施工过程在各施工段上的持续总时间；

m——施工段数；

n_1——施工队总数；

t_j——间隔时间；

t_d——搭接时间。

如果有分层施工，则 m 替换为 $M = c \times m$ 进行计算。

成倍节拍流水如果每个施工过程不能增加工作队，则按照下述的异步距异节拍流水进行施工组织，如本章例 3.1 即为这种情况，施工班组已经确定，不能再增加工作队。

【例 3.4】 某项目由 Ⅰ、Ⅱ、Ⅲ 等三个施工过程组成，流水节拍分别为 $t_1 = 2$ d，$t_2 = 6$ d，$t_3 = 4$ d，试组织等步距的异节拍流水施工，并绘制流水施工进度图表。

【解】

（1）确定流水步距。

$$B = 最小公约数\{t_1, t_2, t_3\} = 2 \text{ d}$$

（2）确定工作队数。

$$b_1 = t_1/B = 2/2 = 1 \text{（个）}$$
$$b_2 = t_2/B = 6/2 = 3 \text{（个）}$$
$$b_3 = t_3/B = 4/2 = 2 \text{（个）}$$
$$n_1 = \sum b = b_1 + b_2 + b_3 = 1 + 3 + 2 = 6 \text{（个）}$$

（3）求施工段数 m。

为了使各专业工作队都能连续工作，取 $m = n_1 = 6$ 段

（4）计算工期 T。

$$T = (m + n_1 - 1) \times B + \sum t_j - \sum t_d = (6 + 6 - 1) \times 2 + 0 - 0 = 22 \text{（d）}$$

绘制流水施工进度图表如图 3.9 所示。

2）异步距异节拍流水

异步距异节拍流水是指同一施工过程在各施工段上的流水节拍彼此相等，不同的施工过

程在同一施工段上的流水节拍彼此不完全相等,且流水节拍之间不存在最大公约数。

(1)异步距异节拍流水施工的特点。

① 同一施工过程流水节拍相等,不同施工过程之间的流水节拍不一定相等;

② 各个施工过程之间的流水步距不一定相等;

③ 各施工工作队能够在施工段上连续作业,但有的施工段之间可能有空闲;

④ 专业工作队数等于施工过程数,即 $n_1 = n$。

施工过程	工作队	施工进度										
		2	4	6	8	10	12	14	16	18	20	22
A	A_1	1		3		5						
			2		4		6					
B	B_1			1			4					
	B_1				2			5				
	B_1					3			6			
C	C_1						1	3		5		
	C_2							2	4		6	

图 3.9 异节奏成倍节拍流水

(2)主要参数的确定。

① 流水步距的确定。

$$B_{i,\ i+1} = t_i + t_j - t_d \text{(当 } t_i \leqslant t_{i+1}\text{)}$$
$$B_{i,\ i+1} = mt_i - (m-1)t_{i+1} + t_j - t_d \text{(当 } t_i > t_{i+1}\text{)}$$

式中 t_i——第 i 个施工过程的流水节拍;

t_{i+1}——第 $i+1$ 个施工过程的流水节拍;

m——施工段数。

当前一个施工过程的节拍（t_i）小于后一个施工过程的节拍（t_{i+1}）时，则上一施工段的后一个施工过程（t_{i+1}）完成后，下一施工段的前一个施工过程（t_i）早已完成，则该工作队就可以立即开始下一施工段的后一施工过程，不会出现窝工情况，所以 $B_{i,i+1}=t_i$，而如果前一个施工过程的节拍（t_i）大于后一个施工过程的节拍（t_{i+1}），则上一施工段的后一个施工过程（t_{i+1}）完成后，下一施工段的前一个施工过程（t_i）尚不能完成，这时就会造成前一个施工过程的工人出现窝工，为了防止这种情况出现，就要使后一个施工过程的工人推迟进场，增加流水步距，此种情况下，由后向前反推，首先让最后一个施工段的前后两个施工过程是连续的，然后向前依次反推下一个施工过程的进场时间。

如本章案例 3.1 中，参看图 3.4，为了保证混凝土浇筑工作的连续性，混凝土工程的进场时间需要向后推延，推延到最后一个施工段的混凝土浇筑和最后一个施工段的模板支护无间隔连续施工，需向后推延 2 天（作为组织间隔时间），则

$$B_{2,3} = 2+2 = 2 \text{（d）}$$

② 流水施工工期 T。

$$T = \sum B_{i,i+1} + T_n = \sum B_{i,i+1} + mt_n \tag{3.9}$$

式中 T——流水施工的计划工期；

T_n——流水施工中最后一个施工过程在各施工段上的持续总时间；

$B_{i,i+1}$——专业工作队 i 与 $i+1$ 之间的流水步距。

【例 3.5】 某工程划分为 A、B、C、D 四个施工过程，分三个施工段组织施工，各施工过程的流水节拍分别为 $t_A = 3$ d，$t_B = 4$ d，$t_C = 5$ d，$t_D = 3$ d；施工过程 B 完成后有两天的技术间歇时间，施工过程 D 与 C 搭接 1 d。试求各施工过程之间的流水步距及该工程的工期，并绘制流水施工进度表。

【解】

（1）确定流水步距。

因为 $t_A < t_B$，得

$$B_{A,B} = t_A = 3 \text{（d）}$$

因为 $t_B < t_C$，得

$$B_{B,C} = t_B + t_j = 4 + 2 = 6 \text{（d）}$$

又由于 $t_C > t_D = 4$（d），故

$$B_{C,D} = mt_C - (m-1)t_D - t_d = 3 \times 5 + (3-1) \times 3 - 1 = 8 \text{（d）}$$

（2）计算流水工期。

$$T = \sum B_{i,i+1} + T_n = (3 + 6 + 8) + 3 \times 3 = 26 \text{（d）}$$

（3）绘制施工进度计划表如图 3.10 所示。

施工过程	施工进度																									
	1	2	3	4	5	6	7	8	9	10	11	12	13	14	15	16	17	18	19	20	21	22	23	24	25	26
A	1——1——						——3——3——																			
				——2——2——																						
B				——1——1——1——								——3——3——3——														
							——2——2——2——																			
C										——1——1——1——1——										——3——3——3——3——						
													——2——2——2——2——												
D																		——1——1——					——3——3——			
																				——2——2——						

图 3.10　异节奏异节拍流水

3.4.2　无节奏流水施工的计算

在项目实际施工中，通常每个施工过程在各个施工段的工程量彼此不等，各专业工作队的生产效率相差较大，导致大多数的流水节拍彼此不相等，不可能组织成等节拍流水或异节拍流水。在这种情况下，往往利用流水施工的基本概念，在保证施工工艺、满足施工顺序要求的前提下，按照一定的计算方法，确定相邻专业工作队之间的流水步距，使其在开工时间上最大限度地、合理地搭接起来，形成每个专业工作队都能连续作业的流水施工方式，称为无节奏专业流水，也叫作分别流水。它是流水施工的普遍形式。

1）基本特点

（1）每个施工过程在各个施工段上的流水节拍不尽相等。

（2）在多数情况下，流水步距彼此不相等，而且流水步距与流水节拍二者之间存在着某种函数关系。

（3）各专业工作队都能连续施工，个别施工段可能有空闲。

（4）专业工作队数等于施工过程数，即 $n_1 = n$。

2）组织步骤

（1）确定施工起点流向，分解施工过程。

（2）确定施工顺序，划分施工段。
（3）按相应的公式计算各施工过程在各个施工段上的流水节拍。
（4）按一定的方法确定相邻两个专业工作队之间的流水步距。

因每一施工过程的流水节拍不相等，可以采用苏联专家潘特考夫斯基提出的"累加数列，错位减，取大差法"计算流水步距。第一步是将每个施工过程的流水节拍逐段累加；第二步是错位相减；第三步是取差数最大者作为流水步距，具体步骤如下：

① 对每一个施工过程在各施工段上的流水节拍依次累加，求得各施工过程流水节拍的累加数列；

② 将相邻施工过程流水节拍累加数列中的后者错后一位，相减得一个差数列；

③ 在差数列中取最大值，即为这两个相邻施工过程的流水步距。

（5）按 $T = \sum B_{i,i+1} + T_n + \sum t_j - \sum t_d$ 公式计算流水施工的计划工期，由于上述计算中并未考虑间隔时间和搭接时间，因此计算工期时要考虑相应的间隔时间和搭接时间，同样在进行流水施工图的绘制时，也有考虑，把相应的间隔时间和搭接时间加上或减除。

【例3.6】 某工程由3个施工过程组成，分为4个施工段进行流水施工，其流水节拍（d）见表3.3，试确定流水步距。

表3.3 某工程流水节拍表

施工过程	施工段			
	①	②	③	④
A	2	4	3	2
B	3	3	2	2
C	4	2	3	2

【解】

（1）求各施工过程流水节拍的累加数列。

施工过程 A：2，6，9，11
施工过程 B：3，6，8，10
施工过程 C：4，6，9，11

（2）错位相减求得差数列：

A 与 B：   2，6，9，11
          −   3，6，8，10
             2，3，3，3，−10

C 与 D：   3，6，8，10
          −   4，6，9，11
             3，2，2，1，−11

（3）在差数列中取最大值求得流水步距。

施工过程 A 与 B 之间的流水步距

$$B_{A,B} = \max[2,3,3,3,-10] = 3 \text{（d）}$$

施工过程 B 与 C 之间的流水步距

$$B_{B,C} = \max[3,2,2,1,-11] = 3 \text{（d）}$$

（4）工期计算：$T = \Sigma B + Tn + \Sigma t_j - \Sigma t_d = (3+3)+(4+2+3+2)+0-0=17$（d）

无节奏流水进度图绘制如图 3.11 所示。

施工过程	施工进度/d																
	1	2	3	4	5	6	7	8	9	10	11	12	13	14	15	16	17
A		1						3									
				2							4						
B					1						3						
								2					4				
C										1				3			
												3					4

图 3.11 无节奏流水施工

3.5 流水施工综合例题

【例 3.7】 某两层现浇混凝土工程，施工过程分为安装模板、绑扎钢筋、浇混凝土。已知每段每层各施工过程的流水节拍分别为 $k_{模}=2$ d，$k_{扎}=2$ d，$k_{混}=1$ d，当安装模板工作队转移到第二结构层的第一段施工时，须待第一层第一段的混凝土养护 1 d 后才能进行，在保证各工作队连续施工的条件下，求该工程每层最少的施工段数，并绘图。

【解】

（1）确定 B。

$$B = 最小公约数\{2, 2, 1\} = 1 \text{ d}$$

（2）确定 n_1。

$$b_{模}=2/1=2 \text{（个）}$$
$$b_{扎}=2/1=2 \text{（个）}$$

$$b_{混}=1/1=1（个）$$

故 $n_1 = 2 + 2 + 1 = 5$（个）

（3）确定每层的 m。

$$m = n_1 + \max \sum t_j/B = 5 + 1/1 = 6（段）$$

（4）确定 T。

$$T =(6 \times 2 + 5 - 1) \times 1 = 16（d）$$

（5）绘图。

施工层	施工过程名称	工作队	施工进度/d															
			1	2	3	4	5	6	7	8	9	10	11	12	13	14	15	16
第一层	安装模板	I_a	①		③		⑤											
		I_b		②		④		⑥										
	绑扎钢筋	II_a			①		③		⑤									
		II_b				②		④		⑥								
	浇混凝土	III					①	②	③	④	⑤	⑥						
第二层	安装模板	I_a							k	①		③		⑤				
		I_b									②		④		⑥			
	绑扎钢筋	II_a									①		③		⑤			
		II_b										②		④		⑥		
	浇混凝土	III											①	②	③	④	⑤	⑥

图 3.12　例 3.7 流水图

【例 3.8】 某混凝土道路工程 900 m，每 50 m 为一个施工段。道路路面宽度为 15 m，要求先挖去表层土 0.2 m 并压实一遍，再用砂石三合土回填 0.3 m，并压实两遍。上面为强度等级 C15 的混凝土路面，厚 0.15 m。设该工程可划分为挖土、回填、混凝土三个施工过程。其产量定额及流水节拍分别为：

挖土：5 m³/工日，t_1=2 d。回填：3 m³/工日，t_2=4 d。混凝土：0.7 m³/工日，t_3=6 d。

试组织等步距成倍节拍流水施工并绘图。

【解】 根据题意，施工段 m = 900/50=18，每一施工段上挖土、回填、混凝土的工作量分别为

$$Q_1 = 50 \times 15 \times 0.2 = 150 \text{（m}^3\text{）}$$
$$Q_2 = 50 \times 15 \times 0.3 = 225 \text{（m}^3\text{）}$$
$$Q_3 = 50 \times 15 \times 0.15 = 112.5 \text{（m}^3\text{）}$$

已知各施工过程的产量定额和流水节拍，根据式（3.1）可求出各专业班组人数为

$R_1=Q_1/S_1$，R_1= 150/5×2=15（人）

$R_2=Q_2/S_2$，R_2= 225/3×4=19（人）

$R_3=Q_3/S_3$，R_3= 112.5/0.7×6=27（人）

因为 B_1= 2，B_2= 4，B_3= 6，得

$$B = \text{最小公约数} \{2, 4, 6\} = 2 \text{ d}$$

各施工过程所需班组可根据公式 $b_j = k_j/B$

即

$b_挖$=2/2=1（组）

$b_扎$=4/2=2（组）

$b_混$=6/2=3（组）

总施工班组数 $n_1 = 1 + 2 + 3 = 6$（组）

故该工程的总工期

$$T =(m + n_1 - 1)R =(18 + 6 - 1) \times 2 = 46 \text{ d}$$

流水施工横道计划如图 3.13 所示。

施工过程		施工进度/d																					
		2	4	6	8	10	12	14	16	18	20	22	24	26	28	30	32	34	36	38	40	42	44	46
挖 土		1	2	3	4	5	6	7	8	9	10	11	12	13	14	15	16	17	18					
回填	一组		1		3		5		7		9		11		13		15		17					
	二组			2		4		6		8		10		12		14		16		18				
混凝土	一组				1			4			7			10			13			16				
	二组					2			5			8			11			14			17			
	三组						3			6			9			12			15			18		

图 3.13 例 3.8 流水图

【例 3.9】 某建设工程由三幢框架结构楼房组成,每幢楼房为一个施工段,施工过程划分为基础工程、主体结构、屋面工程、室内装修和室外装修 5 项,基础工程在各幢的持续时间为 4 周,主体结构在各幢的持续时间为 8 周,屋面工程在各幢的持续时间为 4 周、室内装修在各幢的持续时间为 8 周,室外装修在各幢的持续时间为 4 周。请回答以下问题:

(1) 为了加快施工进度,在各项资源供应能够满足的条件下,可以按何种方式组织流水施工?试确定该流水施工的工期并绘制横道计划。

(2) 如果资源供应受到限制,不能加快施工进度,该工程应按何种方式组织流水施工。试确定该流水施工的工期并绘制横道计划。

【解】(1) 为了加快施工进度,在各项资源供应能够满足的条件下,可以按成倍节拍流水施工方式组织施工。

施工过程数目 $n = 5$

施工段数目 $m = 3$

流水节拍:基础工程 $t_1 = 4$(周)

　　　　　主体结构 $t_2 = 8$(周)

　　　　　屋面工程 $t_3 = 4$(周)

　　　　　室内装修 $t_4 = 8$(周)

　　　　　室外工程 $t_5 = 4$(周)

　　　　　流水步距 $B = 4$(周)

施工队数目:基础工程 $b_1 = t_1/B = 4/4 = 1$(个)

　　　　　　主体结构 $b_2 = t_2/B = 8/4 = 2$(个)

　　　　　　屋面工程 $b_3 = t_3/B = 4/4 = 1$(个)

　　　　　　室内装修 $b_4 = t_4/B = 8/4 = 2$(个)

　　　　　　室外工程 $b_5 = t_5/B = 4/4 = 1$(个)

故　$n_1 = \sum b_j = 1 + 2 + 1 + 2 + 1 = 7$(个)

流水施工工期:$T = (m + n_1 - 1) \times B = (3 + 7 - 1) \times 4 = 36$(周)

流水施工横道计划如图 3.14 所示。

(2) 如果资源供应受到限制,不能加快施工进度,该工程应按无节奏流水施工方式组织施工。

流水步距计算。

① 求各施工过程流水节拍的累加数列。

　基础工程:4,8,12

　主体结构:8,16,24

　屋面工程:4,8,12

　室内装修:8,16,24

　室外装修:4,8,12

② 错位相减求得数列。

　基础工程与主体结构:

```
        4    8   12
    −        8   16   24
    ─────────────────────
        4    0   −4   −24
```

主体结构与屋面工程：　　　　　8　16　24
　　　　　　　　　　　　　－　　4　 8　12
　　　　　　　　　　　　　　　8　12　16　-12

屋面工程与室内装修：　　　　　4　 8　12
　　　　　　　　　　　　－　　　8　16　24
　　　　　　　　　　　　　　　4　 0　-4　-24

室内装修与室外装修：　　　　　8　16　24
　　　　　　　　　　　　－　　　4　 8　12
　　　　　　　　　　　　　　　8　12　16　-12

序号	施工过程	施工队	进度计划/周									
			4	8	12	16	20	24	28	32	36	44	48	52
1	基础施工	1	1　2　3											
2	主体施工	1		1　　3									
3		2		2									
4	屋面工程	1				1　2　3							
5	室内装修	1					1　　3						
6		2						2					
7	室外装修	1							1　2　3				

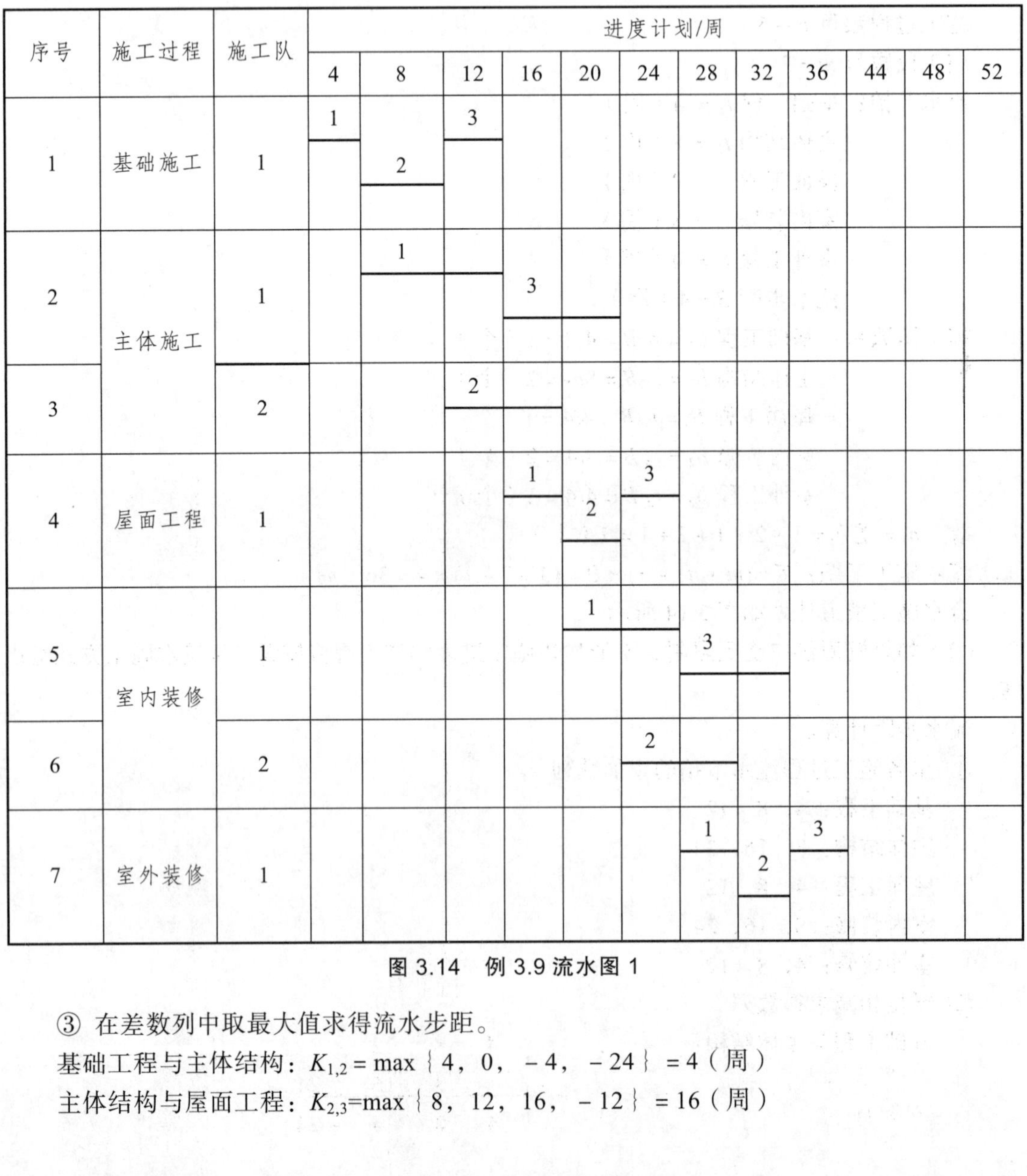

图 3.14　例 3.9 流水图 1

③ 在差数列中取最大值求得流水步距。

基础工程与主体结构：$K_{1,2} = \max\{4, 0, -4, -24\} = 4$（周）

主体结构与屋面工程：$K_{2,3} = \max\{8, 12, 16, -12\} = 16$（周）

屋面工程与室内装修：$K_{3,4}=\max\{4, 0, -4, -24\}=4$（周）
室内装修与室外装修：$K_{4,5}=\max\{8, 12, 16, -12\}=16$（周）
流水施工工期：$T=\sum K+\sum t_n=(4+16+4+16)+(4\times 3)=52$（周）

序号	施工过程	进度计划/周												
		4	8	12	16	20	24	28	32	36	40	44	48	52
1	基础施工	1	2	3										
2	主体施工			1	2		3							
3	屋面工程						1	2	3					
4	室内装修							1		2		3		
5	室外装修											1	2	3

图 3.15　例 3.9 流水图 2

【思考题】

1. 选择题

（1）建设工程组织流水施工时，某专业工作队在单位时间内所完成的工程量称为（　　）。
A. 流水节拍　　　　　　　　B. 流水步距
C. 流水强度　　　　　　　　D. 流水节奏

（2）建设工程组织流水施工时，用以表达流水施工在空间布置上上开展状态的参数有（　　）。
A. 流水节拍　　　　　　　　B. 流水步距
C. 间歇时间　　　　　　　　D. 施工段

（3）建设工程组织流水施工时，用以表达流水施工在施工工艺方面进展状态的参数之一是（　　）。

　　A. 流水段　　　　　　　　　　B. 施工过程
　　C. 流水节拍　　　　　　　　　D. 流水步距

（4）某分部工程有3个施工过程，各分为3个施工段组织成倍节拍流水施工，各施工过程在各施工段上的流水节拍分别为6、4、6 d，则专业工作队数应为（　　）个。

　　A. 3　　　　　　B. 5　　　　　　C. 6　　　　　　D. 8

（5）某分部工程有3个施工过程，各分为4个流水节拍相等的施工段，各施工过程的流水节拍分别为6、4、4 d。如果组织加快的成倍节拍流水施工，则专业工作队数和流水施工工期分别为（　　）。

　　A. 3个和20 d　　　　　　　　B. 4个和25 d
　　C. 5个和24 d　　　　　　　　D. 7个和20 d

（6）建设工程组织流水施工时，相邻专业工作队之间的流水步距相等，且施工段之间没有空闲时间的是（　　）。

　　A. 非节奏流水施工和加快的成倍节拍流水施工
　　B. 一般的成倍节拍流水施工和非节奏流水施工
　　C. 固定节拍流水施工和加快的成倍节拍流水施工
　　D. 一般的成倍节拍流水施工和固定节拍流水施工

（7）在流水施工方式中，加快成倍节拍流水施工的特点之一是（　　）。

　　A. 相邻施工过程之间流水步距相等，且等于流水节拍的最大公约数
　　B. 相邻施工过程之间流水步距相等，且等于流水节拍的最小公约数
　　C. 相邻施工过程之间流水步距不尽相等，但流水步距之间为倍数关系
　　D. 相邻施工过程之间流水步距不尽相等，但流水步距是流水节拍的倍数关系

（8）施工段是用基础工程划分4个施工过程（挖基槽、作垫层、混凝土浇筑、回填土）在5个施工段组织固定节拍流水施工，流水节拍为3 d，要求混凝土浇筑2 d后才能进行回填土，该工程的流水工期为（　　）天。

　　A. 39　　　　　　B. 29　　　　　　C. 26　　　　　　D. 14

（9）下列参数中，属于时间参数的是（　　）。

　　A. 施工过程数　　B. 施工段数　　C. 流水步距　　D. 以上都不对

（10）当组织流水施工时，应分层分段施工，为保证各施工队能连续施工，要求每层的施工段数必须（　　）其施工过程数。

　　A. 大于等于　　　B. 大于　　　　C. 小于　　　　D. 小于等于

（11）流水施工最大的特点就是（　　）。

　　A. 提高劳动生产率　　　　　　B. 加快施工进度
　　C. 连续、均衡生产　　　　　　D. 充分利用工作面

（12）下列（　　）参数为工艺参数。

　　A. 施工过程数　　B. 施工段数　　C. 流水步距　　D. 流水节拍

（13）下列（　　）参数为空间参数。

A. 施工过程数　　B. 施工段数　　C. 流水步距　　D. 流水节拍

（14）下列参数中，属于空间参数的是（　　）。

A. 施工过程数　　B. 流水节拍　　C. 流水步距　　D. 以上都不对

（15）建设工程组织流水施工时，用来表达流水施工在空间布置方面的状态参数是（　　）。

A. 施工段数　　B. 流水步距　　C. 流水节拍　　D. 施工过程数

（16）当施工段数大于施工过程数时，可能会出现（　　）。

A. 工人窝工　　　　　　　　　　B. 工作面空闲

C. 施工班组不连续施工　　　　　D. 资源供应集中

（17）划分施工段时应当遵循的原则不包括（　　）。

A. 使各施工段的工程量基本相等　　　B. 使各施工过程配备的人数相等

C. 要满足工作面的限制　　　　　　　D. 尽量使各专业班组能连续施工

（18）在组织流水施工时，用以表达流水施工在施工工艺上开展顺序及其特征的参数，称工艺参数，通常包括施工过程数和（　　）两种。

A. 施工段　　B. 工作面　　C. 流水强度　　D. 施工层数

（19）施工段是用以表达流水施工的空间参数。为了合理地划分施工段，应遵循的原则包括。（　　）。

A. 施工段的界限与结构界限无关，但应使同一专业工作队在各个施工段的劳动量大致相等

B. 每个施工段内要有足够的工作面，以保证相应数量的工人、主导施工机械的生产效率，满足合理劳动组织的要求

C. 施工段的界限应设在对建筑结构整体性影响小的部位，以保证建筑结构的整体性

D. 每个施工段要有足够的工作面，以满足同一施工段内组织多个专业工作队同时施工的要求

E. 施工段的数目要满足合理组织流水施工的要求，并在每个施工段内有足够的工作面.

（20）建设工程平行施工的特点包括（　　）。

A. 可以充分利用工作面进行施工

B. 单位时间内投入的资源量较少

C. 施工现场的组织管理比较简单

D. 劳动力及施工机具等资源无法均衡使用

E. 各专业工作队能够连续作业

2. 计算题

（1）某分部工程由 4 个分项工程组成，划分成 5 个施工段，流水节拍为 $t=3$，无间歇时间，求 B、T，并绘图。

（2）某商场住宅小区一期工程共有八栋混合结构住宅楼。其中四栋有 3 个单元，其余四

栋均有 6 个单元。各单元方案基本相同，一个单元基础的施工过程和施工时间见表 3.4。

表 3.4　一个单元基础的施工过程和施工时间

施工过程	土方开挖	混垫层	钢混基础	砖条基础	回填土
施工时间/d	3	3	4	4	2

问：

① 根据施工段划分的原则，如拟对该工程组织异节拍专业流水施工，应划分成几个施工段？

② 试按异节奏流水施工方式组织施工并绘制流水施工横道计划。

（3）某项目由四个施工过程组成，分别由 A、B、C、D 四个专业工作队完成，在平面上划分成四个施工段，每个专业工作队在各施工段上的流水节拍如表 3.5 所示，试确定相邻专业工作队之间的流水步距。

表 3.5　各施工段上的流水节拍

施工过程	①	②	③	④
A	4	2	3	2
B	3	4	3	4
C	3	2	2	3
D	2	2	1	2

4 施工网络计划技术与优化

【学习要点】

（1）单、双代号网络计划的编制；
（2）单、双代号网络计划的计算；
（3）网络计划的检查与优化。

4.1 建筑施工网络计划概述

在流水施工计划中，我们最常使用表示方法是横道图表示，但随着现代化生产的不断发展，项目的规模越来越大，影响因素越来越多，项目的组织管理工作也越来越复杂，这时，横道图无法明确表明某些施工工序的逻辑关系。在这种情况下，就出现了一种新的工程项目的计划与控制管理技术，即网络计划技术。网络计划技术又称统筹法，它通过网络图对某项活动（如生产、施工或科研活动等）的诸环节（如工序等）间的逻辑关系予以全面地描述，并以最优的方式组织、协调和控制该项活动的进度及费用等。

1. 网络计划的产生与内容

网络计划方法起源于美国，是项目计划管理的重要方法。从 1956 年起，美国就有一些数学家和工程师开始探讨这方面的问题。1957 年，美国杜邦化学公司首次采用了一种新的计划管理方法，即关键路线法（Critical Path Method，CPM），第一年就节约了超过 100 万美元，相当于该公司用于研究发展 CPM 费用的 5 倍以上。1958 年，美国海军武器局特别规划室在研制北极星导弹潜艇时，应用了被称为计划评审技术（Program Evaluation and Review Technique，PERT）的计划方法，使北极星导弹潜艇比预定计划提前两年完成。统计资料表明，在不增加人力、物力、财力的既定条件下，采用 PERT 就可以使进度提前 15%~20%，节约 10%~15%成本。现在，网络计划技术在我国各类大型工程项目的管理中已经得到普遍应用。

网络计划技术包括以下基本内容：

（1）网络图。

网络图是指网络计划技术的图解模型，反映整个工程任务的分解和合成。分解，是指对工程任务的划分；合成，是指解决各项工作的协作与配合。分解和合成是各项工作之间，按逻辑关系的有机组成。绘制网络图是网络计划技术的基础工作。

（2）时间参数。

在实现整个工程任务过程中，包括人、事、物的运动状态。这种运动状态都是通过转化为时间函数来反映的。反映人、事、物运动状态的时间参数包括：各项工作的作业时间、开工与完工的时间、工作之间的衔接时间、完成任务的机动时间及工程范围和总工期等。

（3）关键路线。

通过计算网络图中的时间参数，求出工程工期并找出关键路径。在关键路线上的作业称为关键作业，这些作业完成的快慢直接影响着整个计划的工期。在计划执行过程中关键作业是管理的重点，在时间和费用方面要严格控制。

（4）网络优化。

网络优化，是指根据关键路线法，通过利用时差，不断改善网络计划的初始方案，在满足一定的约束条件下，寻求管理目标达到最优化的计划方案。网络优化是网络计划技术的主要内容之一，也是较之其他计划方法优越的主要方面。

网络计划技术既是一种科学的计划方法，又是一种有效的生产管理方法。

网络计划最大特点就在于它能够提供施工管理所需要的多种信息，有利于加强工程管理；有助于管理人员合理地组织生产，做到心里有数，知道管理的重点应放在何处，怎样缩短工期，在哪里挖掘潜力，如何降低成本。提高在工程管理中应用网络计划技术的水平，必能进一步提高工程管理的水平。

2. 建筑施工网络计划的表示方法

建筑施工网络计划是一种以网状图形表示工程施工顺序的工作流程图。最常用的网络计划的表达方法有双代号（图 4.1）和单代号（图 4.2）两种表示方法。

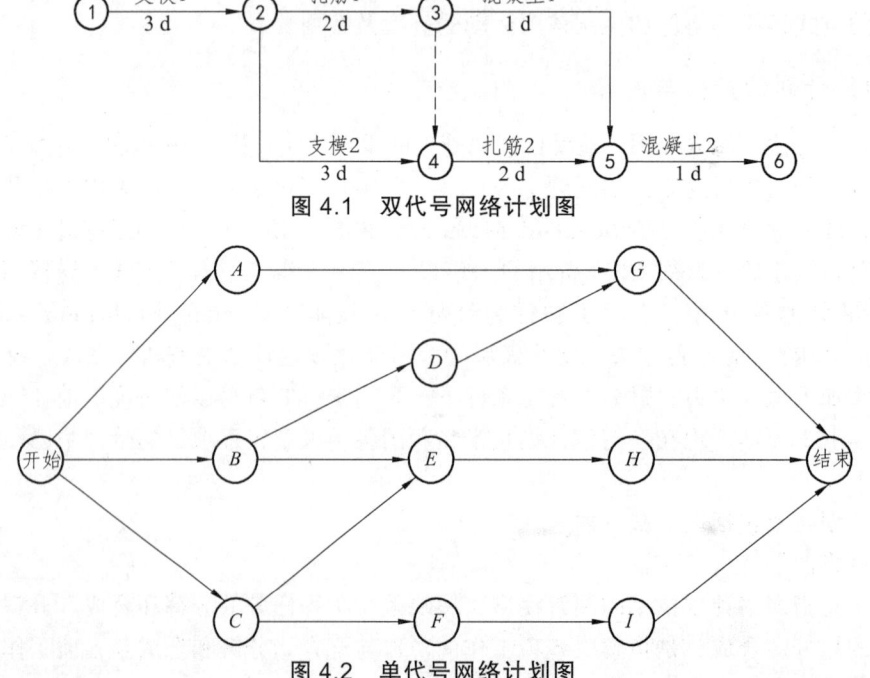

图 4.1　双代号网络计划图

图 4.2　单代号网络计划图

双代号网络图又称箭线式网络图,它是以箭线及其两端节点的编号代表一项工作,并将活动名称、时间、资源等标注在箭线之上,而节点表示仅工作的开始或结束以及工作之间的连接状态,由于其活动要用前后两个节点和中间箭线共同表示,因而称为双代号网络。

单代号网络计划图是指用一个圆圈代表一项工作,并将活动名称、时间、资源写在圆圈中,而箭线符号仅用来表示相关活动之间的顺序,不具有其他意义,因其活动只用一个符号就可代表,故称为单代号网络图。

另外,将网络图与时间坐标有机结合起来应用就形成了时间坐标网络计划;将单代号网络图与搭接施工原理有机结合起来应用形成了单代号搭接网络计划;将双代号网络图与流水施工原理有机结合起来应用形成了流水施工网络计划等。

3. 建筑施工网络计划的基本原理

在建筑工程计划管理中,网络计划技术的基本原理,可以归纳为以下四点。

(1)把一项工程的全部建造过程分解成若干项工作,并按各项工作的开展顺序和相互制约关系,绘制成网络图形。

(2)通过网络图时间参数计算,找出关键工作和关键线路。

(3)利用最优化原理,不断改进网络计划的初始方案,寻求其最优方案。

(4)在网络计划执行过程中,对其进行有限的监督和控制,达到合理地安排人力、物力和资源,以最少的资源消耗,获得最大的经济效果。

4. 建筑施工网络计划的特点

(1)能全面而明确地反映工作之间的依赖和制约关系。

(2)能计算各种时间参数,找出关键工作和关键线路,便于抓住主要矛盾。

(3)能计算并充分利用部分工作的机动时间,更好地调配人力、物力,以降低成本。

(4)可以利用计算机对复杂的网络计划调整和优化,实现计划的科学管理。

(5)实施过程中能进行有效的控制和调整,以最小的消耗取得最大的经济效益。

(6)能预见某工作的提前或拖后对其他工作或整个工程的影响程度。

4.2 建筑施工网络计划图的绘制

4.2.1 网络计划图中的元素

1. 网络图中的基本符号

1)双代号网络图的基本符号

双代号网络图的基本符号是箭线、节点及节点编号,如图4.3所示。

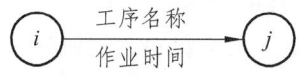

图 4.3 双代号节点表

（1）箭线。

① 一根箭线表示一项工作或表示一个施工过程。

② 一根箭线表示一项工作所消耗的时间和资源，分别用数字标注箭线的下方和上方。

③ 在非时标网络图中，箭线的长度不代表时间的长短，画图时原则上是任意的，但必须满足网络图的绘制规则；而在时标网络图中，箭线的长度和工作持续时间的长短是成固定比例的，工作时间持续越长，箭线的长度也越长。

④ 箭线的方向表示工作进行的方向和前进的路线，箭尾表示工作的开始，箭头表示工作的结束。

⑤ 箭线可以画成直线、折线或斜线。

（2）节点。

网络图中箭线端部的圆圈或其他形状的封闭图形就是节点。

① 节点表示前面工作结束和后面工作开始的瞬间，所以节点不需要消耗时间和资源。

② 箭线的箭尾节点表示该工作的开始，箭线的箭头节点表示该工作的结束。

③ 根据节点在网络图中的位置不同可以分为：起点节点、终点节点、中间节点。

（3）节点编号。

节点编号必须满足两条基本原则：

① 箭头节点编号大于箭尾节点编号；

② 在一个网络图中，所有节点不能出现重复编号，可以按自然顺序，也可以非连续编号。编号的大小一般为从左到右，从上到下逐渐增大。

2）单代号网络图的基本符号

单代号网络图的基本符号也是箭线、节点及节点编号，其表示的内容和双代号网络图则完全不同，如图4.4所示。

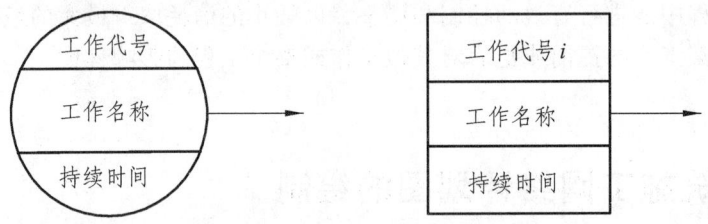

图 4.4　单代号节点表示

（1）箭线：表示相邻工作之间的逻辑关系。

（2）节点：表示工作。

（3）节点编号：与双代号网络图一样。

2. **各种工作类型**

（1）实工作：是指项目中需要真正完成的具体工作。项目中的"施工准备""桩基工程""主体结构施工"等，需要消耗一定人力、材料、机械的工作，都是实工作。

（2）虚工作：是指不消耗资源、不占用时间，只表示两工序之间的先后逻辑关系的工作。

虚工作用虚箭线表示，其表达方式可垂直方向向上或向下，也可水平方向向右，虚工作起着联系、区分、断路三个作用。

（3）里程碑工作：通常用于表示阶段性任务完成的某些工作。如"主体完成""竣工验收"，或者其他需要标明一些注释内容的节点等。

（4）挂起工作：与虚工作有些类似，与虚工作不同的是，挂起工作既表示工作前后的逻辑关系，同时也占用一定的时间。一般用于表示搭接的逻辑关系。比如混凝土施工后，需要一定的养护时间，此时，养护时间可以用挂起工作表示。挂起工作占用时间，但不占用资源。

3. 逻辑关系

工作之间相互制约或依赖的关系称为逻辑关系。

（1）工艺关系。

工艺逻辑关系是由施工工艺所决定的各个施工过程之间客观上存在的先后顺序关系。对于一个具体的工程项目而言，当确定施工方法之后，各个施工过程的先后顺序一般是固定的，有的是绝对不允许颠倒的。如"支模①→扎筋①→混凝土①"为工艺关系。

由施工工艺、方法所定的先后顺序，一般不可变。

（2）组织关系。

组织逻辑关系是施工组织安排中，考虑劳动力、机具、材料及工期等方面的影响，在各施工过程之间主观上安排的施工顺序，这种关系不受施工工艺的限制，不是由工程性质本身决定的，而是在保证工作质量、安全和工期等的前提下，可以人为安排的顺序关系。如"支模①→支模②""扎筋①→扎筋②"为组织关系。

4. 紧前工作、紧后工作、平行工作（图4.5）

（1）紧前工作。

网络图中，相对于某项工作而言，从工艺关系或组织关系来看，紧排在该工作之前的工作称为该工作的紧前工作。

（2）紧后工作。

网络图中，相对于某项工作而言，从工艺关系或组织关系来看，紧排在该工作之后的工作称为该工作的紧后工作。

（3）平行工作。

网络图中，相对于某项工作而言，可以与该工作同时进行的工作即为该工作的平行工作。

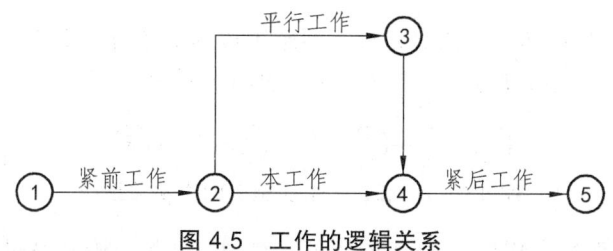

图 4.5 工作的逻辑关系

5. 先行工作和后续工作

（1）先行工作：相对于某项工作而言，从网络图的起点节点开始，顺箭头方向经过一系列箭线与节点到达该工作为止的各条通路上的所有工作，都称为该工作的先行工作。

（2）后续工作：相对于某项工作而言，从该工作之后开始，顺箭头方向经过一系列箭线与节点到网络图的终点节点的各条通路上的所有工作，都称为该工作的后续工作。

6. 线路、关键线路、关键工作

（1）线路：网络图中从起点节点开始，沿箭线方向连续通过一系列箭线与节点，最后到达终点节点的通路称为线路。

（2）关键线路和关键工作：每一条线路都有自己确定的完成时间，它等于该线路上各项工作持续时间的总和，也是完成这条线路上所有工作的计划工期。工期最长的线路称为关键线路（或主要矛盾线）。位于关键线路上的工作称为关键工作。关键工作的实际进度是建设工程进度控制工作中的重点。

关键工作完成的快慢直接影响整个计划工期的实现，关键线路最好用粗箭线或有色箭线连接。关键线路在网络图中不止一条，可能同时存在几条关键线路，即这几条线路上的持续时间相同且最长。关键线路并不是一成不变的，在一定条件下，关键线路和非关键线路可以互相转化。当采用了一定的技术组织措施，缩短了关键线路上各工作的持续时间，就有可能使关键线路发生转移，使原来的关键线路变成非关键线路，而原来的非关键线路却变成关键线路。

短于但接近于关键线路持续时间的线路称为次关键线路，其余的线路均称为非关键线路。位于非关键线路的工作除关键工作外，其余称为非关键工作，它有机动时间（即时差）。非关键工作也不是一成不变的，它可以转化为关键工作。利用非关键工作的机动时间可以科学地、合理地调配资源和对网络计划进行优化。

4.2.2 双代号网络图的绘制

1. 双代号网络图的绘制规则

1）双代号逻辑关系

在网络图中，除了满足工艺逻辑关系和组织逻辑关系之外，各个施工过程之间还有多种逻辑关系。在绘制网络图时，必须正确反映各施工过程之间的逻辑关系。几种常见的逻辑关系表示方法如下：

（1）如果施工过程 A、B、C 依次完成，即施工过程 B 在施工过程 A 完成后开始，施工过程 C 在施工过程 B 完成后进行，其逻辑关系如图 4.6 所示。

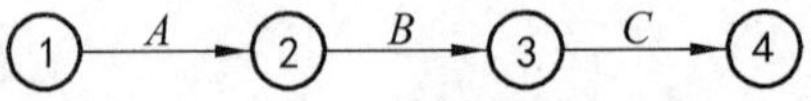

①—A→②—B→③—C→④

图 4.6　A、B、C 依次施工的逻辑关系

（2）如果施工过程 A 完成后，施工过程 B 和 C 同时开始，则其逻辑关系如图 4.7 所示。

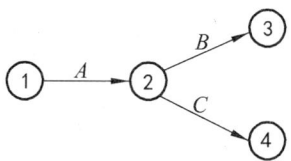

图 4.7　A 完成后 B、C 同时开始逻辑关系

（3）如果施工过程 A、B 完成后，施工过程 C、D 同时开始，则其逻辑关系如图 4.8 所示。

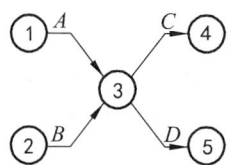

图 4.8　A、B 完成后 C 和 D 同时开始

（4）如果施工过程 C，在施工过程 A 和 B 完成后才开始，而施工过程 D 在施工过程 B 完成后就可以开始，即施工过程 C 受施工过程 A 和 B 的共同制约，而施工过程 D 只受施工过程 B 的制约而与 A 无关。在绘制网络图时，要明确地表达施工过程 B、C 之间的先后顺序，必须引进虚箭杆，如图 4.9（a）图所示。这时，虚箭杆就起了逻辑连接的作用。

（5）现有 A、B、C、D、E 五个施工过程，如果 C 在 A 完成后开始，E 在 B 完成后开始，而 A、B 完成后 D 才能开始，即 D 受 A 和 B 的共同制约，而 C 与 B 无关，E 又与 A 无关，因此应分别引入虚箭杆连接 A、D 和 B、D，才能正确反映它们之间的逻辑关系，如图 4.9（b）所示。

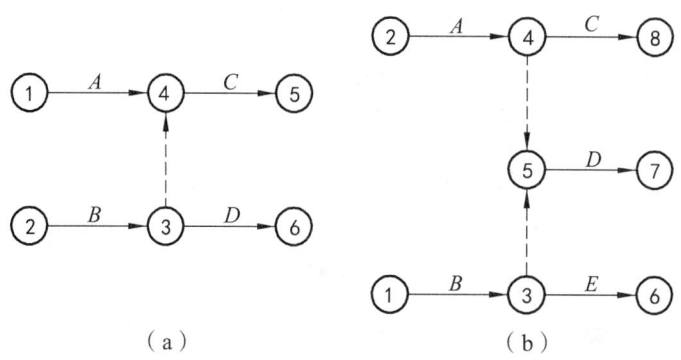

图 4.9　虚箭杆的逻辑连接

（6）用网络图表示流水施工时，在两个没有任何逻辑关系的施工过程之间，有时会产生有联系的错误，此时必须用虚箭杆切断不合理的关系，以消除逻辑关系上的错误。

2）双代号网络图的绘制原则

在绘制双代号网络图时，除了正确反映工作之间的各种逻辑关系外，还必须遵循以下原则：

（1）一项工作只能用唯一的一条箭杆表示，任何箭杆必须从一个结点开始到另一个结点结束；一项工作全部完成后，紧接它后面的工作才能开始，不得从一条箭杆的中间引出另一条箭杆。工作 B 在工作 A 开始一段时间后才能开始，在 4.10（a）图中，A 与 B 的含义虽然没错，但是表达是错误的，此种情况下 B 工作没有开始节点，在后续的时标网络图表达或计算是都无法正确完成，正确的表达为图 4.10（b）中所示。

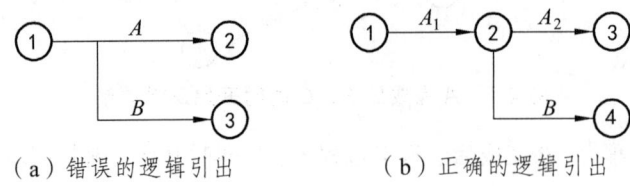

（a）错误的逻辑引出　　　　（b）正确的逻辑引出

图 4.10

但当网络图的起点节点有多条箭线引出（外向箭线）或终点节点有多条箭线引入（内向箭线）时，为使图形简洁，可用母线法绘图，如图 4.11 所示。

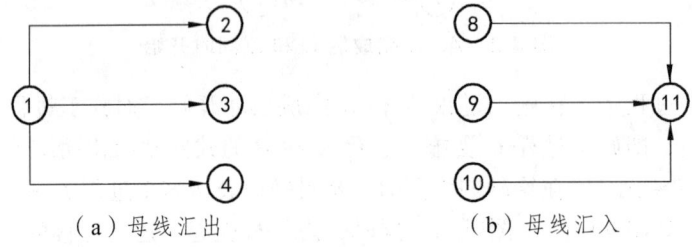

（a）母线汇出　　　　（b）母线汇入

图 4.11

（2）在一个双代号网络图中，只允许有一个起点结点和一个终点结点。如图 4.12（a）中出现了①、③两个起点结点，出现了⑥、⑦两个终点结点都是错误的。

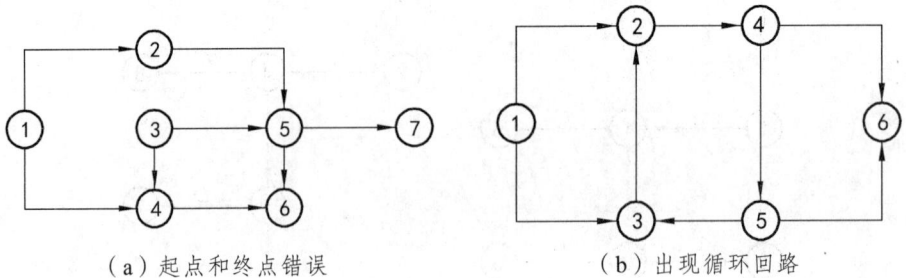

（a）起点和终点错误　　　　（b）出现循环回路

图 4.12

（3）在网络图中不允许出现循环线路（闭合回路）。如图 4.12（b）中，②→④→⑤→③→②形成了循环线路，它所表达的逻辑关系是错误的。

（4）网络图中不允许出现有双向箭头或无箭头的工作。如图 4.13（a）中的箭线是错误的，因为施工网络图是一种有向图，沿箭头方向循序前进，所以一条箭线只能有一个箭头。另外，在网络图中应尽量避免使用反向箭线，如 4.13（b）中的②→③，因为反向箭线容易发生错误，造成循环回路。

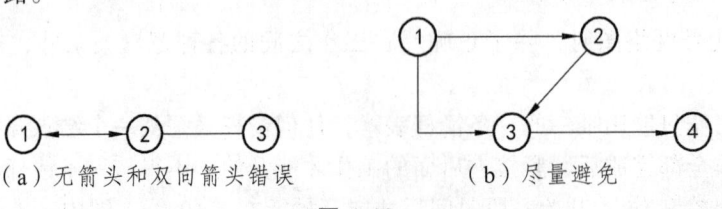

（a）无箭头和双向箭头错误　　　　（b）尽量避免

图 4.13

（5）在一个网络图中，不允许出现同样编号的结点或箭线。在图4.14（a）中两个工作均用①→②表示是错误的，正确的表达方式应为图4.14（b）所示。此外，箭尾的编号要小于箭头的编号，各结点的编号不能重复，但可以连续编号或跳号。

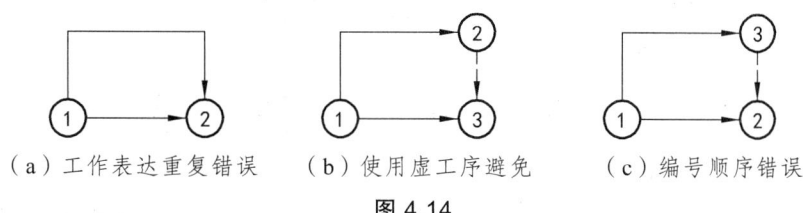

图4.14

（6）应尽量避免网络图中工作箭线的交叉。当交叉不可避免时，可以采用过桥法或指向法处理，如图4.15所示。

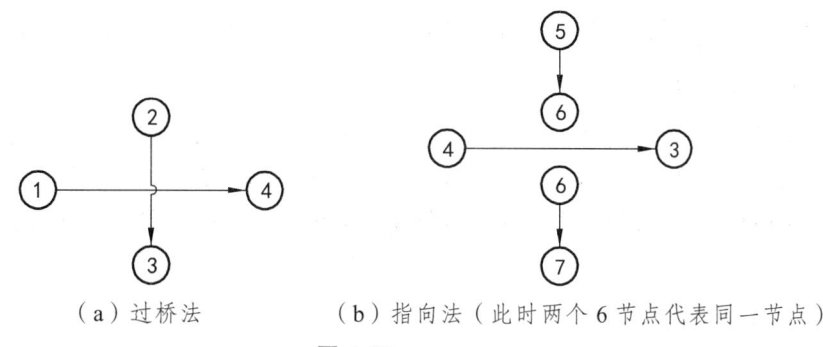

图4.15

3）双代号施工网络图的排列方法

（1）按照施工顺序水平方向排列。

这种方式是把各工作按照施工工艺顺序水平方向排列，施工段按照竖向排列绘制，此种方法，水平方向可以清楚地看出每个施工段包含哪些施工过程。如图4.16所示。

柱混凝土工作分为钢筋绑扎（A），模板支撑（B），混凝土浇筑（C），模板拆除（D）四个过程，分两个施工段施工，按施工顺序水平方向排列，绘图如图4.16。

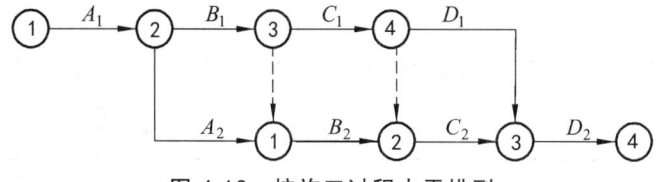

图4.16 按施工过程水平排列

（2）施工段按水平方向排列。

这种方式是把各工作施工段按照水平方向排列，施工工艺顺序按照竖向方向排列绘制，此种方法，水平方向可以清楚地看出工程包含多少个施工段。

某施工工程包含挖土（A）、垫层（B）、基础（C）、回填土（D）四项工作分三个施工段，按施工段水平方向排列，绘图如图4.17。

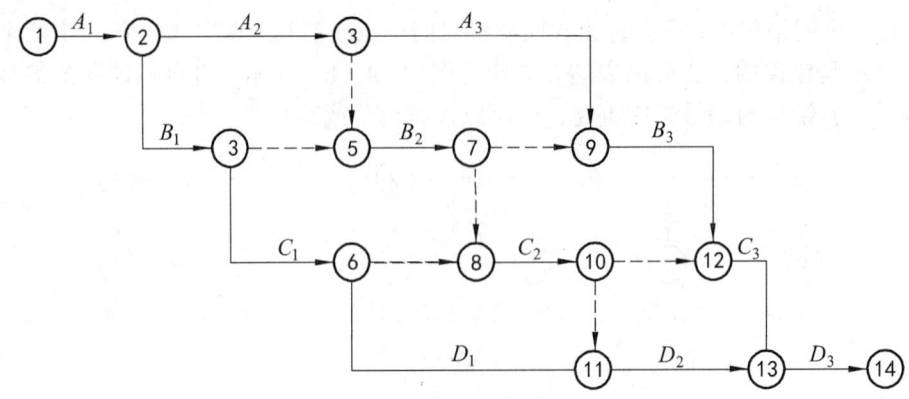

图 4.17 按施工段水平排列

上图中增加了多个虚工序,是为了防止错误的逻辑关系出现,工序 3~5,防止了出现 $A1$ 在 $C1$ 之前的错误逻辑关系。其余 7~9,6~8,10~12 均是由于此种原因。

4) 网络图的工作合并

网络图的工作合并的基本方法是:保留局部网络图中与外部工作相联系的节点,合并后箭线所表达的工作持续时间为合并前该部分网络图中相应最长线路段的工作时间之和。

网络图的合并主要适用于群体工程施工控制网络图和施工单位的季节、年度控制网络图的编制。

5) 网络图连接

绘制复杂网络图时,往往先将其分解成若干个相互独立的部分,然后各自分头绘制,最后按逻辑关系进行连接,形成一个整体网络图。

2. 双代号网络图的绘制步骤

(1) 收集整理有关资料。
(2) 绘制草图。
(3) 检查逻辑关系是否正确,是否符合绘图规则。
(4) 整理、完善网络图,使其条理清楚、层次分明。
(5) 对节点进行编号。

【例 4.1】 已知各项工作之间的逻辑关系如表 4.1 所示,试绘制双代号网络图。

表 4.1 逻辑关系

工作	A	B	C	D	E	G
紧前工作	—	—	—	A、B	A、B、C	D、E

解:(1) 分析逻辑关系,ABC 工作没有紧前工作,则表示 A、B、C 工作应当为起始节点直接发出的三项工作。绘制应当如图 4.18 所示。

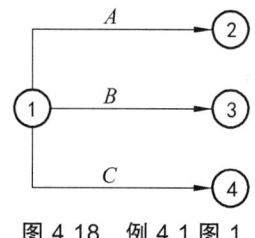

图 4.18 例 4.1 图 1

（2）D 工作的紧前工作为 A、B，则 D 工作可能为图 4.19 中的两种绘制方法。

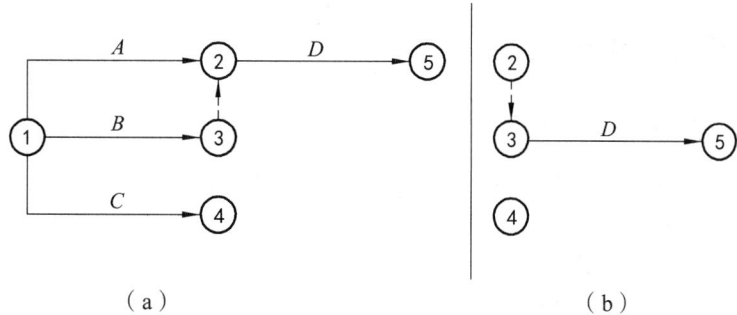

(a)　　　　　　　　(b)

图 4.19 例 4.1 图 2

（3）E 的紧前工作为 A、B、C，如果 D 选择图 4.19（a）画法，则 E 工作不能从 2 节点引出，否则 D、E 工作就有了相同的起点，也就有了相同的紧前工作，如果 E 工作从 3 节点引出，会造成 2，3 节点有双向的虚工作链接，如果 E 从 4 节点引出，则绘制如图 4.20（a），如果 D 选择图 4.19（a）画法，E 从 4 节点引出，绘制如图 4.20（b），相比较之下，选择图 4.20（b）画法。

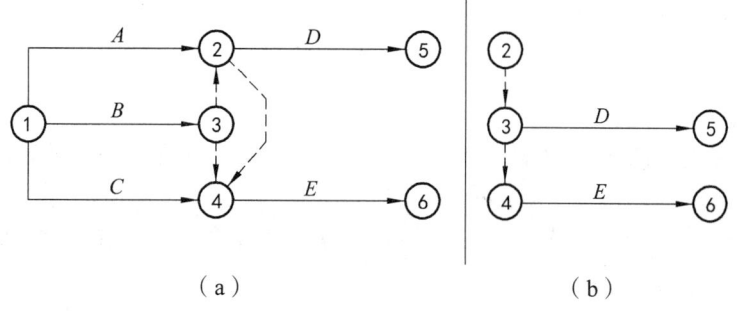

(a)　　　　　　　　(b)

图 4.20 例 4.1 图 3

（4）G 工作紧前工作为 D、E，则绘制如图 4.21（a），调整多余 5~6 虚工序，如图 4.21（b）绘制完成。

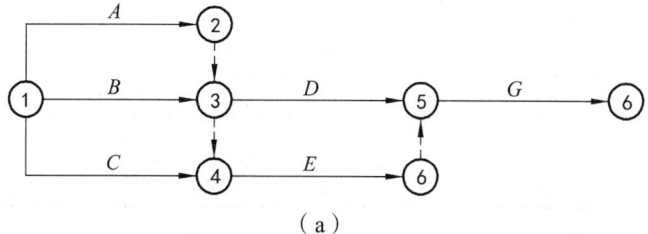

(a)

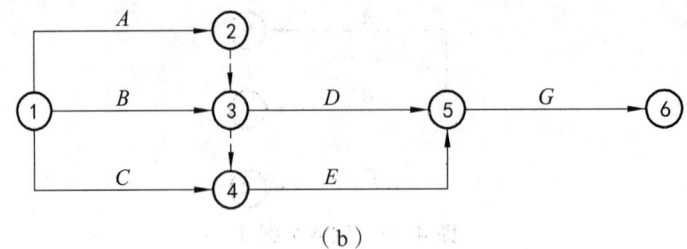

（b）

图 4.21　例 4.1 图 4

4.2.3　单代号网络图的绘制

1. 单代号网络图的绘制规则

单代号网络图的绘制规则要求基本和双代号网络图的要求相同。
（1）必须正确表达已定的逻辑关系。
（2）在网络图中，严禁出现循环回路。
（3）单代号网络图中，严禁出现带双向箭头或无箭头的连线。
（4）单代号网络图中严禁出现没有箭头节点或没有箭尾节点的箭线。
（5）绘制网络图时，尽可能在构图时避免交叉。不可避免时，可采用过桥法或指向法。
（6）单代号网络图中，只允许有一个起点节点，一个终点节点，必要时在两端设置虚拟的起点节点和终点节点。
（7）单代号网络图中，不允许出现有重复编号的工作，一个编号只能代表一项工作，且箭头编号大于箭尾编号。

2. 单代号网络图的绘制方法

（1）提供逻辑关系表。
（2）用矩阵图确定紧后工作。
（3）绘制没有紧前工作的工作，当有多个起点节点时，应在网络图的始端设置一项虚拟的起点节点。
（4）依次绘制其他各项工作，一直到终点节点。当有多个终点节点时，应在网络图的终端设置一项虚拟的终点节点。

【例 4.2】　根据下表给出的逻辑关系如表 4.2 所示，绘制单代号网络计划图。

表 4.2　逻辑关系

工作	A	B	C	D	E	F	G	H	I
紧前工作	—	A	A	B	B、C	C	D、E	E、F	H、G
紧后工作	B、C	D、E	E、F	G	G、H	H	I	I	—

【解】 按照规则绘制完成后如图4.22所示。

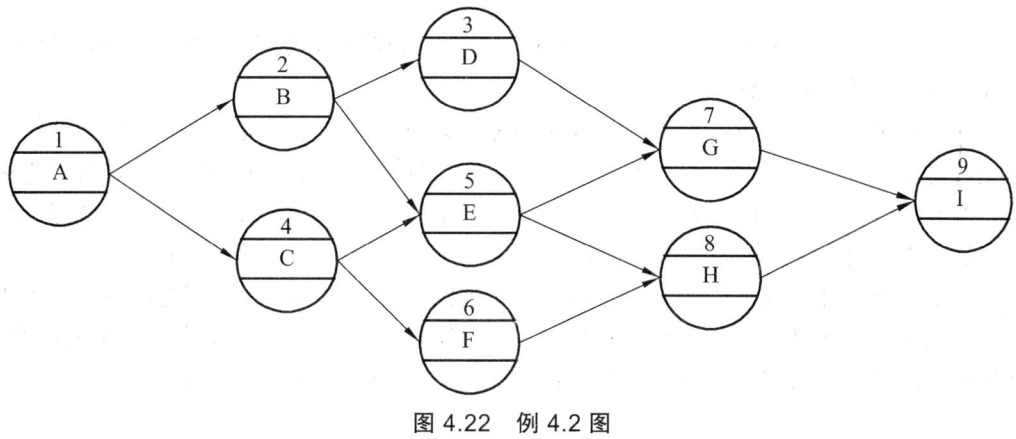

图 4.22　例 4.2 图

4.3　建筑施工网络计划图的计算

4.3.1　网络计划图的时间参数（表 4.3）

表 4.3　时间参数表

序号	参数名称		知识要点	表示方法	
				双	单
1	持续时间		指一项工作从开始到完成的时间	D_{i-j}	D_i
2	工期	计算工期	根据网络计划时间参数计算而得到的工期	T_c	
3		要求工期	是任务委托人所提出的指令性工期	T_r	
4		计划工期	指根据要求工期和计算工期所确定的作为实施目标的工期	T_p	
5	最早开始时间		指在其所有紧前工作全部完成后，本工作有可能开始的最早时刻	ES_{i-j}	ES_i
6	最早完成时间		指在其所有紧前工作全部完成后，本工作有可能完成的最早时刻	EF_{i-j}	EF_i
7	最迟完成时间		在不影响整个任务按期完成的前提下本工作必须完成的最迟时刻	LF_{i-j}	LF_i
8	最迟开始时间		在不影响整个任务按期完成的前提下，工作必须开始的最迟时刻	LS_{i-j}	LS_i
9	总时差		在不影响总工期的前提下，本工作可以利用的机动时间	TF_{i-j}	TF_i
10	自由时差		在不影响其紧后工作最早开始时间的前提下，本工作可以利用的机动时间	FF_{i-j}	FF_i
11	节点的最早时间		在双代号网络计划中，以该节点为开始节点的各项工作的最早开始时间	ET_i	
12	节点的最迟时间		在双代号网络计划中，以该节点为完成节点的各项工作的最迟完成时间	LT_j	
13	时间间隔		指本工作的最早完成时间与其紧后工作最早开始时间之间可能存在的差值	LAG_{i-j}	

4.3.2 双代号网络图的计算

时间参数的计算方法有图上计算法、分析计算法、矩阵计算法等，常用的是图上计算法，下面介绍该方法的计算过程。

在计算各工作时间参数时，为了与数学坐标轴的规定一致，规定无论是工作的开始时间还是完成时间，都一律以时间单位的终了时刻为准。例如，坐标上某工作的开始时间为第 6 天，指的是第 6 个工作日的下班时间，也是第 7 个工作日的上班时间，计算中均规定网络计划的起始工作从第 0 天开始，实际上指的是在第一个工作日的上班时间开始。

按图上计算法计算各工作的时间参数，应在确定各项工作的持续时间之后进行。虚工作必须同其他工作一样进行计算，其工作持续时间为零。按图上计算法计算各工作的时间参数，其计算结果应标注在箭杆的上面，标注方式如下图 4.23 所示，称为六时标准法。

$$\begin{array}{|c|c|c|} \hline ES_{i\text{-}j} & LS_{i\text{-}j} & TF_{i\text{-}j} \\ \hline EF_{i\text{-}j} & LF_{i\text{-}j} & FF_{i\text{-}j} \\ \hline \end{array}$$

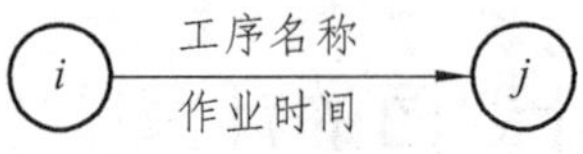

图 4.23 六时标注法

1）工作最早可能开始时间的计算

一项工作的最早可能开始时间（Earliest Start Time）指各紧前工作全部完成后，本工作有可能开始的最早时刻，以缩写字母 $ES_{i\text{-}j}$ 表示，$i{\rightarrow}j$ 为工作的结点代号。工作 $i{\rightarrow}j$ 的最早可能开始时间的计算应符合下列规定：

（1）工作 $i{\rightarrow}j$ 最早可能开始时间 $ES_{i\text{-}j}$，应从网络计划的起点结点开始，顺着箭线方向依次逐项计算。

（2）以起点结点 i 为箭尾的工作 $i{\rightarrow}j$，当未规定其最早可能开始时间 $ES_{i\text{-}j}$ 时，其值应当等于零，即

$$ES_{i-j} = 0(i = 1) \tag{4.1}$$

（3）当工作 $i{\rightarrow}j$ 只有一项紧前工作 $h{\rightarrow}i$ 时，其最早可能开始时间 $ES_{i\text{-}j}$ 应为

$$ES_{i-j} = ES_{h-i} + D_{h-i} \tag{4.2}$$

（4）当工作 $i{\rightarrow}j$ 有多项紧前工作 $h{\rightarrow}i$ 时，其最早可能开始时间 $ES_{i\text{-}j}$ 应为

$$ES_{i-j} = \max(ES_{h-i} + D_{h-i}) \tag{4.3}$$

2）工作最早完成时间的计算

一项工作最早完成时间（Earliest Finish Time）指各紧前工作全部完成后，本工作有可能完成的最早时刻，以缩写字母 $EF_{i\text{-}j}$ 表示。工作 $i{\rightarrow}j$ 的最早完成时间 $EF_{i\text{-}j}$ 可按式（4.4）进行计算。

$$EF_{i-j} = ES_{i-j} + D_{i-j} \tag{4.4}$$

3）网络计划的计算工期和计划工期的计算

网络计划的计算工期是根据时间参数计算所得到的工期，等于网络计划中以终点节点为

结束节点的各工作最早完成时间的最大值,用字母 T_c 表示。可按式(4.5)进行计算。

$$T_c = \max\{EF_{i\text{-}n}\} \tag{4.5}$$

式中 $EF_{i\text{-}n}$——以终点节点为箭头节点的工作 $i{\rightarrow}n$ 的最早完成时间。

网络计划的计划工期是根据要求工期和计算工期所确定的作为实施目标的工期,用字母 T_p 表示。网络计划的计划工期 T_p 的计算应按下列情况分别确定:

(1)当规定要求工期 T_r 时

$$T_p \leqslant T_r \tag{4.6}$$

(2)当未规定要求工期 T_r 时

$$T_p = T_r \tag{4.7}$$

4)工作最迟完成时间的计算

工作最迟完成时间(Lastest Finish Time)指在不影响整个任务按期完成的前提下,本工作必须完成的最迟时间,以缩写字母 $LF_{i\text{-}j}$ 表示。工作最迟完成时间的计算应当符合下列规定:

(1)工作 $i{\rightarrow}j$ 的最迟完成时间 $LF_{i\text{-}j}$ 应从网络计划的终点节点开始,逆着箭头方向依次逐项进行计算。

(2)以终点节点为箭头节点的工作最迟完成时间 $LF_{i\text{-}n}$ 应按网络计划的计划工期 T_p 确定,即

$$LF_{i\text{-}j} = T_p \tag{4.8}$$

(3)其他工作 $i{\rightarrow}j$ 的最迟完成时间 $LF_{i\text{-}j}$ 应为

$$LF_{i\text{-}j} = \min\{LF_{j\text{-}k} - D_{j\text{-}k}\} \tag{4.9}$$

式中 $LF_{j\text{-}k}$——工作 $i{\rightarrow}j$ 的各项紧后工作 $j{\rightarrow}k$ 的最迟完成时间;

$D_{j\text{-}k}$——工作 $i{\rightarrow}j$ 的各项紧后工作 $j{\rightarrow}k$ 的持续时间。

5)工作最迟开始时间的计算

工作最迟开始时间(Latest Start Time)指在不影响整个任务按期完成的前提下,工作必须开始的最迟时间,以缩写字母 $LS_{i\text{-}j}$ 表示。工作 $i{\rightarrow}j$ 最迟开始时间可按式(4.10)计算。

$$LS_{i\text{-}j} = LF_{i\text{-}j} - D_{i\text{-}j} \tag{4.10}$$

6)工作总时差的计算

工作总时差(Total Float)是指在不影响工期的前提下,本工作可以利用的机动时间,以缩写字母 $TF_{i\text{-}j}$ 表示。

根据工作总时差的定义可知,一项工作 $i{\rightarrow}j$ 的工作总时差等于该工作的最迟开始时间与其最早开始时间之差,或等于该工作的最迟完成时间与其最早完成时间之差,即

$$TF_{i\text{-}j} = LS_{i\text{-}j} - ES_{i\text{-}j} \tag{4.11}$$

$$TF_{i\text{-}j} = LF_{i\text{-}j} - EF_{i\text{-}j} \tag{4.12}$$

工作总时差具有以下性质：
（1）总时差等于零的工作为关键工作。
（2）如果工作总时差为零，其自由时差一定等于零。
（3）总时差不但属于本项工作，而且与前后工作均有联系，它为一条线路所共有。

7）工作自由时差的计算

一项工作的自由时差（Free Float）指在不影响其紧后工作最早开始时间的前提下，本工作可以利用的机动时间，用缩写字母 $FF_{i\text{-}j}$ 表示。

工作 $i{\rightarrow}j$ 的自由时差 $FF_{i\text{-}j}$ 的计算，应当符合下列规定：
（1）当工作 $i{\rightarrow}j$ 有紧后工作 $j{\rightarrow}k$ 时，其自由时差为

$$FF_{i\text{-}j} = ES_{j\text{-}k} - ES_{i\text{-}j} - D_{i\text{-}j} = ES_{j\text{-}k} - EF_{i\text{-}j} \tag{4.13}$$

（2）以终点节点为箭头节点的工作，其自由时差 $FF_{i\text{-}j}$ 应按网络计划的计划工期 T_p 确定，即

$$FF_{i\text{-}n} = T_p - ES_{i\text{-}n} - D_{i\text{-}j} = T_p - EF_{i\text{-}j} \tag{4.14}$$

在一个网络计算中，工作总时差与自由时差存在着如下关系：

$$TF_{i\text{-}j} = \min\{TF_{j\text{-}k}\} + FF_{i\text{-}j} \tag{4.15}$$

通过以上计算可以看出，工作自由时差具有以下性质：
（1）工作的自由时差小于或等于工作的总时差。
（2）关键线路上的节点为结束节点的工作，其自由时差与总时差相差。
（3）使用自由时差对后续工作没有影响，后续工作仍可按其最早开始时间开始。

8）节点最早时间的计算

节点最早时间是指在双代号网络计划中，以该节点为开始节点的各项工作的最早开始时间。节点最早时间的计算，应当符合下列规定：
（1）节点 i 的最早开始时间 ET_i 应从网络计划的起始节点开始，顺着箭线方向依次逐项计算。
（2）如果起始节点 i 没有规定最早时间 ET_i 时，其值应等于零，即

$$ET_i = 0 \tag{4.16}$$

（3）当节点 j 只有一条内向箭线时，其最早时间应为

$$ET_j = ET_i + D_{i\text{-}j} \tag{4.17}$$

（4）当节点 j 有多条内向箭线时，其最早时间应为

$$ET_j = \max\{ET_i + D_{i\text{-}j}\} \tag{4.18}$$

9）网络计划的计算工期和计划工期

网络计划的计算工期，可按式（4.19）计算：

$$T_c = ET_n \tag{4.19}$$

式中 ET_n——终点节点 n 的最早时间。

10）节点最迟时间的计算

节点最迟时间是指双代号网络计划中，以该点为完成节点的各项工作的最迟完成时间。节点最迟时间的计算应符合下列规定

（1）节点 i 的最迟时间 LT_i 应从网络计划的终点节点开始，逆着箭线的方向依次逐项计算。

（2）终点节点 n 的最迟时间 LT_n 应按网络计划的计划工期 T_p 确定，即

$$LT_n = T_p \qquad (4.20)$$

式中 LT_n——终点节点 n 的最迟时间。

（3）其他节点的最迟时间 LT_i 应为：

$$LT_i = \max\{LT_j - D_{i\text{-}j}\} \qquad (4.21)$$

11）工作时间参数与节点时间参数的换算

工作时间参数与节点时间参数可以进行互相换算，其换算关系如下：

$$ES_{i\text{-}j} = ET_i$$
$$EF_{i\text{-}j} = ES_{i\text{-}j} + D_{i\text{-}j}$$
$$LF_{i\text{-}j} = LT_j$$
$$LS_{i\text{-}j} = LF_{i\text{-}j} - D_{i\text{-}j}$$
$$TF_{i\text{-}j} = LT_j - ET_i - D_{i\text{-}j}$$
$$FF_{i\text{-}j} = ET_j - ET_i - D_{i\text{-}j}$$

12）双代号网络计划关键工作和关键线路的确定

（1）关键工作的确定。

双代号网络图中的关键工作，指网络计划中总时差为零的工作。

关键工作的时间参数具有以下特征：

$$ES_{i\text{-}j} = LS_{i\text{-}j}; \qquad EF_{i\text{-}j} = LF_{i\text{-}j}; \qquad TF_{i\text{-}j} = FF_{i\text{-}j} = 0 。$$

（2）关键线路的确定。

自始至终全部由关键工作组成的线路，或线路上总的工作持续时间最长的线路为关键线路。为突出重点、引起重视，关键线路在网络图中可用粗实线、双线或彩色线标明。根据确定关键线路的原则和方法，在双代号网络图中，关键线路具有以下几个特点：

① 关键线路上的工作总时差和自由时差均等于零。
② 关键线路是从网络计划开始节点至结束节点之间工作持续时间最长的线路。
③ 关键线路在网络计划中可能不止一条，有时也可能在两条以上。
④ 关键线路以外的工作称为非关键工作，如果使用了总时差，也可能转化为关键工作。
⑤ 在非关键线路上延长的时间超过它的总时差时，就转化为关键线路，关键线路也可能转化为非关键线路。

【例 4.3】 某工程的双代号网络图如图 4.24，各工作在工作时间标注在箭线下方，请计算各个工作的时间参数，并确定关键线路和计算工期。

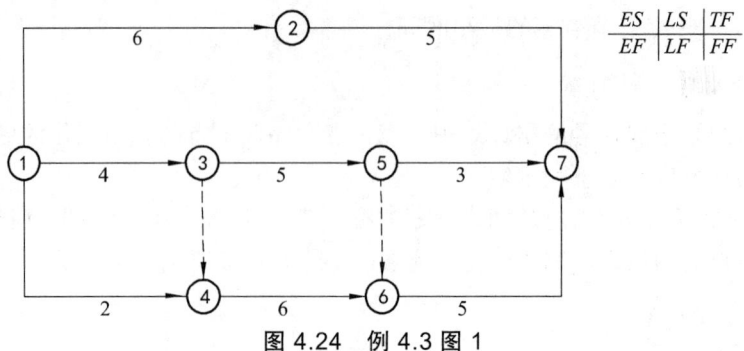

图 4.24 例 4.3 图 1

【解】按下列步骤进行：
① 每个工作名称的上方画上"┬┬"，垂直线画在左方，并画出图例；
② 从左到右先算最早开始和最早完成时间，将计算结果标注在图例指定的位置，在终点节点的右方用方框标注计算工期；
③ 从右向左计算最迟完成和最迟开始时间，将计算结果标注在图例指定的位置；
④ 计算总时差和自由时差，将计算结果标注在图例指定的位置；
⑤ 寻找关键线路，并用实线或双线标注在图上。

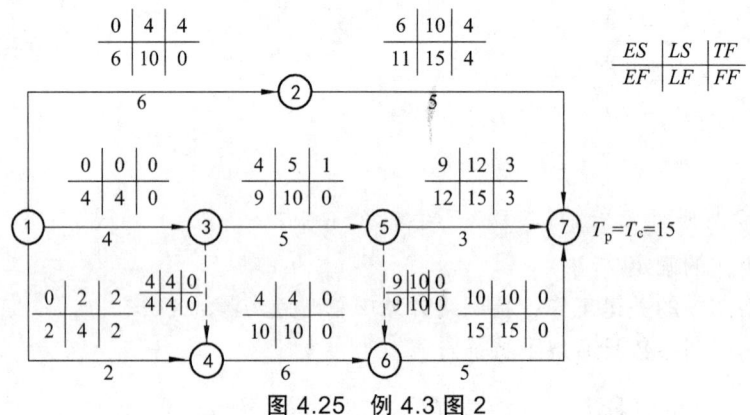

图 4.25 例 4.3 图 2

4.3.3 单代号网络图的计算

单代号网络图时间参数的含义及计算内容与双代号网络图完全相同，仅标注式不同而已，标注方式如下图 4.26 所示。具体计算不再赘述。

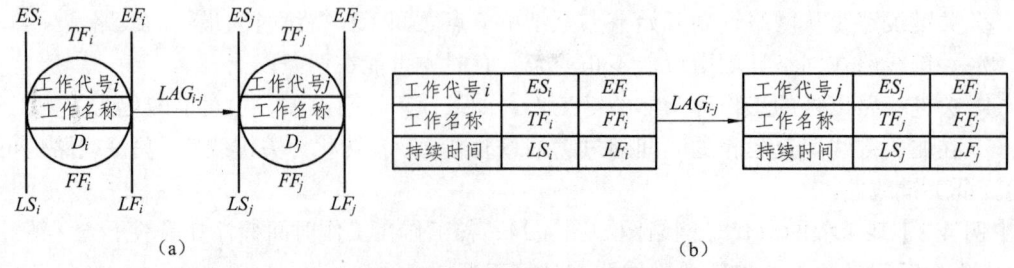

图 4.26 单代号网络图时间参数表达

4.4 时间坐标网络计划

4.4.1 时间坐标网络计划的概念

双代号时间坐标网络计划，简称时标网络计划，是以时间坐标为尺度表示工作时间，箭线的长度和所在位置表示工作的时间进程的一种网络计划。时标的时间单位可为时、天、周、旬、月或季等。在时标网络计划中以实箭线表示实工作，以虚箭线表示虚工作，用波形线表示工作的自由时差。双代号时标网络计划是横道图与网络图的"二合一"。

4.4.2 时间坐标网络计划图的编制

1．编　制

1）基本规定

（1）时标网络计划宜按照最早时间编制。

（2）箭线的长短代表了时间的长短。

（3）节点的中心对准时标的刻度线。

（4）箭线宜用水平箭线或由水平段和垂直段组成的箭线，不宜用斜箭线。虚工作的水平段应绘制成波形线。

2）绘制方法

（1）间接绘制法。

① 先画一般双代号网络图。

② 用标号法确定关键路线和计算工期。

③ 已知计算工期后很方便地画出时标表，时标可标注在时标计划表的顶部或底部，时标的长度单位必须注明。

④ 在时标表中先画关键线路上的各工作。

⑤ 按最早开始时间自左至右将其他工作画在时标表上。当某些工作实线不足以达到该工作的结束节点时，用波纹线补足，该波纹线表示该工作的自由时差。

⑥ 虚工作用垂直虚线表示。注意，虚工作也可能存在自由时差。

【例 4.4】某工程各工作的逻辑关系如表 4.4 所示，请绘制其时标网络图。

表 4.4　逻辑关系

本工作	A	B	C	D	E	G	H	I
工作时间	2	4	10	4	6	2	4	2
紧前工作	—	—	A	A、B	B	C、D	D、E	G、H
紧后工作								

【解】按照逻辑关系表,绘制一般网络图如图4.27。

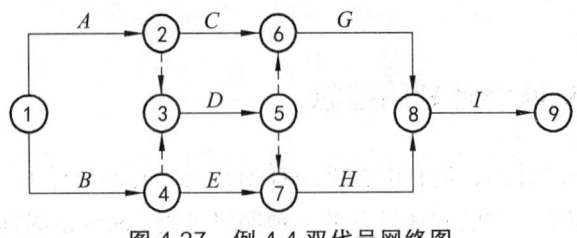

图4.27 例4.4 双代号网络图

用标号法找出关键线路及计算工期如上图;画出时间标尺(16天)并绘制时标网络图如图4.28所示。

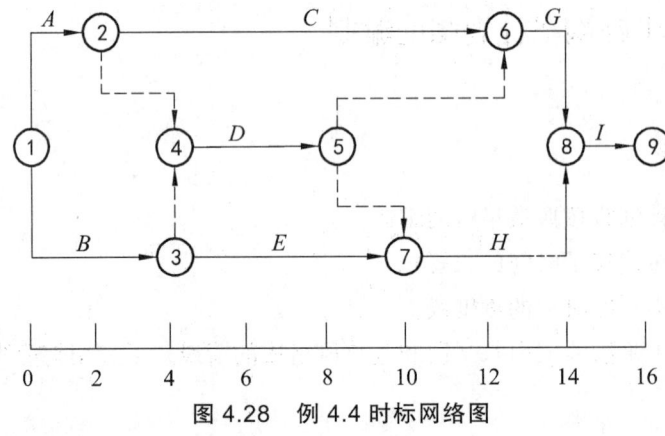

图4.28 例4.4 时标网络图

2. 时标网络计划关键线路与时间参数的确定

(1)时标网络计划的关键线路。

自终点节点逆箭线方向朝起点节点逐次进行判定,自始至终都不出现波形线的线路即为关键线路。时间坐标网络计划的计算工期,应是其终点节点与起点节点所在位置的时标值之差。

(2)工作最早开始时间和最早完成时间。

按最早时间绘制的时标网络,每项工作箭尾节点中心所对应的时标值为该工作的最早开始时间。无波形线的工作箭头节点中心所对应的时标值为该工作的最早完成时间,有波形线的工作箭线实线部分与波形线交接点所对应的时标值为该工作的最早完成时间。

(3)工作自由时差。

时标网络计划中工作的自由时差值应为表示该工作的箭线中波形线部分在坐标轴上的水平投影。如工作箭头节点只有虚工作时,虚工作波形线的最短者为该工作的自由时差。如图4.28所示,工作 H 的自由时差为1,工作 D 的自由时差为2。

(4)工作总时差。

与终点节点相连的工作其总时差等于计算工期减去该工作的最早完成时间,不与终点节点相连的工作其总时差等于其紧后工作总时差最小值与本工作自由时差之和。

（5）工作的最迟开始时间与最迟完成时间。

工作的最迟开始时间等于该工作的最早开始时间加上该工作的总时差，工作的最迟完成时间等于该工作的最早完成时间加上该工作的总时差。

4.5 网络计划的检查与优化

4.5.1 网络计划的检查

1. 网络计划检查的内容

网络计划检查是指在项目的进行过程中，对实际的进度情况进行记录，并使之与网络计划进行检查对照，以便确定项目进展情况和为后续优化项目继续施工所做的工作。其内容主要包括如下几点。

（1）关键工作进度。
（2）非关键工作的进度及时差利用情况。
（3）实际进度对各项工作之间逻辑关系的影响。
（4）资源状况。
（5）成本状况。
（6）存在的其他问题。

2. 网络计划检查的方法

双代号网络计划的主要检查方法有前锋线法和切割线法两种。

1）前锋线比较法进度检查

前锋线比较法是适用于时标网络计划的工程实际与计划进度的比较方法。前锋线是指从计划执行情况检查时刻的时标位置出发，依次连接时标网络图上每一工作箭线的实际进度点，再最终结束于检查时刻的时标位置而形成的对应于检查时刻各项工作实际进度前锋点位置的折线（一般用点划线标出），故前锋线又可称为实际进度前锋线。简言之，前锋线比较法就是借助于实际进度前锋线比较工程实际与计划进度偏差的方法。

在应用前锋线比较法的过程中实际进度前锋点的标注方法通常有两种：其一是按已完工程量实物量标定，其二是按工作尚需的作业天数来进行标定，通常后一方法更为常用。例如在图 4.29 中，位于右边的一条实际进度前锋线表示在计划进行到第 4 天末第 2 次检查实际进度时工作 C、E、B、D 的尚需作业天数各为 2 d、1 d、3 d、1 d。前锋线比较法的主要用法可概括如下：

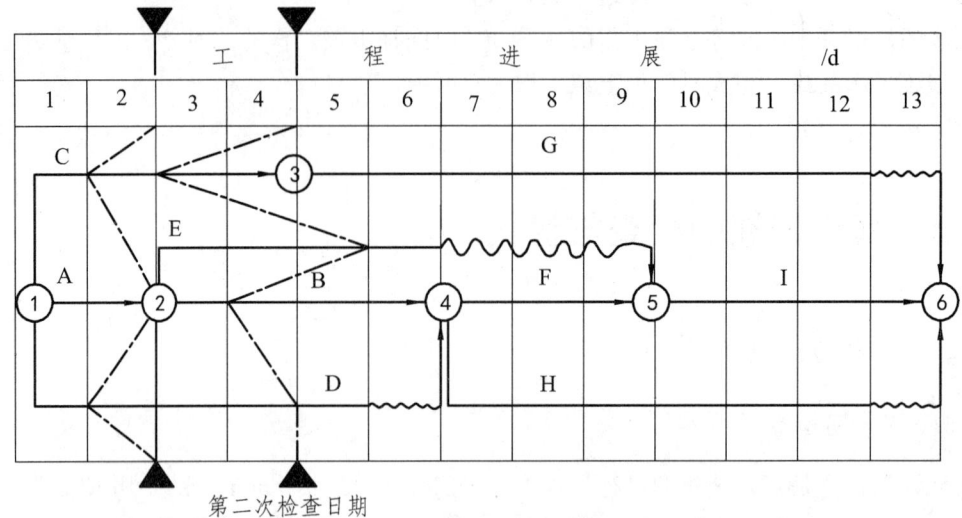

图 4.29 某工程网络计划前锋线比较图

（1）比较实际与计划进度。

对应于任意检查日期，工作实际进度点位置与检查日时间坐标相同，则被检查工作实际与计划进度一致；而当其位于检查日时间坐标右侧或左侧，则表明被检查工作实际进度超前或滞后，其超前或滞后天数则为实际进度点所在位置与检查日两者之间的时间间隔。如结合图 4.29 所示实例，经观察可知在第 2 次检查实际进度时工作 E 超前于计划进度 1 天，工作 D 正常，工作 C、B 则分别滞后于计划进度 2 d、1 d。

（2）分析工作的实际进度能力。

工作的实际进度能力是指按当前实际进度进展状况完成计划工作的能力，工作的实际进度能力可由工作进度能力系数 β_{ij} 表示，其定义式为

$$\beta_{ij} = \frac{\Delta t}{\Delta T} \tag{4.22}$$

式中 β_{ij} ——工作 i、j 的进度能力系数；

Δt——相邻两实际进度前锋点的时间间隔；

ΔT——相邻两次检查日期的时间间隔。

如结合图 4.29 所示实例可分别求得 C、E、B、D 当前的工作能力系数分别为：

$$\beta_C = (2-1)/(4-2) = 0.5$$

$$\beta_E = (4-2)/(4-2) = 1.5$$

$$\beta_B = (3-2)/(4-2) = 0.5$$

$$\beta_D = (4-1)/(4-2) = 1.5$$

工作进度能力系数取值大于、小于或等于 1 分别表示按当前实际进度则能充分满足、不

能满足、恰好能满足相应工作按计划进度如期完成的需要。因此，工作的实际进度能力分析对项目进度管理具有重要意义。

2）切割线法进度检查

该方法通过计算所切割的每项工作最终完成尚需的时间，以及所切割的每项工作的总时差计算尚有时差，进而判断切割时点的进度偏差。

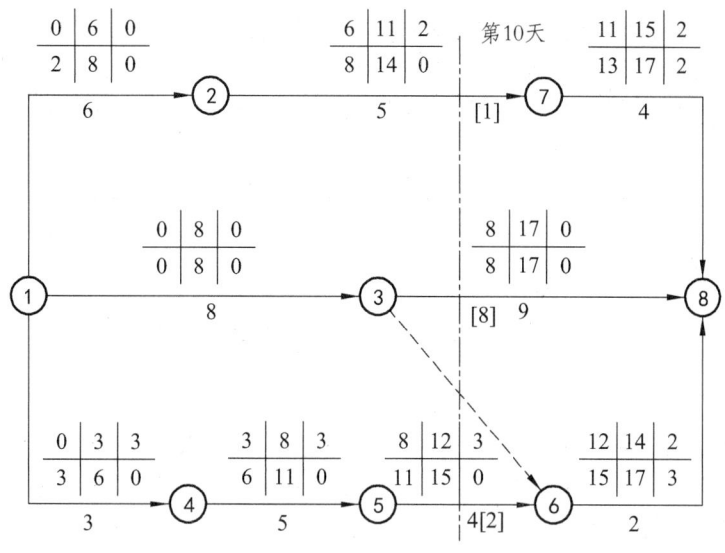

图 4.30　切割线法检查图

如图 4.30，是在第 10 天的计划执行情况，在检查日用竖直的切割线代表其进度，[]内表示对应工作尚需完成天数，分析结果如下表 4.5 所示。

表 4.5　检查结果

工作编号	实际尚需时间	到工作最迟完成前尚有时间	原有总时差	尚有时差	结果分析
2～7	1	13－10=3	2	3－1=2	正常
3～8	8	17－10=7	0	7－8=－1	拖延 1 天
5～6	2	15－10=5	3	5－2=3	正常

4.5.2　网络计划的调整与优化

1. 进度计划的调整

通过对网络进度计划执行情况检查的结果进行分析判断，为了使项目后续的建设顺利进行，可能会对进度计划进行调整，网络进度计划调整的内容包括：

（1）调整关键线路的长度。
（2）调整非关键工作时差。

（3）增、减工作项目。
（4）调整逻辑关系。
（5）重新估计某些工作的持续时间。
（6）对资源的投入做相应调整。

网络计划调整的方法包括：

（1）调整关键线路的方法。

当关键线路的实际进度比计划进度拖后时，应在尚未完成的关键工作中，选择资源强度小或费用低的工作缩短其持续时间，并重新计算未完成部分的时间参数，将其作为一个新计划实施；当关键线路的实际进度比计划进度提前时，若不拟提前工期，应选用资源占用量大或者直接费用高的后续关键工作，适当延长其持续时间，以降低其资源强度或费用；当确定要提前完成计划时，应将计划尚未完成的部分作为一个新计划，重新确定关键工作的持续时间，按新计划实施。

（2）非关键工作时差的调整方法。

非关键工作时差的调整应在其时差的范围内进行，以便更充分地利用资源、降低成本或满足施工的需要。每一次调整后都必须重新计算时间参数，观察该调整对计划全局的影响。可采用以下几种调整方法：

① 将工作在其最早开始时间与最迟完成时间范围内移动；
② 延长工作的持续时间；
③ 缩短工作的持续时间。

（3）增、减工作项目时的调整方法，调整时应符合下列规定：

① 不打乱原网络计划总的逻辑关系，只对局部逻辑关系进行调整；
② 在增减工作后应重新计算时间参数，分析对原网络计划的影响。当对工期有影响时，应采取调整措施，以保证计划工期不变。

（4）调整逻辑关系。逻辑关系的调整只有当实际情况要求改变施工方法或组织方法时才可进行。调整时应避免影响原定计划工期和其他工作的顺利进行。

（5）调整工作的持续时间。当发现某些工作的原持续时间估计有误或实现条件不充分时，应重新估算其持续时间，并重新计算时间参数，尽量使原计划工期不受影响。

（6）调整资源的投入。当资源供应发生异常时，应采用资源优化方法对计划进行调整，或采取应急措施，使其对工期的影响最小。

网络计划的调整，可以定期进行，亦可根据计划检查的结果在必要时进行。

2. 网络计划的优化

网络计划的优化是指在满足给定网络计划的约束条件下，按照某一衡量指标，通过不断改善网络计划的初始方案来寻求一个最优的计划方案。根据网络计划优化条件和目标不同，通常有工期优化、费用优化和资源优化。这里我们仅介绍工期优化。

所谓工期优化，是指网络计划的计算工期不满足要求工期时，通过压缩关键工作的持续时间以满足要求工期目标的过程。网络计划工期优化的基本方法是在不改变网络计划中各项工作之间逻辑关系的前提下，通过压缩关键工作的持续时间来达到优化目标。在工期优化过程中，按照经济合理的原则，不能将关键工作压缩成非关键工作。此外，当工期优化过程中出现多条关键线路时，必须将各条关键线路的总持续时间压缩相同数值；否则，不能有效地缩短工期。

网络计划的工期优化可按下列步骤进行。

（1）确定初始网络计划的计算工期和关键线路。

（2）按要求工期计算应缩短的时间ΔT：

$$\Delta T = T_c - T_p \tag{4.23}$$

式中　T_c——网络计划的计算工期

　　　T_p——网络计划的计划工期

（3）选择应缩短持续时间的关键工作。选择压缩对象时宜在关键工作中考虑下列因素：

① 缩短持续时间对质量和安全影响不大的工作；

② 有充足备用资源的工作；

③ 缩短持续时间所需增加的费用最少的工作。

（4）将所选定的关键工作的持续时间压缩至最短，并重新确定计算工期和关键线路。若被压缩的工作变成非关键工作，则应延长其持续时间，使之仍为关键工作。

（5）当计算工期仍超过要求工期时，则重复上述（2）~（4）步骤，直至计算工期满足要求工期或计算工期已不能再缩短为止。

（6）当所有关键工作的持续时间都已达到其能缩短的极限而寻求不到继续缩短工期的方案，但网络计划的计算工期仍不能满足要求工期时，应对网络计划的原技术方案、组织方案进行调整，或对要求工期重新审定。

【例4.5】已知网络计划如图4.31所示，箭线下方括号外为正常持续时间，括号内为最短工作历时，假定计划工期为 100 d，根据实际情况和考虑被压缩工作选择的因素，缩短顺序依次为 B、C、D、E、G、H、I、A，试对该网络计划进行工期优化。

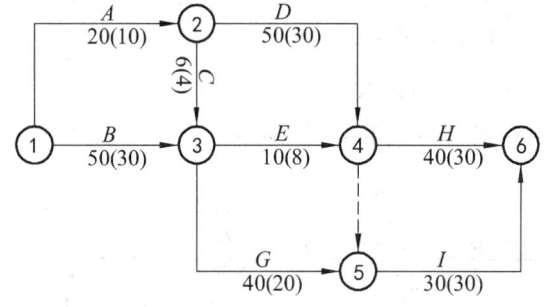

图 4.31　例 4.5 图 1

【解】

（1）找出关键线路和计算工期，如图4.32所示，关键线路为①→③→⑤→⑥。

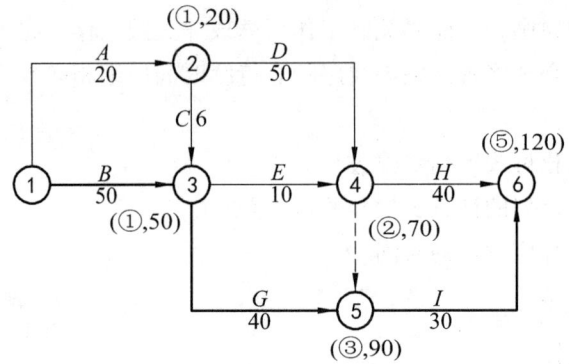

图 4.32 例 4.5 图 2

（2）计算应缩短的工期

$$\Delta T = T_c - T_p = 120 - 100 = 20 \text{ (d)}$$

（3）根据已知条件，将工作 B 压缩到极限工期，再重新计算网络计划和关键线路，如图 4.33。

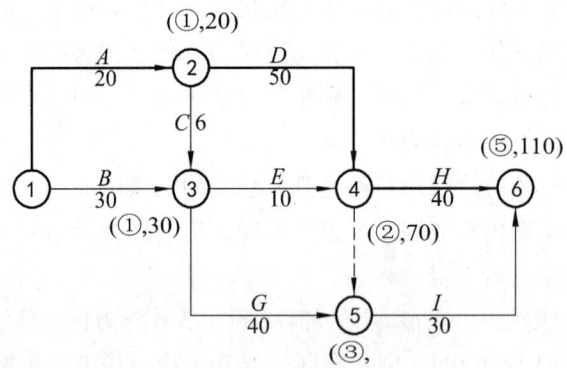

图 4.33 例 4.5 图 3

（4）显然，关键线路已发生转移，关键工作 B 变为非关键工作，所以，只能将工作 B 压缩 10 d，使之仍然为关键工作，如图 4.34。

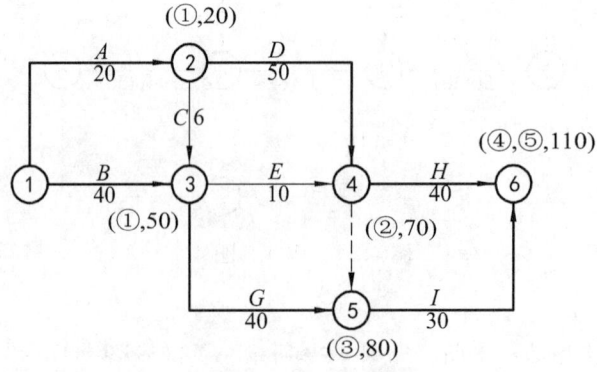

图 4.34 例 4.5 图 4

（5）再根据压缩顺序，将工作 D、G 各压缩 10 d，使工期达到 100 d 的要求。

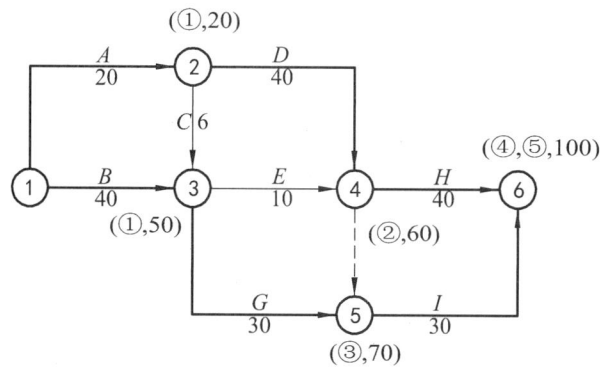

图 4.35　例 4.5 图 5

4.6　进度计划的计算机编制

4.6.1　使用 Excel 编制施工横道图

本节将介绍利用 Excel 软件的插入图表功能，绘制简单的施工横道图计划，操作步骤如下。

（1）启动 Excel，制作一份表格，如下图 4.36 格式，其中第一列填施工工序，第一行第一列不填，后续分别填"开始时间""持续时间""完成时间"，分别设置格式为"日期""数字""日期"，然后将数据填入表格中，如图 4.36 所示。

	A	B	C	D
1		开始时间	持续时间	完成时间
2	场地平整	2018/8/1	5.00	2018/8/7
3	工程放线	2018/8/8	1.00	2018/8/8
4	施工准备（暂设、道路）	2018/8/9	7.00	2018/8/17
5	土方开挖	2018/8/20	20.00	2018/9/14
6	褥垫层	2018/9/17	5.00	2018/9/21
7	垫层施工	2018/9/24	2.00	2018/9/25
8	基础承台施工	2018/9/26	12.00	2018/10/11
9	地下结构施工	2018/10/2	20.00	2018/10/29
10	地上结构施工	2018/10/30	60.00	2019/1/21
11	游泳池结构施工	2018/11/20	30.00	2018/12/31
12	房心回填（含泳池肥槽）	2019/2/8	5.00	2019/2/14
13	钢结构施工	2019/1/31	46.00	2019/4/4

图 4.36　施工表格

（2）选择表格，在"插入"选项中选择"条形图"内的"堆积条形图"并确定，如图 4.37 所示。

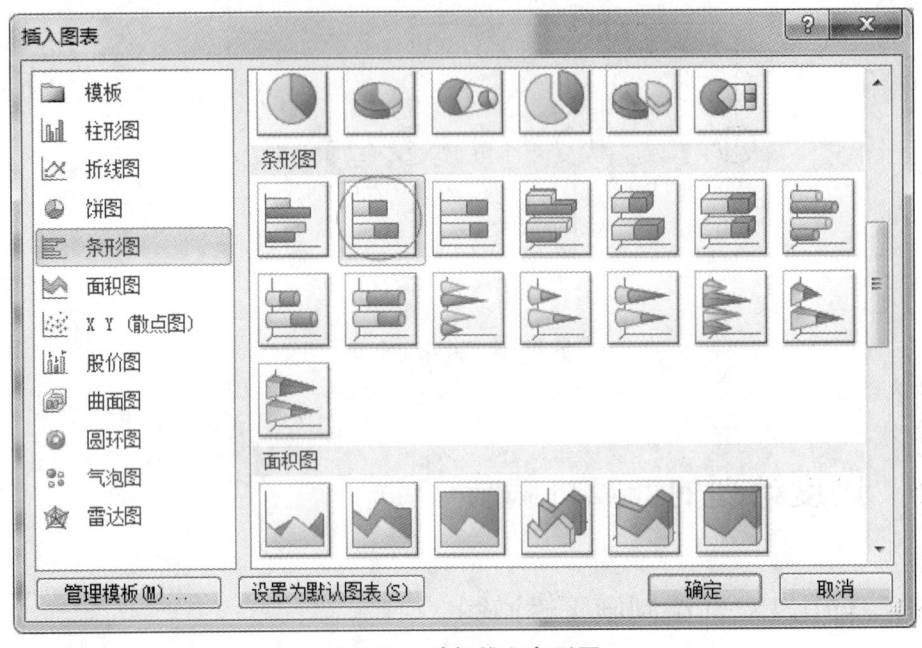

图 4.37　选择堆积条形图

（3）在弹出的图表中，双击纵坐标，在弹出的"坐标轴选项"中，选择中"逆序排列"，更换纵坐标显示顺序，如图 4.38 所示。

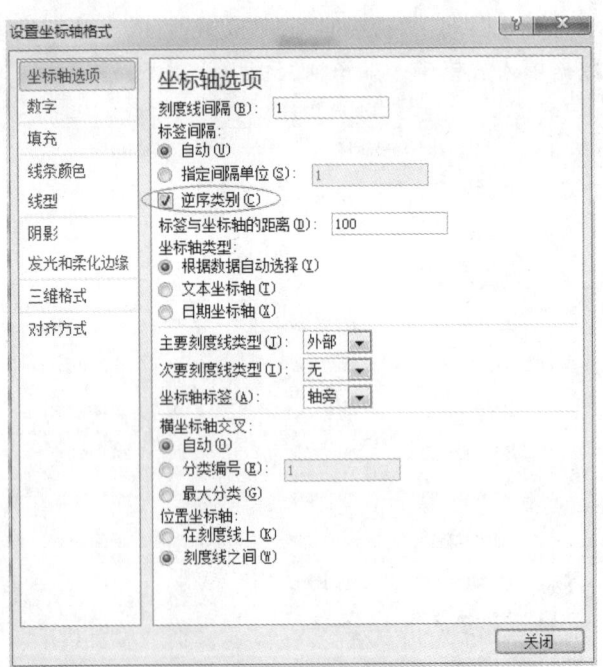

图 4.38　设置纵坐标

（4）双击横坐标，在弹出的"设置坐标轴格式"里，修改"坐标轴选项"内"最小值"为工程开始时间，"最大值"为工程结束时间，如图4.39所示。

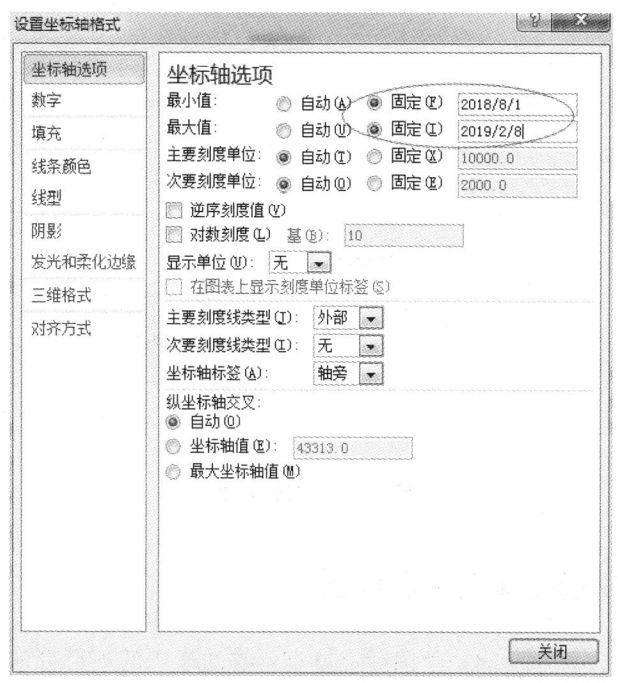

图4.39 设置横坐标

（5）在图表中，分别选中左右两种颜色，点击鼠标右键，选择"设置数据点格式"，修改"填充"和"边框颜色"为"无填充"和"无线条"，以隐藏左右两种颜色，如图4.40所示。

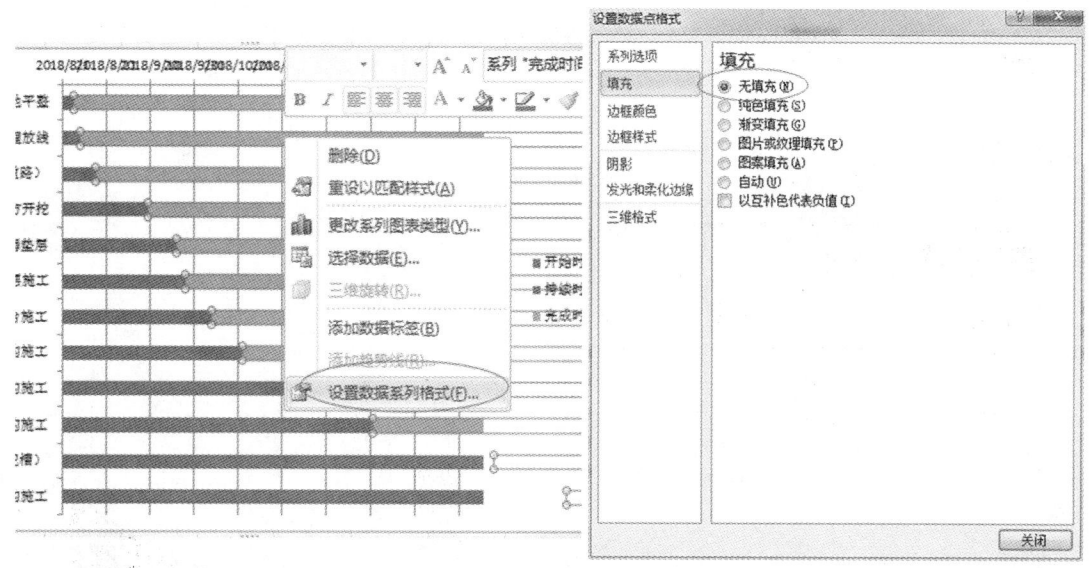

图4.40 设置隐藏颜色

（6）修改中间颜色为需要颜色，如图4.41完成横道图的绘制。

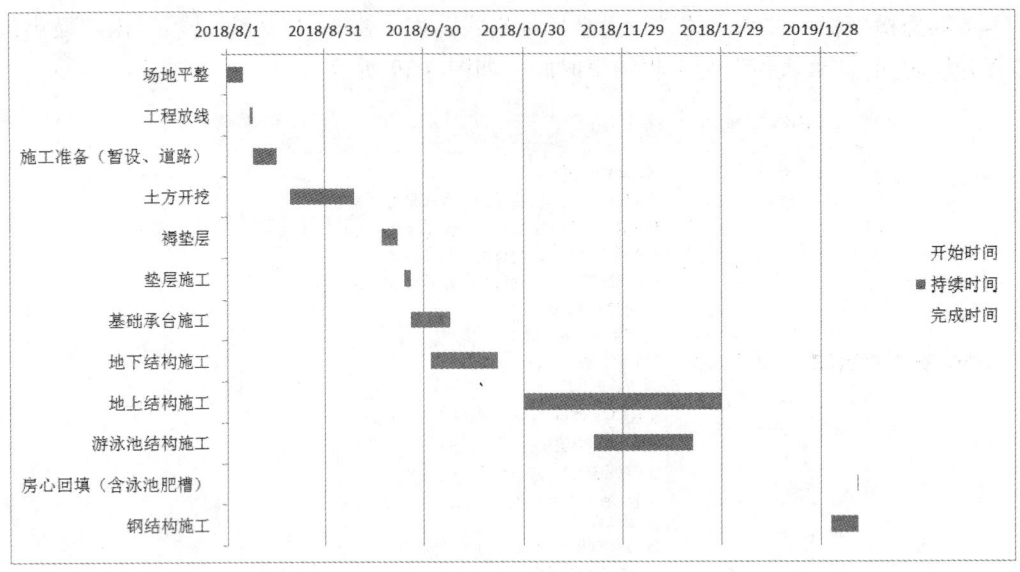

图 4.41　完成绘制

4.6.2　使用 Project 编制进度计划

Project 是由微软公司开发的一个国际上享有盛誉的通用的项目管理工具软件，凝集了许多成熟的项目管理现代理论和方法，可以帮助项目管理者实现时间、资源、成本的计划、控制。本节将介绍如何使用 Project 2010 编制施工进度横道图和网络计划图。

（1）首先创建一个项目，可以创建空白项目，也可以使用以往的模板创建，还可以使用网络上的模板进行创建，如图 4.42 所示。

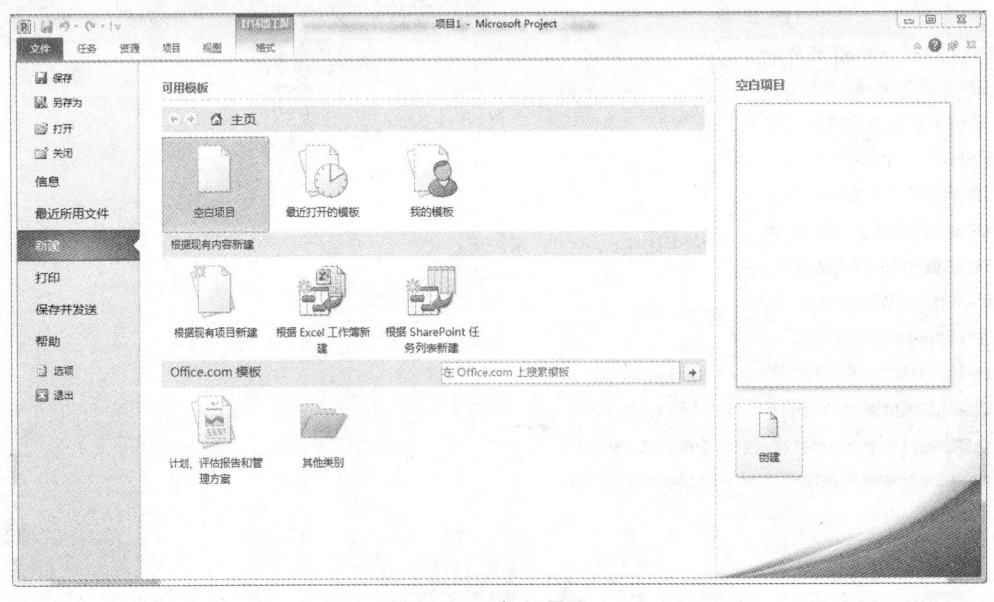

图 4.42　建立项目 1

4 施工网络计划技术与优化　87

（2）创建一个空白项目，首先，我们创建一个任务，双击第一个空白行，即弹出任务信息栏，如图 4.43 所示。

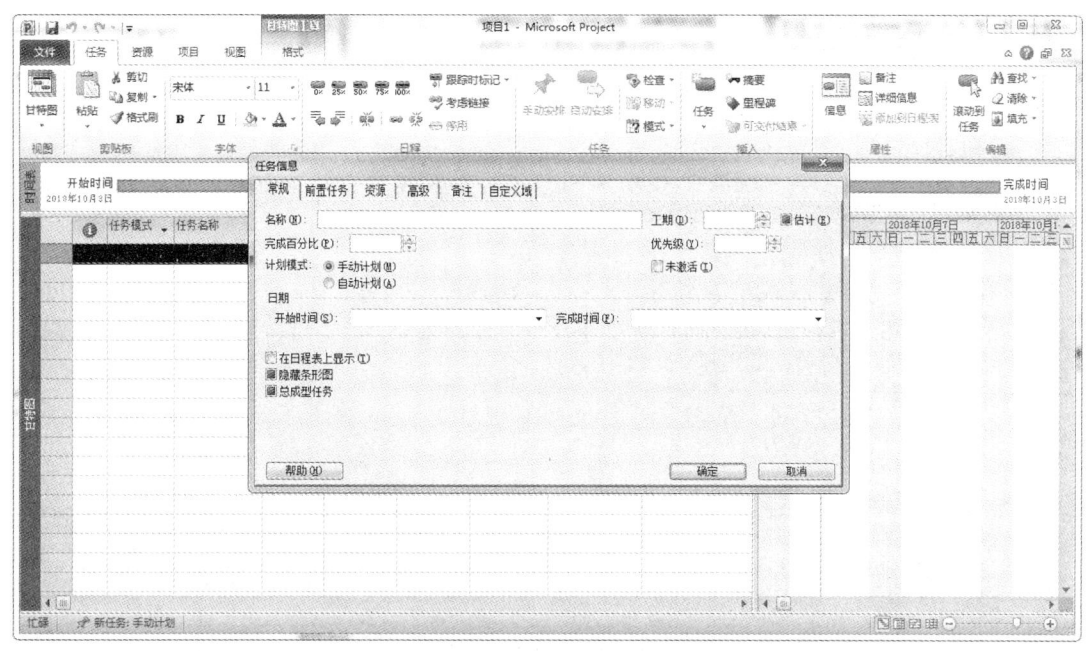

图 4.43　建立项目 2

（3）按照施工计划项目填写任务信息。"常规"栏中填写任务的基本信息，后续"前置任务""资源""高级"等栏目可以填写其他详细信息。当填写前置任务的时，第一个任务是没有前置任务的，可以不用填写，后续任务应当都有前置任务。"资源"栏目既可以是资源可以是人员，也可以是其他工具等资源，如图 4.44 所示。

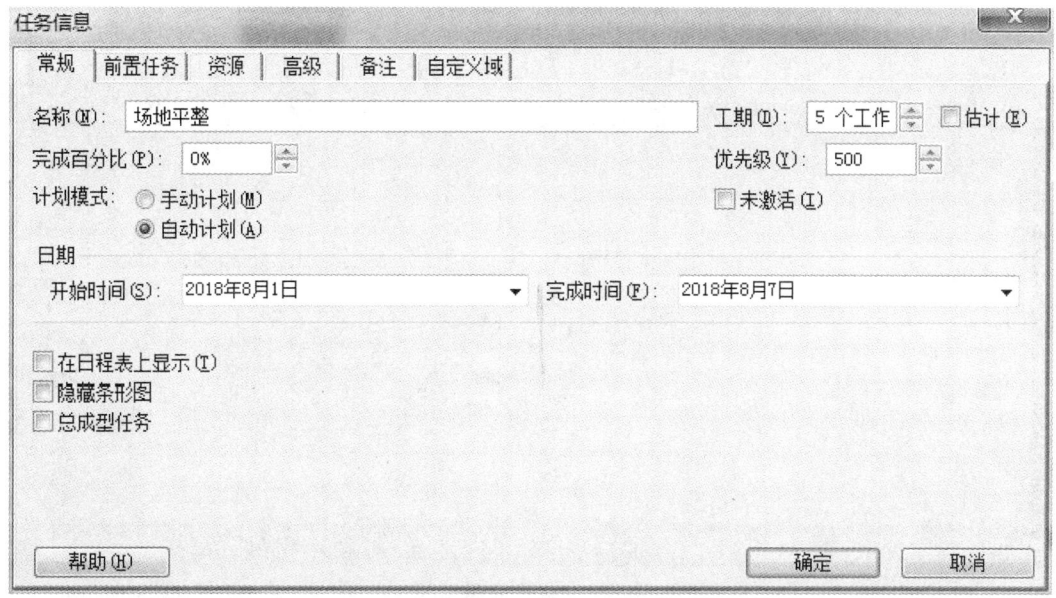

图 4.44　任务设置

（4）使用同样的方法，输入其他任务，并进行相应的设置。如图 4.45，一个简单的施工进度计划就编制完成了。

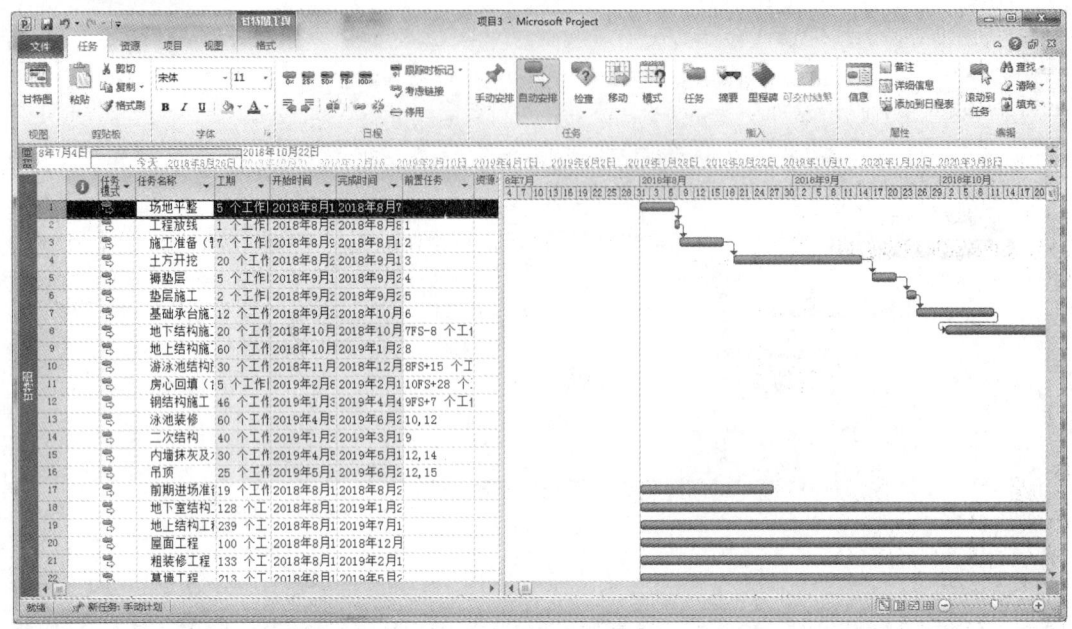

图 4.45　施工横道图

（5）打开左上角"文件"目录下的"甘特图"按钮，可以选择项目的不同显示内容，比如，"网络图""资源使用状况""资源图表""资源工作表"等，图 4.46 是网络图的显示，Project 软件中，显示的网络图为单代号网络图。

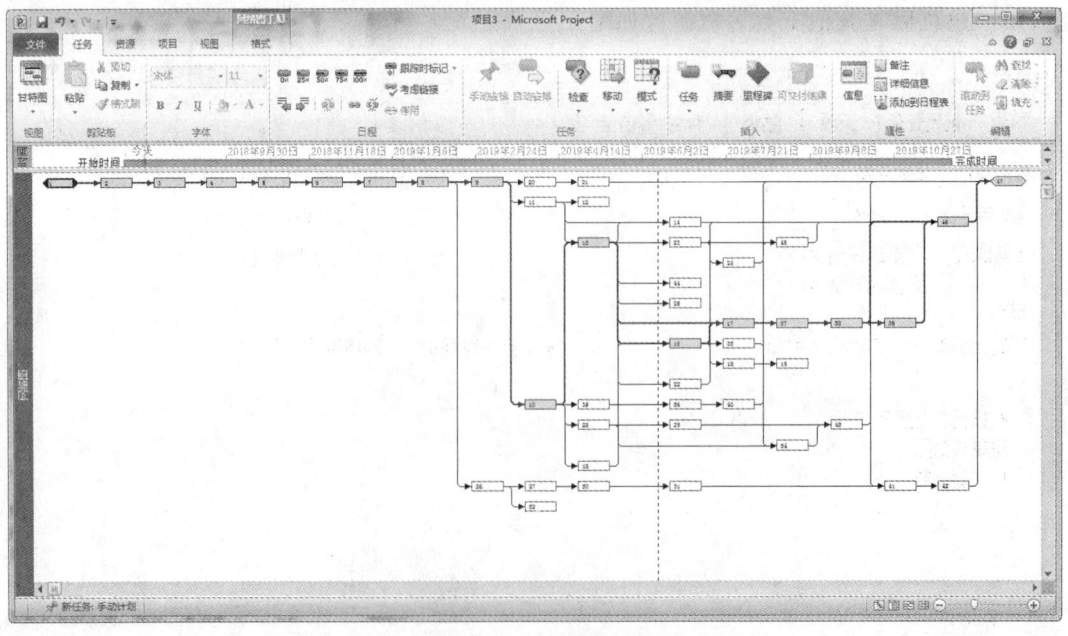

图 4.46　单代号网络图

4.6.3 使用斑马梦龙网络计划软件编制进度计划

斑马梦龙网络计划软件是由广联达斑马科技有限公司开发的进度计划网络绘制与管理软件，可以快速编制高质量网络计划，并可以进行工期优化，进度控制，成本控制等施工管理等工作。本节将介绍如何使用斑马梦龙网络计划软件编制施工进度网络计划图。

（1）打开软件，如果是正式用户，可以通过网络锁或 USB 锁直接登录，如果首次使用，可以注册试用账户，如图 4.47 所示。

图 4.47　注册/登录账户

（2）软件登录后，进入向导页面，可以直接新建一个网络计划项目，也可以打开原有项目，如果我们已经有 Project 编制的进度计划了，也可以直接进行导入。软件界面如图 4.48。

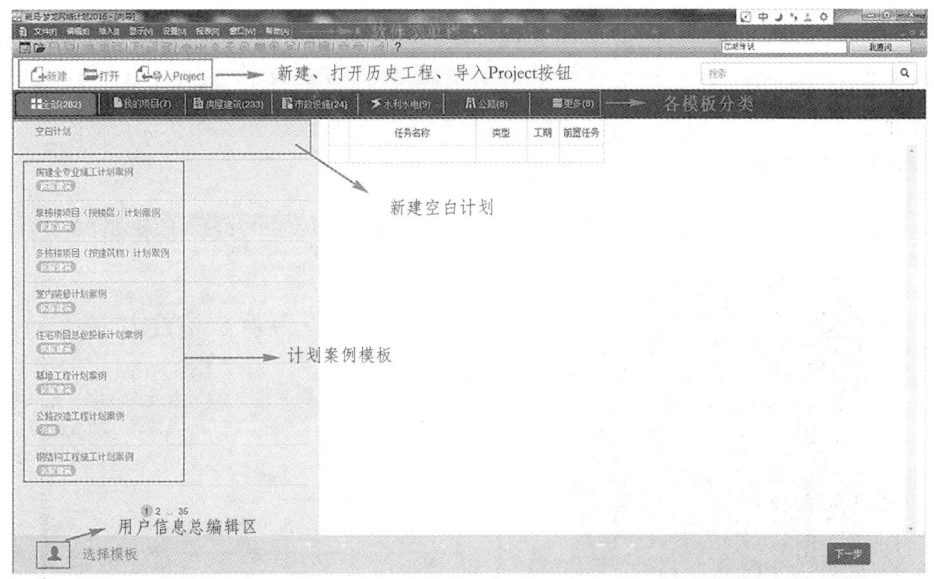

图 4.48　软件界面

斑马梦龙为我们提供了很多计划案例模板,可以通过模板建立大部分项目的进度计划,然后直接对其进行修改即可生成自己的网络进度计划。

(3)通过向导页面创建网络计划后,即可进入计划编制页面,如下图 4.49 所示。

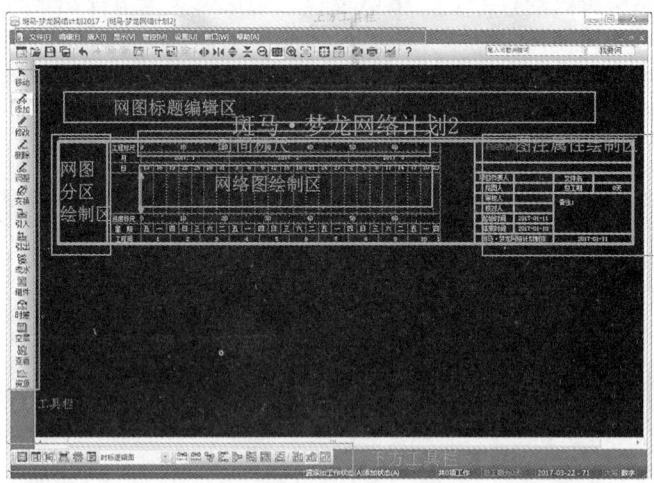

图 4.49　进度计划编制页面

(4)在绘制界面下,可以通过"新建""复制""引入""流水"等多种功能进行进度计划的绘制。也可以通过"修改""删除""链接工作关系""断开""移动"等功能进行网络计划的编辑。下边简要介绍工作的新建、修改、删除操作。

(5)新建工作:

① 鼠标点击左侧工具条"添加"按钮,在绘图区,按住鼠标左键,轻轻向右拖动鼠标添加一项工作;

② 鼠标拖动过程中会出现黄色提示框显示开始结束及持续时间,直到满足需要的工期时松开鼠标左键;

③ 弹出"工作信息卡",修改工作名称、持续时间等相关信息,点击"确定"即可成功添加一项工作,同时在工作信息卡里,可以为工作设置为虚工作,挂起工作,辅助工作,里程碑等特性。

如图 4.50 所示的操作。

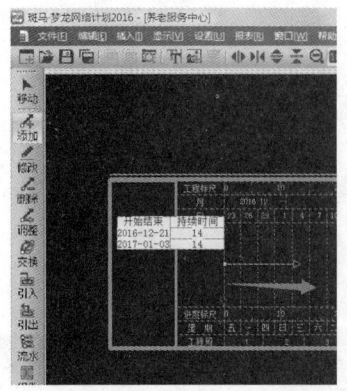 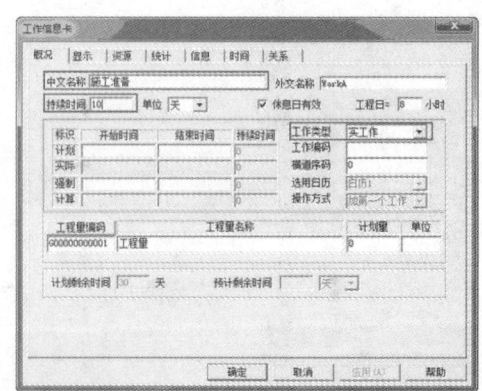

图 4.50　新建工作

（6）添加后续工作，添加后续工作的方式有三种：

① 在需要添加后续工作的工作箭线上，将光标移到工作箭线靠右位置，当光标变为向右箭头时双击鼠标左键，弹出"工作信息卡"，编辑信息后点击确定，添加一个后续工作，如图4.51所示。

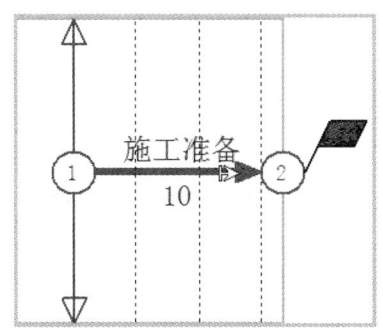

图 4.51　添加后续工作 1

② 在需要添加后续工作的工作箭线上，光标放在右侧节点上，当光标变为十字花时双击鼠标左键，弹出"工作信息卡"，编辑信息后点击确定，添加一项后续工作，如图4.52所示。

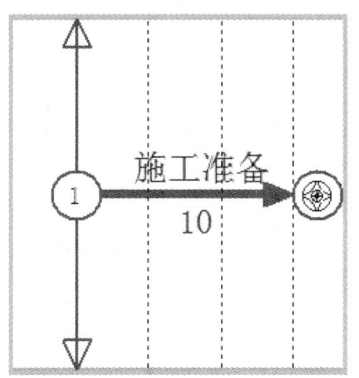

图 4.52　添加后续工作 2

③ 在需要添加后续工作的工作箭线上，光标放在右侧节点上，当光标变为十字花后按住鼠标左键拖拽，在满足需要的工期时，松开鼠为左键，弹出"工作信息卡"，编辑信息后点击确定，添加一项后续工作，如图4.53所示。

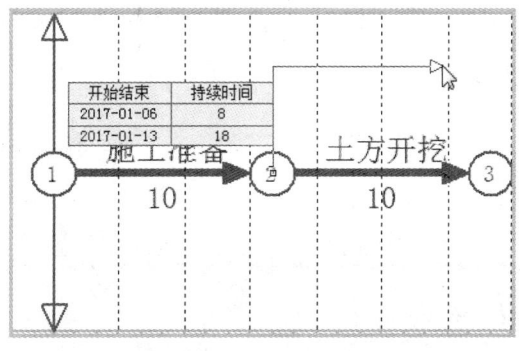

图 4.53　添加后续工作

（7）前插工作，前插工作（向前插入工作）也有三种方式：

① 在需要前插工作的工作箭线上，将光标移到工作箭线靠左位置，当光标变为向左箭头时双击鼠标左键，弹出"工作信息卡"，编辑信息后点击确定，可以成功前插一项工作，如图 4.54 所示。

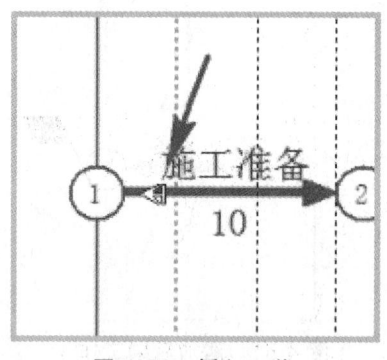

图 4.54 插入工作

② 在需要前插工作的工作箭线上，将光标移动到左侧节点上，当光标变为十字花时双击，弹出"工作信息卡"，编辑信息后点击确定，可以成功前插一项工作，如图 4.55 所示。

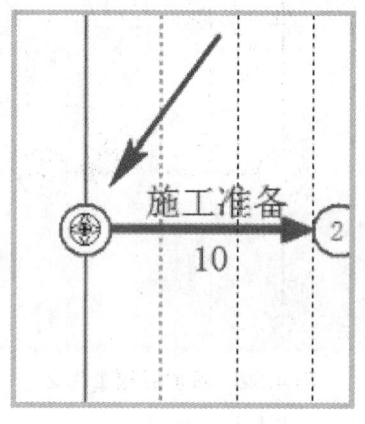

图 4.55 插入工作

③ 在已知紧后工作的情况下，前插工作，直接按住鼠标左键拖拽至紧后工作的开节点，当光标变为十字花时，松开鼠标左键，弹出"工作信息卡"，编辑信息后开击确定，可以成功前插一项工作，例如图 4.56 中在"砌筑工程施工"工作前插一项工作。

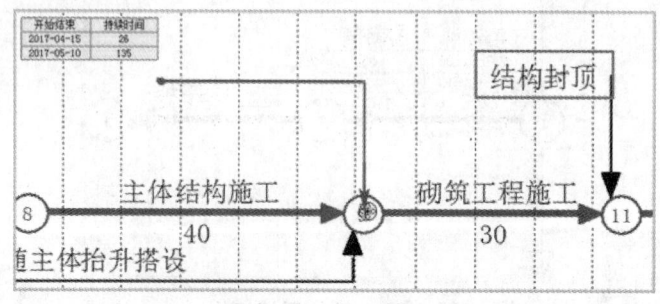

图 4.56 插入工作

（8）修改工作名称、持续时间。将鼠标光标移动到工作箭线上任意位置，单击鼠标右键，即可弹出"工作信息卡"，可以直接修改该工作的工作名称、持续时间等相关信息。

（9）删除工作时，可以选中单项或框选多个需要删除的工作，然后按键盘的"Delete"键或"Backspace"键进行删除。

在斑马梦龙网络计划里，还可以进行资源的定义与绘制，这里不再赘述，可以参考斑马梦龙教学网站进行详细的操作学习。

（10）进度计划绘制完毕后，可以在操作窗口的左下位置选择进度计划的不同显示方式，可以显示为横道图、时标网络图、单代号网络图等多种方式，如图 4.57 所示。

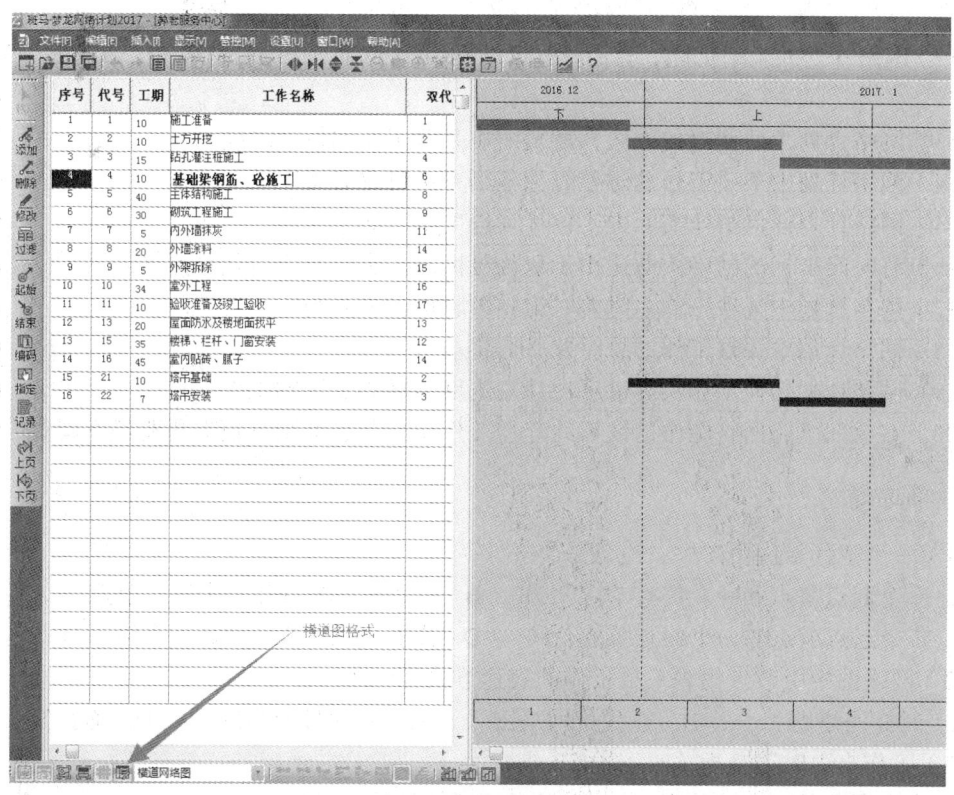

图 4.57 进度计划显示选择

【思考题】

1. 判断题

（1）关键线路是该网络计划中最长的线路，一个网络计划只有一条关键线路。（　）

（2）时标网络计划的特点是可直接在网络图上看出各项工作的开始和结束时间。（　）

（3）网络计划的工期优化，就是通过压缩网络中全部工作的持续时间，以达到缩短工期的目的。（　）

（4）关键工作进度落后必定影响工期。（　）

（5）双代号网络图组成要素中，把消耗时间、不消耗资源的工序，称作"虚工序"。（　）

（6）网络计划工期优化的方法之一是将各项工作持续时间压缩。　　　　（　）
（7）有时间坐标的网络图既适用于双代号网络，也可用于单代号网络。　（　）
（8）关键线路上的工作都是关键工作，非关键线路上的工作都是非关键工作。（　）
（9）若工作的进度偏差小于自由时差，说明此对后续工作无影响，原计划可不做调整。
　　　　　　　　　　　　　　　　　　　　　　　　　　　　　　　（　）
（10）若工作的进度偏差大于自由时差，说明此对后续工作有影响，原计划必须全部调整。
　　　　　　　　　　　　　　　　　　　　　　　　　　　　　　　（　）
（11）网络计划的工期优化，就是通过压缩某些关键工作的持续时间，以达到缩短工期的目的。　　　　　　　　　　　　　　　　　　　　　　　　　　　　（　）
（12）网络计划的工期优化，就是通过压缩网络中全部工作的持续时间，以达到缩短工期的目的。　　　　　　　　　　　　　　　　　　　　　　　　　　（　）
（13）网络计划工期调整的方法，就是缩短某些工作的持续时间。　　　（　）
（14）网络计划中某项工作总时差时为零则自由时差必为零。　　　　　（　）
（15）网络计划任何工作实际进度比计划进度落后必定影响工期。　　　（　）
（16）有时间坐标的网络图既适用于双代号网络，也可用于单代号网络。（　）
（17）网络计划中某项工作总时差时为零则自由时差必为零。　　　　　（　）
（18）网络计划中关键工作的总时差必为零。　　　　　　　　　　　　（　）
（19）网络计划任何工作实际进度比计划进度落后必定影响工期。　　　（　）
（20）在时间坐标网络图中的波形线起连接作用，其长度则可根据需要任意画。（　）

2．单选题

（1）一个双代号网络图中，应该是（　　　）。
A．一个起点节点和一个终点节点　　　B．一个起点节点和二个终点节点
C．二个起点节点和一个终点节点　　　D．若干个起点节点和若干个终点节点
（2）网络图中由节点代表一项工作的表达方式称作（　　　）。
A．时标网络图　　B．双代号网络图　　C．单代号网络图　　D．横道图
（3）工作自由时差是指（　　　）。
A．在不影响总工期的前提下，该工作可以利用的机动时间
B．在不影响其紧后工作最迟开始的前提下，该工作可以利用的机动时间
C．在不影响其紧后工作最迟完成时间的前提下，该工作可以利用的机动时间
D．在不影响其紧后工作最早开始时间的前提下，该工作可以利用的机动时间
（4）当网络计划的计划工期小于计算工期时，关键工作的总时差（　　　）。
A．等于零　　　B．大于零　　　C．小于零　　　D．小于等于零
（5）在双代号网络计划中的关键线路和非关键线路是（　　　）。
A．不变的　　　　　　　　　　　B．可以互相转化
C．有时变化，有时不变化　　　　D．在一定条件下可以互相转化
（6）工作 D 有三项紧前工作 A、B、C，其持续时间分别为：A＝3 d、B＝7 d、C＝5 d，其最早开始别为：A＝4 d、B＝5 d、C＝6 d，则工作 D 的最早开始时间为（　　　）。
A．6 d　　　　B．7 d　　　　C．11 d　　　　D．12 d

（7）按最早时间绘制的双代号时标网络计划中的波形线是表示（   ）。
A. 自由时差　　　　B. 总时差　　　　C. 时距　　　　D. 虚工作
（8）下列哪一项不是双代号网络图的基本要素（   ）。
A. 工作　　　　B. 节点　　　　C. 空间　　　　D. 线路
（9）在绘制网络图时，应首先进行（   ）。
A. 逻辑关系分析　　B. 项目分解　　C. 确定排列方式　　D. 编制施工方案
（10）在绘制网络图进行项目分解时，应遵循（   ）的指导原则。
A. 符合施工工艺要求　　　　　　B. 保证各工作持续时间均衡
C. 保证工作队人数基本均衡　　　D. 符合合理劳动组织要求
（11）前锋线比较法适用施工进度计划用（   ）表达。
A. 双代号网络图　　　　　　　　B. 单代号网络图
C. 时标网络图　　　　　　　　　D. 横道图
（12）单代号网络计划的自由时差等于（   ）。
A. 本工作与紧前工作时间间隔的最大值
B. 本工作与紧后工作时间间隔的最大值
C. 本工作与紧前工作时间间隔的最小值
D. 本工作与紧后工作时间间隔的最小值
（13）在某工程单代号网络计划中，错误的说法是（   ）。
A. 关键线路只有一条
B. 在计划实施过程中，关键线路可以改变
C. 关键工作的机动时间最少
D. 相邻关键工作之间的时间间隔为零
（14）前锋线比较法适用施工进度计划用（   ）表达。
A. 双代号网络图　　　　　　　　B. 单代号网络图
C. 时标网络图　　　　　　　　　D. 横道图
（15）若工作的延误时间大于该工作的自由时差，小于总时差，说明此延误时间对后续工作（   ），对总工期（   ）。
A. 有影响；但可不做调整　　　　B. 有影响；必须调整
C. 无影响；且不需调整　　　　　D. 虽无影响；但要调整
（16）网络图中由节点代表一项工作的表达方式称作（   ）。
A. 时标网络图　　　　　　　　　B. 双代号网络图
C. 单代号网络图　　　　　　　　D. 横道图
（17）下列哪一项是双代号网络图的基本要素（   ）。
A. 工作、虚工作、节点　　　　　B. 工作、箭线、节点
C. 工作、节点、线路　　　　　　D. 工作、节点、时差
（18）当计算工期不能满足合同要求时，应首先压缩（   ）的持续时间。

A. 持续时间最长的工作 B. 总时差最长的工作
C. 关键工作 D. 非关键工作

（19）双代号网络中只有内向箭线无外向箭线段的结点是（　　）。
A. 起始结点 B. 结束结点
C. 中间结点 D. 任意结点

（20）由时差，是各项工作在不影响紧后工作（　　）时间的条件下所具有的机动时间。
A. 最早开始 B. 最早结束
C. 最迟开始 D. 最迟结束

（21）时标网络计划比较适用（　　）表达。
A. 双代号网络计划 B. 单代号计划网络
C. 搭接网络计划 D. 横道图

（22）用于检查工程实际进度与计划进度的比较，实际进度前锋线比较法适用（　　）。
A. 双代号网络计划 B. 单代号计划网络
C. 搭接网络计划 D. 时标网络计划

（23）在网络计划中，关键工作的总时差值为（　　）。
A. 零 B. 最大 C. 最小 D. 不定数

（24）若工作的延误时间大于该工作的自由时差，小于总时差，说明此延误时间对后续工作（　　），对总工期（　　）。
A. 有影响，但可不做调整 B. 有影响，必须调整
C. 无影响，且不需调整 D. 虽无影响，但要调整

（25）网络图中由节点代表一项工作的表达方式称作（　　）。
A. 时标网络图 B. 双代号网络图
C. 单代号网络图 D. 搭接网络

（26）在网络计划中，关键工作的总时差值为（　　）。
A. 在不影响总工期的前提下，该工作可以利用的机动时间
B. 在不影响其紧后工作最迟开始的前提下，该工作可以利用的机动时间
C. 在不影响其紧后工作最迟完成时间的前提下，该工作可以利用的机动时间
D. 在不影响其紧后工作最早开始时间的前提下，该工作可以利用的机动时间

（27）自由时差，是各项工作在不影响紧后工作（　　）时间的条件下所具有的机动时间。
A. 最早开始 B. 最早结束
C. 最迟开始 D. 最迟结束

（28）实际进度前锋线是用（　　）进行进度检查的。
A. 横道计划 B. 时标网络计划
C. 里程碑计划 D. 搭接网络计划

3. 作图题

（1）按表 4.6 述工作逻辑关系作双代号网络计划图。

表 4.6 工作间的逻辑关系

工作名称	紧前工作	紧后工作	延续时间	工作名称	紧前工作	紧后工作	延续时间/d
A	—	D	4	E	B、C	G	4
B	—	E	6	F	D	—	12
C	—	E、H	4	G	D、E	—	7
D	A	F、G	6	H	C	—	8

（2）某一地下工程，包括挖土、浇筑混凝土和砌筑三项工作，现分为三个施工段组织流水作业，试绘制其双代号网络图。

（3）某工程由 9 项工作组成，各工作之间网络逻辑关系如下所述：A 是首先开始的工作；A 结束后，B、C、D 才能开始；E 开始前，B、C 必须结束；F 开始前，C、D 必须结束；I 是最后结束工作；I 开始前，G、H 必须结束；E、F 结束后，G 和 H 才能开始。以上各项工作持续时间如表 4.7 所示。试绘制双代号网络图。

表 4.7 某工程工作持续时间 d

工作名称	A	B	C	D	E	F	G	H	I
持续时间	3	10	10	7	5	6	6	8	16

（4）按表 4.8 所述作双代号网络计划图。

表 4.8 工作逻辑关系

工作名称	紧前工作	紧后工作	延续时间/d
A	—	D	4
B	—	E	6
C	—	E、H	4
D	A	F、G	6
E	B、C	G	4
F	D	—	12
G	D、E	—	7
H	C	—	8

5 施工准备工作的组织与管理

【学习要点】

（1）施工准备工作的内容；
（2）技术资料准备及原始资料的调查分析；
（3）施工现场准备、施工队伍及物资准备、季节施工准备等。

5.1 施工准备工作概述

1. 施工准备工作的意义

施工准备工作是指从组织、技术、经济、劳动力、物资等各方面为了保证建筑工程施工能够顺利进行，事先应做好的各项工作。施工准备工作是保证施工生产顺利完成的战略措施和重要前提，它不仅存在于开工之前，而且贯穿于施工的全过程。现代的建筑施工是一项十分复杂的生产活动，它不但需要耗用大量的材料，使用许多机具设备，组织安排各种工人进行生产劳动，还要处理各种复杂的技术问题、协调各种协作配合关系，可以说涉及面广、情况复杂、千头万绪。如果事先缺乏统筹安排和准备，势必会形成某种混乱，使工程施工无法正常进行。而事先全面细致地做好施工准备工作，则对调动各方面的积极因素，合理组织人力和物力，加快施工进度，提高工程质量，节约资金和材料，提高经济效益都会起到重要的作用。

大量实践经验已证明，凡是重视和做好施工准备工作并能够事先细致周到地为施工创造一切必要的条件，则该工程的施工任务就能够顺利完成；反之，如果违背施工程序，忽视施工准备工作，工程仓促上马，则虽有加快工程施工进度的良好愿望，也往往造成事与愿违的实际效果。因此，严格遵守施工程序，按照客观规律组织施工，做好各项准备工作，是施工顺利进行和工程圆满完成的重要保证。一方面，可以保证拟建工程施工能够连续、均衡、有节奏、安全地进行，并在规定的工期内交付使用；另一方面，在保证工程质量的条件下能够做到提高劳动生产率和降低工程成本。

2. 施工准备工作的分类与内容

1) 施工准备工作的分类

施工准备工作的分类方式有多种，常见的分类方式有如下两种。

（1）按工程项目施工准备工作的范围不同，一般可分为全场性施工准备、单位工程施工条件准备和分部（项）工程作业条件准备等三种。

① 全场性施工准备：它是以一个建筑工地为对象而进行的各项施工准备。其特点是它的施工准备工作的目的、内容都是为全场性施工服务的，它不仅要为全场性的施工活动创造有利条件，而且要兼顾单位工程施工条件的准备。

② 单位工程施工条件准备：它是以一个建筑物或构筑物为对象而进行的施工条件准备工作。其特点是它的准备工作的目的、内容都是为单位工程施工服务的，它不仅为该单位工程在开工前做好一切准备，而且要为分部分项工程做好施工准备工作。

③ 分部分项工程作业条件的准备：它是以一个分部分项工程或冬雨季施工为对象而进行的作业条件准备。

（2）按拟建工程所处的施工阶段不同，一般可分为开工前的施工准备和各施工阶段前的施工准备等两种。

① 开工前的施工准备：它是在拟建工程正式开工之前所进行的一切施工准备工作。其目的是为拟建工程正式开工创造必要的施工条件。它既可能是全场性的施工准备，又可能是单位工程施工条件的准备。

② 各施工阶段前的施工准备：它是在拟建工程开工之后，每个施工阶段正式开工之前所进行的一切施工准备工作。其目的是为施工阶段正式开工创造必要的施工条件。如混合结构的民用住宅的施工，一般可分为地下工程、主体工程、装饰工程和屋面工程等施工阶段，每个施工阶段的施工内容不同，所需要的技术条件、物资条件、组织要求和现场布置等方面也不同，因此在每个施工阶段开工之前，都必须做好相应的施工准备工作。

2) 施工准备工作的内容

工程项目施工准备工作按其性质及内容通常包括调查研究搜集资料、技术准备、物资准备、劳动组织准备、施工现场准备、季节施工准备和施工场外准备。

（1）调查研究搜集资料主要是收集与拟建项目有关的信息与资料，包括：

① 建设地区自然情况；

② 现场水、电、交通情况；

③ 工程项目各参与方情况；

④ 人力、材料、机械情况。

（2）技术准备主要包括：

① 熟悉、审查施工图纸和有关的设计资料；

② 原始资料的调查分析；

③ 编制施工图预算和施工预算；

④ 编制施工组织设计。

（3）物资准备主要包括：

① 建筑材料的准备；

② 构（配）件和制品的加工准备；

③ 建筑安装机具的准备和生产工艺设备的准备。

（4）劳动组织准备主要包括：

① 建立拟建工程项目的领导机构；

② 建立施工队组；

③ 集结施工力量、组织劳动力进场；

④ 向施工队组、工人进行施工组织设计、计划和技术交底；

⑤ 建立健全各项管理制度。

（5）施工现场准备主要包括：

① 做好施工场地的控制网测量；

② 搞好"三通一平""五通一平"等工作；

③ 做好施工现场的补充勘探；

④ 建造临时设施；

⑤ 安装、调试施工机具；

⑥ 做好建筑构（配）件、制品和材料的储存和堆放；

⑦ 及时提供建筑材料的试验申请计划；

⑧ 进行新技术项目的试制和试验；

⑨ 完成技术交底工作；

⑩ 设置消防、保安设施。

（6）季节施工准备主要包括：

① 冬期施工准备；

② 雨期施工准备；

③ 夏季施工准备。

（7）施工的场外准备主要包括：

① 材料的加工和订货；

② 做好分包工作和签订分包合同；

③ 向上级提交开工申请报告。

3）施工准备工作计划

为了落实各项施工准备工作，加强对其检查和监督，必须根据各项施工准备工作的内容、时间和人员，编制出施工准备工作计划。

4）施工准备工作的要求

为了做好施工准备工作，应注意以下几方面的具体措施。

（1）编制施工准备工作计划。要编制详细的计划，列出施工准备工作的内容以及要求完成的时间和责任人等。由于各项准备工作之间有相互依存的关系，单纯的计划难以表达清楚，还可以编制施工准备工作网络计划明确关系并找出关键工作。利用网络图进行施工准备期的调整，尽量缩短时间。

施工准备工作计划，应当在施工组织设计中予以安排，作为施工组织设计的基本内容之一，同时注重施工过程中的统筹安排。

（2）建立严格的施工准备工作责任制与检查制度。由于施工准备工作项目多、范围广，有时施工准备工作的期限比正式施工期限还要长，因此必须有严格的责任制。要按计划将责任明确到有关部门甚至个人，以保证按计划要求的内容及完成时间进行工作。同时明确各级技术负责人在施工准备工作中应负的领导责任，以便推动和促使各级领导认真做好施工准备工作。

（3）施工准备工作应取得建设单位、设计单位及各有关协作配合单位的大力支持。将建设、设计、施工三方面结合在一起，并组织土建、专业协作配合单位，统一步调，分工协作，以便共同做好施工准备工作。

（4）施工准备工作应做好的四个结合：

① 设计与施工相结合。设计与施工两方面的积极配合，对加速施工准备是非常重要的。双方应互通情况，通力协作，为准备工作快速、准确创造有利条件。

设计单位出图时，尽可能按施工程序出图。对规模较大的工程和特殊工程，首先提供建筑总平面图、单项工程平面图、基础图以利于及早规划施工现场，提前进行现场准备。对于地下管道多的工程，先设计出主要的管网图及交通道路的施工图，以利于现场尽快实现"三通一平"，便于材料进场和其他准备工作。

② 室内准备与室外准备相结合。室内准备与室外准备应并举，相互创造条件。室内准备工作主要抓熟悉施工图纸和图纸会审，编制施工组织设计、设计概算、施工图预算等。室外准备工作要加紧对建设地区的自然条件和技术经济条件进行调查分析，尽快为室内准备工作提供充分的技术资料。同时要做好现场准备工作、现场平面布置及临时设施等，施工组织设计确定一项，准备一项，以争取时间。

③ 土建工程与专业工程相结合。施工准备工作必须注意土建工程与专业工程相结合。在明确施工任务，拟订出施工准备工作的初步规划以后，应及时通知水电设备安装等专业施工单位及材料运输等部门，组织他们研究初步规划，协调各方面的行动。使准备工作规划更切合实际，各有关单位都能做到心中有数，并及时做好必要准备，以利于互相配合。

④ 前期准备与后期准备相结合。由于施工准备工作周期长，有一些是开工前所做的，有一些是在开工后交叉进行的。因此，既要立足于前期的准备工作，又要着眼于后期的准备工作。要统筹安排好前期、后期的准备工作，把握时机，及时做好近期的施工准备工作。

5.2 施工前调查研究

1. 调查研究的目的

由于建筑工程施工涉及的单位多、内容广、情况多变、问题复杂，其地区特征、技术经济条件各异，原始资料上的某些差错往往会导致严重的后果。此外，只有使用正确的原始资料才能够做好施工方案、合理确定施工进度，才能正确地做出各项资源计划和施工现场的安排。因此，为了编制出一个符合实际情况、切实可行、质量较高的施工组织设计，必须首先通过实地勘查与调查研究，掌握正确的原始资料，并对这些原始资料进行细致认真的分析研究，以便为解决各项施工组织问题提供正确的依据。

调查工作开始之前，应拟订调查提纲，使之有目的、有计划地进行。调查范围的大小，应根据拟建工程的规模、复杂性和对当地情况的熟悉程度的不同而定。对新开辟地区应调查得全面些，对熟悉地区或掌握了大量情况的部分，则可酌情从略。

2. 调查研究的主要内容

调查研究与收集资料就是对工程建设情况以及有关的技术经济条件做出全面的了解并为掌握有关的原始资料而进行的准备工作。其主要内容有以下三个方面。

1) 工程建设情况和有关设计概况的调查

工程建设情况和有关设计概况的调查是向建设单位与勘察设计单位进行的调查工作。工程建设情况和有关设计概况的调查内容和目的见表5.1。

表 5.1　建设单位与设计单位的调查

调查单位	调查内容	调查目的
建设单位	1. 建设项目设计任务书、有关文件； 2. 建设项目性质、规模、生产能力； 3. 生产工艺流程，主要工艺设备名称及来源； 4. 供应时间、分批和全部到货时间； 5. 建设期限、开工时间、交工先后顺序、竣工投产时间； 6. 总概算投资、年度建设计划； 7. 施工准备工作内容、安排、工作进度表	1. 施工依据； 2. 项目建设部署； 3. 制定主要工程施工方案； 4. 规划施工总进度； 5. 安排年度施工计划； 6. 规划施工总平面； 7. 确定占地范围
设计单位	1. 建设项目总平面规划； 2. 工程地质勘查资料； 3. 水文勘查资料； 4. 项目建筑规模、建筑、结构、装修概况、总建筑面积、占地面积； 5. 单项（单位）工程个数； 6. 设计进度安排； 7. 生产工艺设计、特点； 8. 地形测量图	1. 规划施工总平面图； 2. 规划生产施工区、生活区； 3. 安排大型暂设工程； 4. 概算施工总进度； 5. 规划施工总进度； 6. 计算平整场地土石方量； 7. 确定地基、基础的施工方案

2) 工程所在地自然条件的调查

工程所在地自然条件的调查就是对工程所在地区的自然条件进行的调查工作，如对当地的气候、地址、地貌等条件的调查。工程所在地自然条件的调查内容和目的见表 5.2。

表 5.2 工程所在地自然条件调查

项目	调查内容	调查目的
气温	1. 全年各月平均温度； 2. 最高温度及月份，最低温度及月份； 3. 冬天、夏季室外计算温度； 4. 霜、冻、冰雹期； 5. 小于 -3 ℃、0 ℃、5 ℃的天数，起止日期	1. 防暑降温； 2. 全年正常施工天数； 3. 冬季施工措施； 4. 估计混凝土、砂浆强度增长
雨雪情况	1. 雨季起止时间； 2. 月均降雨（雪）量，最大降雨（雪）量； 3. 雷暴天气统计	1. 确定雨雪施工措施； 2. 确定排水，防洪措施； 3. 确定防雷措施
风	1. 主导风向与频率； 2. 8 级风以上天气统计	1. 确定临时设施布置方案； 2. 确定高空作业和吊装方案与安全措施
地形地质	1. 区域地形图； 2. 工程位置图； 3. 项目所在地规划图； 3. 经纬坐标，水准基桩位置	1. 选择施工用地； 2. 布置施工平面图； 3. 场地平整，土方计算
地质	1. 钻孔布置图； 2. 地质剖面图、土层情况； 3. 地质物理学指标； 4. 地层情况	1. 土方施工选择； 2. 基础施工方法、基土处理方法； 3. 复核地基基础设计； 4. 拟定障碍物拆除方案
地震	地震等级、烈度	确定施工安全方案，注意事项
地下、地表水	1. 水位、流速、流向、流量； 2. 水质分析，水的化学成分； 3. 施工场地距离地面大片水源位置； 4. 水冻结情况	1. 确定基础施工方案； 2. 地下水降水方法； 3. 确定临时给水方案； 4. 确定运输方式

3）工程所在地技术经济条件的调查

工程所在地技术经济条件的调查，就是对工程所在地的有关资源、经济、运输、供应、生活等方面技术经济条件进行全面的了解，使企业能够根据这些技术经济条件来合理安排施工生产和职工生活。工程所在地技术经济条件的调查内容包括以下几个方面。

（1）建设地区的能源调查。

能源一般指水资源、电力、蒸汽等。能源资料可向当地住房和城乡建设、电力、水利、电信等相关部门咨询，主要用作选择施工用临时供水、供电和供气的方式，提供经济分析比较的依据。建设地区能源的调查内容和目的见表 5.3。

表 5.3　建设地区能源调查内容

项目	调查内容	调查目的
给排水	1. 与当地现有水源连接的可能性；可供水量、接管地点、管径、管材、埋深、水压、水质、水费以及与工地的距离；地形地貌情况； 2. 临时供水源：利用江河、湖水可能性；水源、水量、水质、取水方式，与工地的距离，地形地貌情况；临时水井位置、深度、出水量、水质； 3. 利用永久排水设施的可能性；施工排水去向、距离、坡度；有无洪水影响，现有防洪设施、排洪能力	1. 确定给水方式； 2. 确定排水的方式； 3. 确定工程现场给排水分布
供电与通讯	1. 电源位置；引入的可能；允许供电容量、电压、导线截面、距离、电费；接线地点至工地距离，地形地物情况； 2. 建设、施工单位自有发电、变电设备的规格型号、台数、能力、燃料、资料及可能性； 3. 利用邻近电讯设备的可能性；增设电话设备和计算机等自动化办公设备和线路的可能性	1. 确定供电方式，能源燃料的需求情况； 2. 确定通讯方式
供气	1. 蒸汽来源，可供能力、数量、接管地点、管径、埋深；至工地的距离；地形地貌情况；供汽价格；供汽的正常性； 2. 建设、施工单位自有锅炉型号、台数、能力、所需燃料、用水水质、投资费用； 3. 当地住房和城乡建设单位提供压缩空气、氧气的能力；至工地的距离	确定各种供气、供汽方式

（2）建设地区交通条件的调查。

交通条件一般包括铁路、公路、水路、航空等多种运输方式。交通资料可向当地铁路、交通运输和民航等管理单位进行咨询。主要用作组织施工运输业务、选择运输方式、提供经济分析比较的依据。建设地区交通条件的调查内容和目的见表 5.4。

表 5.4　交通条件调查

项目	调查内容	调查目的
铁路	1. 邻近铁路专用线、车站至工地的距离及沿途运输条件； 2. 站场卸货线长度，起重能力和储存能力； 3. 装载单个货物的最大尺寸、重量的限制； 4. 支费、装卸费和装卸力量	1. 选择施工运输方式； 2. 拟定施工运输计划
公路	1. 主要材料产地至工地的公路等级，路面构造宽度及完好情况，允许最大载重量； 2. 途径桥涵等级，允许最大载重量； 3. 当地专业机构及附近村镇提供的装卸、运输能力，汽车、畜力、人力车的数量及运输效率，运费、装卸费； 4. 当地有无汽车修配厂，修配能力和至工地距离、路况； 5. 沿途架空电线高度	
航运	1. 货源、工地至邻近河流、码头渡口的距离，道路情况； 2. 洪水、平水、枯水期封冻期，通航的最大船只及吨位，取得船只的可能性； 3. 码头装卸能力，最大起重量，增设码头的可能性； 4. 渡口的渡船能力；同时可载车数，每日次数，能为施工提供的能力； 5. 运费、渡口费、装卸费。	

（3）主要材料等调查。

主要材料的调查内容包括水泥、钢材、木材、特殊材料和主要设备。这些资料一般可向当地计划、经济等部门进行调查，主要用作确定材料供应、储存和设备订货、租赁的依据，见表5.5。

表5.5　当地可供材料调查

项目	调查内容	调查目的
三大材料	1. 钢材订货的规格、钢号、强度等级、数量和到货时间； 2. 木材料订货的规格、等级、数量和到货时间； 3. 水泥订货的品种、程度等级、数量级和到货时间	1. 确定临时设施和堆放场地； 2. 确定木材加工计划； 3. 确定水泥储存方式
特殊材料	1. 需要的品种、规格、数量； 2. 试制、加工和供应情况； 3. 进口材料和新材料	1. 制定供应计划； 2. 确定储存方式
主要设备	1. 主要工艺设备名称、规格、数量和供货单位； 2. 分批和全部到货时间	1. 确定临时设施和堆放场地； 2. 拟定防雨措施

（4）地方资源和地方建筑施工企业调查。

地方资源和地方建筑施工企业的基本情况，一般可向当地工商及住房和城乡建设行政主管部门进行调查，主要用作确定材料、构配件、制品等货源的加工供应方式、运输计划和规划临时设施等。

（5）建筑地区社会劳动力和生活设施的调查。

建筑地区社会劳动力和生活设施的调查就是了解当地的社会劳动力、生活条件和房屋建设情况。这些资料一般可向当地社会保障和人力、工商、教育有关部门进行了解。建筑地区社会劳动力和生活设施的调查内容和目的见表5.6。

表5.6　建筑地区社会劳动力和生活设施调查

调查对象	调查内容	调查目的
社会劳动力	1. 少数民族地区的风俗习惯； 2. 当地能提供的劳动力人数，技术水平，工资费用和来源； 3. 上述人员的生活安排	1. 拟定劳动力计划； 2. 安排临时设施
房屋设施	1. 必须在工地居住的单身人数和户数； 2. 能作为施工用的现有的房屋栋数，每栋面积，结构特征，总面积，位置，水、暖、电、卫设备状况； 3. 上述建筑物的适宜用途，用作宿舍、食堂、办公室的可能性	1. 确定现有房屋为施工服务的可能性； 2. 安排临时设施
周围环境	1. 主副食品供应，日用品供应，文化教育，消防治安等机构能为施工提供的支援能力； 2. 邻近医疗单位至工地的距离，可能就医情况； 3. 当地公共汽车、邮电服务情况； 4. 周围是否存在有害气体、污染情况，有无地方病	安排职工生活基地，解除后顾之忧

4）参加施工的各单位能力调查

对同一工程，若是多个施工单位共同参与施工的，应了解参加施工的各单位能力，以便做到心中有数。这些资料一般可向当地住房和城乡建设行政主管单位了解。参加施工的各单位能力调查内容和目的见表5.7。

表 5.7 各单位能力调查

项目	调查内容	调查目的
工人	1. 工人数量、分工种人数，能投入本工程施工的人数； 2. 专业分工及一专多能的情况、工人队组形式； 3. 定额完成情况、工人技术水平、技术等级构成	1. 确定人工需求情况； 2. 确定施工机械种类，需求情况
管理人员	1. 管理人员总数，所占比例； 2. 其中技术人员数，专业情况，技术职称，其他人员数	
施工机械	1. 机械名称、型号、能力、数量、新旧程度、完好率；能投入本工程施工的情况； 2. 总装备程度（马力/全员）； 3. 分配、新购情况	
施工经验	1. 历年施工经历的主要工程项目、规模、结构、工期； 2. 习惯施工方法，采用过的先进施工方法，构件加工、生产能力、质量； 3. 工程质量合格情况，科研、革新成果	
经济指标	1. 劳动生产率，年完成能力； 2. 质量，安全，降低成本情况； 3. 机械化程度； 4. 工业化程度设备、机械的完好率、利用率	

5）其他相关信息与资料的收集

（1）现行的由国家有关部门制定的技术规范、规程及有关技术规定；

（2）企业现有的施工定额、施工手册、类似工程的技术资料及平时施工实践活动中所积累的资料等。

5.3 技术经济资料的准备

技术经济资料的准备也就是通常所说的内业技术工作，其准备工作的内容一般包括熟悉与会审施工图纸、编制施工组织设计、编制施工图预算和施工预算。

1. 熟悉和会审图纸

一个建筑物或构筑物的施工依据就是施工图纸。要"按图施工"，就必须在施工前熟悉施工图纸中各项设计的技术要求所在。在熟悉施工图纸的基础上，由建设、施工、设计单位共同对施工图纸组织会审。一般先由设计人员对设计施工图纸的技术要求和有关问题先做介绍和交底，在此基础上，对施工图纸中可能出现的错误或不明确的地方做出必要的修改或补充说明。

1）熟悉施工图纸

在项目实施之前，工程项目经理部应当组织有关工程技术人员熟悉图纸。熟悉图纸的内容包括如下几点：

（1）基础部分：核对建筑、结构、设备施工图中关于基础留洞的位置及标高，以及地下室排水方向、变形缝还有人防出口做法、防水体系的包圈及收头要求等。

（2）主体结构部分：各层所用的砂浆、混凝土强度等级，墙柱与轴线的关系，梁、柱的配筋及节点做法，钢筋的锚固要求，楼梯间的构造，设备施工图和土建施工图上洞口尺寸及位置的关系。

（3）屋面及装修部分：屋面防水节点做法，结构施工时应为装修施工提供的预埋件和预留洞，内、外墙和地面等材料及做法。在熟悉图纸的过程中，对发现的问题应做好标记和记录，以便在图纸会审时提出。

2）自审图纸的要求

（1）审查拟建工程的地点、建筑总平面图同国家、城市或地区规划是否一致，以及建筑物或构筑物的设计功能和使用要求是否符合环卫、防火及美化城市方面的要求。

（2）审查设计图纸是否完整齐全，以及设计图纸和资料是否符合国家有关技术规范要求。

（3）审查建筑、结构、设备安装图纸是否相符，有无"错、漏、碰、缺"，内部结构和工艺设备有无矛盾。

（4）审查地基处理与基础设计同拟建工程地点的工程地质和水文地质等条件是否一致，以及建筑物或构筑物与原地下构筑物及管线之间有无矛盾。深基础的防水方案是否可靠，材料设备能否解决。

（5）明确拟建工程的结构形式和特点，复核主要承重结构的承载力、刚度和稳定性是否满足要求，审查设计图纸中的形体复杂、施工难度大和技术要求高的分部分项工程或新结构、新材料、新工艺，在施工技术和管理水平上能否满足质量和工期要求，选用的材料、构配件、设备等能否解决。

（6）明确建设期限，分期分批投产或交付使用的顺序和时间，以及工程所用的主要材料、设备的数量、规格、来源和供货日期。

（7）明确建设、设计和施工等单位之间的协作、配合关系，以及建设单位可以提供的施工条件。

（8）审查设计是否考虑了施工的需要，各种结构的承载力、刚度和稳定性是否满足设置内爬、附着、固定式塔式起重机等使用的要求。

3）施工图纸会审

施工图纸会审时由建设单位组织，并主持会议，设计单位交底，施工单位、监理单位参加。重点工程或规模较大及结构，装修较复杂的工程，如有必要可邀请各主管部门、消防、防疫与协作单位参加。会审的程序是首先由设计单位做设计交底,然后相关单位对图纸提出问题,最后有关单位发表意见,与会者讨论、研究、协商逐条解决问题达成共识,组织会审的单位汇总成文,各单位会签,形成图纸会审纪要。会审的主要内容有如下几点:

(1)有无越级设计或无证设计的现象,图纸是否经设计单位正式签署。

(2)设计是否符合城市规划的要求。

(3)地质勘探资料是否齐全,是否需要进行补充勘探。

(4)建筑结构、水、暖、电、卫、设备安装设计之间有无矛盾。

(5)图纸是否齐全,图纸与图纸之间、图纸与说明之间有无矛盾和不清楚的地方,如建筑图、结构图中的标高、尺寸、轴线、坐标、预留孔洞、钢筋、预埋件、混凝土强度等级、构件数量等有无"错、漏、碰、缺"等现象。

(6)设计图纸与所选用的标准图有无矛盾。

(7)设计是否与现行规范一致,在技术上和经济上是否可行,特别是新技术的应用是否可行和必要。

(8)某些结构在施工过程中有无足够的强度和稳定性,如钢筋混凝土构件吊装时的强度和稳定性。

(9)设计是否考虑了施工技术的条件,能否按图施工,保证工程质量。

(10)设计图纸中所选用的材料在市场上能否采购到。

(11)设计是否考虑了安全施工的需要,能否保证施工的安全。

(12)设计图纸的要求和施工单位的能力是否吻合。

图纸会审后,应将会审中提出的问题、修改意见等用会审纪要的形式加以明确,必要时由设计单位另出修改图纸。会审纪要(表5.8)由参加会审的建设单位、设计单位、施工单位等三方签字后下发,它同施工图纸一样具有同等的效力,是组织施工、编制施工图预算的重要依据。

表5.8 图纸会审记录表

图纸会审记录				
会审日期: 编号:				年 月 日
工程名称	××××		共 页	
			第 页	
图纸编号	提出问题		会审结果	
…	…		…	
参加会审 人 员	×××			
会审单位 (公章)	建设单位 (公章)	监理单位 (公章)	设计单位 (公章)	施工单位 (公章)

2. 编制中标后施工组织设计

中标后施工组织设计是施工单位在施工准备阶段编制的指导拟建工程从施工准备到竣工验收乃至保修回访的技术经济、组织的综合性文件，也是编制施工预算，实行项目管理的依据，是施工准备工作的主要文件。

实施性施工组织设计是对施工活动实行科学管理的重要手段，它具有战略部署和战术安排的双重作用。它体现了实现基本建设计划和设计的要求，提供了各阶段的施工准备工作内容，协调施工过程中各施工单位、各施工工种、各项资源之间的相互关系

3. 编制施工图预算和施工预算

（1）编制施工图预算。施工图预算是技术准备工作的主要组成部分之一，这是按照施工图确定的工程量、施工组织设计所拟定的施工方法、建筑工程预算定额及其取费标准，由施工单位编制的确定建筑安装工程造价的经济文件，它是施工企业签订工程承包合同，工程结算，建设银行拨付工程价款，进行成本核算，加强经营管理等方面工作的重要依据。

（2）编制施工预算。施工预算是根据施工图预算、施工图纸、施工组织设计或施工方案、施工定额等文件进行编制的，它直接受施工图预算的控制。它是施工企业内部控制各项成本支出、考核用工、"两算"对比、签发施工任务单、限额领料、基层进行经济核算的依据。

4. 技术、安全交底

技术交底，是指在某一单位工程开工前，或一个分项工程施工前，由相关专业技术人员向参与施工的人员进行的技术性交代，其目的是使施工人员对工程特点、技术质量要求、施工方法与措施和安全等方面有一个较详细的了解，以便于科学地组织施工，避免技术质量等事故的发生。各项技术交底记录也是工程技术档案资料中不可缺少的部分。技术交底分为三种，具体如下：

（1）设计交底，即设计图纸交底。这是在建设单位主持下，由设计单位向各施工单位（土建施工单位与各专业施工单位）进行的交底，主要交代建筑物的功能与特点、设计意图与要求和建筑物在施工过程中应注意的各个事项等。

（2）施工设计交底。一般由施工单位组织，在管理单位专业工程师的指导下，主要介绍施工中容易遇到的问题和经常性犯错误的部位，要使施工人员明白该怎么做，规范上是如何规定的。

（3）专项方案交底、分部分项工程交底、质量（安全）技术交底、作业等。

安全技术交底是指生产负责人在生产作业前对直接生产作业人员进行的该作业的安全操作规程和注意事项的培训，并通过书面文件方式予以确认，而后在项目建设中，分部（分项）工程在施工前，项目部应按批准的施工组织设计或专项安全技术措施方案，向有关人员进行安全技术交底。安全技术交底主要包括两个方面的内容：一是在施工方案的基础上按照施工的要求，对施工方案进行细化和补充；二是要将操作者的安全注意事项讲清楚，保证作业人员的人身安全。安全技术交底工作完毕后，所有参加交底的人员必须履行签字手续，施工负责人、生产班组、现场专职安全管理人员三方各留执一份，并纪录存档安全技术交底的作用。

5.4 施工现场准备

施工现场准备就是一般所说的室外准备工作，它包括建立测量控制网及测量放线、拆除障碍物、"三通一平"工作、临时设施的搭设等工作内容。

1. 现场准备工作的各方职责

1）业主单位需完成的施工现场准备工作

（1）办理土地征用、拆迁补偿、平整施工场地等工作，使施工场地具备施工条件，在开工后继续负责解决以上事项遗留问题。

（2）将施工所需水、电、电讯线路从施工场地外部接至专用条款约定地点，保证施工期间的需要。

（3）开通施工场地与城乡公共道路的通道，以及专用条款约定的施工场地内的主要道路，满足施工运输的需要，保证施工期间的畅通。

（4）向承包人提供施工场地的工程地质和地下管线资料，对资料的真实准备性负责。

（5）办理施工许可证及其他施工所需证件、批件和临时用地、停水、停电、中断道路交通、爆破作业等的申请批准手续（证明承包人自身资质的证件除外）。

（6）确定水准点与坐标控制点，以书面形式交给承包人，进行现场交验。

（7）协调处理施工场地周围地下管线和邻近建筑物、构筑物（包括文物保护建筑）、古树名木的保护工作，承担有关费用。

2）施工单位需完成的现场准备工作

（1）根据工程需要，提供和维修非夜间施工使用的照明、围栏设施，并负责安全保卫。

（2）按专用条款约定的数量和要求，向发包人提供施工场地办公和生活的房屋及设施，发包人承担由此发生的费用。

（3）遵守政府有关主管部门对施工场地交通、施工噪声以及环境保护和安全生产等的管理规定，按规定办理有关手续，并以书面形式通知发包人，发包人承担由此发生的费用，因承包人责任造成的罚款除外。

（4）按专用条款约定做好施工场地地下管线和邻近建筑物、构筑物（包括文物保护建筑）、古树名木的保护工作。

（5）保证施工场地清洁符合环境卫生管理的有关规定。

（6）建立测量控制网。

（7）工程用地范围内的"三通一平"，其中平整场地工作应有业主承担，但业主也可要求施工单位完成，费用仍由业主承担。

（8）搭设现场生产和生活用的临时设施。

2. 现场准备工作的具体内容

（1）建立测量控制网及测量放线。

为了使建筑物的平面位置和高程严格符合设计要求，施工前应按总平面图的要求测出占地面积，并按一定的距离布点，组成测量控制网，以利施工时按总平面图准确地定出各建筑物的位置。控制网一般采用方格网，建筑方格网多由边长为 100～200 m 的正方形或矩形组成。如果土方工程需要，还应测绘地形图。通常，这一工作由专业测量队完成，但施工单位还需根据施工的具体需要做一些加密网点和进行建筑物的测量放线工作，经验收符合要求后方可开工，进行土方开挖和基坑围护等施工工作。

（2）拆除障碍物。

这一工作通常由建设单位完成，但有时也委托施工单位完成。拆除时，一定要摸清情况，尤其是原有障碍物复杂或资料不全时，应采取相应措施，防止发生事故。

架空电线、埋地电缆、自来水管、污水管道、煤气管道等的拆除，都应与有关部门取得联系并办好手续后，方可进行。场内的树木需报请有关部门批准后方可砍伐。房屋只要在水源、电源、气源等截断后即可进行拆除。

（3）"三通一平"工作。

"三通一平"是指路通、水通、电通和平整场地。

路通：施工现场的道路是组织物资运输的动脉。拟建工程开工前，必须按照施工总平面图的要求，修好施工现场的永久性道路（包括厂区铁路、厂区公路），以及必要的临时性道路，形成完整畅通的运输网络，为建筑材料进场、堆放创造有利条件。

水通：水是施工现场的生产和生活不可缺少的。拟建工程开工之前，必须按照施工总平面图的要求，接通施工用水和生活用水的管线，使其尽可能与永久性的给水系统结合起来，做好地面排水系统，为施工创造良好的环境。

电通：电是施工现场的主要动力来源。拟建工程开工前，要按照施工组织设计的要求，接通电力和电信设施，确保施工现场动力设备的正常运行。

平整场地：按照建筑施工总平面图的要求，首先拆除场地上妨碍施工的建筑物或构筑物，然后根据建筑总平面图规定的标高和土方竖向设计图纸，进行挖（填）土方的工程量计算，确定平整场地的施工方案，进行平整场地的工作。

随着技术的进步和经济的发展，施工场地的现场准备工作越发完善，除了"三通一平"之外，又出现了"五通一平""七通一平"，甚至是"九通一平"等叫法。"五通一平"是指除了"水、电、路"之外，施工现场还要通信、通排水，"七通一平"是加上了通热力、通燃气的要求，"九通一平"更是要求雨水排水和污水排水分开，通信和有线电视分开，不过一个新建工地如果完全等到整个工地的所谓"九通一平"工作做完再进行施工往往是不可能的。所以，全场性的现场准备工作是有计划、分阶段进行的。

（4）临时设施的搭设。

现场施工人员的办公、生活和公用的房屋和构筑物，施工用的各种仓库和各种附属生产加工场、棚（如混凝土搅拌场、机修间、木工场、钢筋加工厂等）的建筑，按建设方审定的施工总平面布置图给定的位置搭建，并且为便于现场管理及达到标化的目的，对重要的临时加工场、堆放场、生活区域和临时设施前人行道路做混凝土地坪硬化，适当空余位置作绿化点缀处理，改善生活、工作环境。

5.5 施工队伍及物资准备

建筑施工生产需要消耗大量的劳动力和物资，根据准备工作计划，应积极地做好施工队伍及物资的准备工作。

1. 施工队伍的准备

建筑施工生产需要消耗大量的劳动力，施工队伍的准备就是要为正常施工生产活动创造条件，做好各类管理人员、各工种操作人员的准备。

（1）施工现场管理人员的配备。

现场管理人员是施工生产活动的直接组织者和管理者，其人员数量和素质应根据施工项目组织机构的需要，结合工程规模和实际情况而进行配备。一般规模的单位工程，设项目经理一名，施工员（即工长）一名，技术员、材料员、预算员各一名即可。对于大中型施工项目工程，则需配备完整的领导班子，包括各类管理人员。

（2）基本施工队伍的准备。

基本施工队伍的准备应根据工程规模、特点，选择合理的劳动组织形式。对于土建工程施工来说，一般以混合班组的形式比较合适，其特点是班组人员较少，工人提倡"一专多能"，以某一专业工种为主，兼会其他专业工种，工序之间搭接比较紧凑，劳动效率较高。如：砖混结构的主体工程，可以瓦工为主，适当配备一定数量的架子工、木工、钢筋工、混凝土工及普通工人；装修阶段则以抹灰工为主，辅之适当数量的架子工、木工及普通工人。对于装配式结构工程，则以结构吊装工为主，其他工种为辅；对于全现浇的框剪结构，则以混凝土工、木工和钢筋工为主。

（3）专业施工队伍的准备。

对于大型工程项目一般来说其专业技术要求都比较高，应由专业的施工队伍来负责施工。如大型施工项目中机电设备安装、消防、空调、通信等系统，一般可由生产厂家负责安装和调试，而大型土石方工程、吊装工程等则可以由专业施工企业负责施工。这些都应在准备工作计划中加以落实。

（4）外包施工队伍的准备。

由于建筑市场的开放，对于一些大型施工项目来说，光靠自身的施工队伍来完成施工任务已不能满足生产的需要，因而往往需要组织一些外包施工队伍来共同承担施工任务。利用外包施工队伍大致有以下三种方式：独立承担某单位工程的施工；承担某分部分项工程的施工；以劳务形式参与本施工单位的班组施工。

以上各类人员均应通过员工培训持证上岗，逐步完善管理人员资格认证及专业工种资格认证制度。

2. 施工物资的准备

建筑工程项目的施工需耗用大量的各种物资，为保证施工生产的顺利进行，必须根据物资需用量计划及时组织好货源，办理有关的订购手续，落实有关的运输和储备，及早做好物资的准备工作。

（1）根据物资需用量计划并安排好货源。

施工物资准备的依据是物资需用量计划,物资需用量计划又是根据建筑物的规模、特征、建筑面积等通过计算而得到有关数据。对于使用量大的各种材料（如钢材、水泥、木材、沙、石、砌块、砖等）应尽早落实有关货源、办理有关的订购手续，并落实有关的运输条件和运输工具。各种材料入场后应进行品种、规格、数量、质量等的检查和验收，并按指定的地点进行堆放和入库。

（2）各种预制构件、钢构件、木门窗以及加工铁件的准备。

各种钢筋混凝土预制构件、钢构件、木门窗以及加工铁件等，都需要及时提出品种、规格及数量的加工申请，委托有关加工单位或部门进行加工并及时组织运输到现场，以免影响正常的施工生产。

（3）施工机械和机具的准备。

机械和机具工作应根据施工机械和机具需用量计划进行准备，施工生产所需的各种施工机械和机具，可以采取订购、租赁和自行制造等方式来进行，但无论采取哪种方式都应以满足生产要求为依据。

（4）模板脚手架的准备。

模板和脚手架是施工现场使用量大、堆放占地大的周转材料。模板及其配件规格多、数量大，对堆放场地要求比较高，一定要分规格、型号整齐摆放以便于使用及维修。大钢模一般要求立放，并防止倾倒，在现场也应规划出必要的存放场地。钢管脚手架、桥式脚手架等都应按指定的平面位置堆放整齐，扣件等零件还应防雨，以防锈蚀。

（5）工业生产设备的订货与加工。

对于一些需要安装工业用生产设备的建设项目，应尽早做好有关工业生产设备的落实、运输、存放以及保管等工作。对于非标准的生产设备，应组织有关部门进行加工；对于引进的国外生产设备，则需要组织人员进行技术资料的翻译和学习，并对进口设备、材料等进行检验和核对。此项工作一般由建设单位自行负责完成。

单位工程施工组织设计一般需编制主要工种劳动力需用计划、施工机械设备计划、主要材料及构配件供应计划等资源需用量计划，供相关职能部门按计划调配或供应。各种资源需求计划如表 5.9 ~ 表 5.11 所示。

表 5.9 劳动力需要量计划

序号	工种名称	需用总工日数	需用人数及时间											备注
			× 月			× 月			× 月			× 月			
			上	中	下	上	中	下	上	中	下	上	中	下	

表 5.10 主要材料及构配件需要量计划

序号	材料名称	规格	需用量		需用时间										备注
			单位	数量	× 月			× 月			× 月			× 月		
					上	中	下	上	中	下	上	中	下	上	中	下	

表 5.11　施工机械设备需要量计划

序　号	机具名称	规　格	单　位	需用数量	使用起止时间	备　注

5.6　季节施工准备

季节施工准备是指在冬季、雨季、炎热的夏季这些特殊季节所做的各种准备工作。

5.6.1　冬季施工的准备工作

（1）做好冬季施工项目的综合安排。

由于冬季气温低、施工条件差、技术要求高，很可能增加施工费用。因此，应尽量安排增加费用少、受自然条件影响小的施工项目在冬季施工，如结构吊装、打桩、室内装修等。对有可能增加费用较多且又不能保证施工质量的项目，如外装修、屋面等则应避免在冬季施工。

（2）落实各种热源的供应工作。

各种热源设备和保温材料应做好必要的供应与储存，相关工种的人员（如锅炉工人）应进行必要的培训，以保证冬季施工的顺利进行。

（3）做好冬季的测温工作。

冬季昼夜温差大，为了保证工程施工质量，应时常观测气温的变化，防止砂浆、混凝土等在凝结硬化前受到冰冻而被破坏。

（4）做好室内施工项目的保温工作。

在冬季到来之前，应完成供热系统、安装好门窗玻璃等工作，以保证室内其他施工项目能顺利施工。

（5）做好临时设施的保温防冻工作。

应做到室内外给排水管道的保温，防止管道冻裂。要防止道路积水结冰，应及时清除积雪，以保证运输顺利。

（6）做好材料的必要库存。

为了节约冬季费用，在冬季到来之前，应做好材料的必要库存，储备足够数量的材料。

（7）做好完工部位的保护工作。

如基础完成后，及时回填土方至基础顶面同一高度。砌完一层墙体后及时将楼板安装到位。室内装修一层一室一次完成，室外装修力求一次完成。

（8）加强安全教育，树立安全意识。

在冬季应教育职工树立安全意识，要有相应的防火、防滑措施，严防火灾和其他事故发生。

5.6.2　雨季施工的准备工作

（1）做好雨季施工项目的综合安排。

为了避免雨季出现窝工现象，应将一些受雨季影响大的施工项目（如土方、基础、室外及屋面)尽量安排在雨季到来之前多施工，留出受雨季影响小的项目，在雨季施工。

（2）做好防洪排涝和现场排水工作。

应了解施工现场的实际情况，落实防洪排涝的有关措施；在施工现场，应修建各种排水沟渠，准备好抽水设备，防止现场积水。

（3）做好运输道路的维护。

在雨季到来之前，应检查道路边坡的排水，适当提高路面，防止路面凹陷，保证运输道路的畅通。

（4）做好材料的必要库存。

为了节约施工费用，在雨季到来之前，应做好材料的必要库存，储备足够数量的材料。

（5）做好机具设备的保护。

对施工现场的各种机具、电器应加强检查，尤其是脚手架、塔吊、井架等地方，要采取措施，防止倒塌、雷击、漏电等现象的发生。

（6）加强安全教育，树立安全意识。

在雨季要教育职工树立安全意识，防止各种事故的发生。

5.6.3 夏季施工的准备工作

（1）做好防暑降温工作。在高温天气期间作业时应当根据实际情况科学调整作息时间，采取防暑降温措施。

（2）防有毒有害气体。因天气高温，极易产生有毒、有害气体，特别是深基坑、临时房内煤气、密闭环境内的电焊作业等。现场要做好预测、检查工作，施并确保具有良好的通风条件，必要时采取生物试验法，试探是否存在高浓度有毒有害气体，防止中毒事故的发生。

（3）预防火灾。夏季炎热，气候干燥，火灾事故易于发生，因此要做好火灾预防工作，对配电设施、仓库等易燃场所进行定期检查，加强预防火灾措施，发现问题及时处理，同时按规定配备灭火器材。高温天气禁止氧气乙炔瓶在露天作业时暴晒于阳光下，防止气瓶温度过高而引发爆炸事故。在施工过程中，电焊已经成为施工的经常性操作。由于电焊火花高温，且容易发生火灾，施工时要注意防火安全。

（4）自然灾害的预防。本季节为夏季，高温、多雷暴雨是这一季节的气候特点，要切实做好防雷，防雨工作，雷雨天气禁止在高处作业。

（5）其他夏季特殊安全问题准备工作。夏季天气炎热，人们穿着单薄且皮肤多汗，相应地增加了触电的危险，另因雨季高温、潮湿多雨，电气设备的绝缘性能有所降低，极易产生电器的触电事故。因此要加强安全用电管理。施工一线工人，因天气炎热，会到施工现场附近的江河里洗澡，从而产生溺水事故，也要严格管理工作，防止此类事故发生。同时，夏季由于过于炎热，施工工人更容易诱发心、肺、血管器质性疾病，持久性高血压，糖尿病，肺结核，中枢神经系统疾病等疾病，在施工准备工作中，也要做好这方面的考虑工作。

5.7 施工准备工作计划与开工准备

5.7.1 工作计划

施工准备工作计划是为满足工程开工施工的需要组织有关部门限期完成各项准备工作而编制的计划。

施工准备工作涉及的范围很广，工程开工前的准备工作带有全局性，施工阶段的准备工作虽是局部性的，却是经常性的，在雨期和冬期施工中，又有冬雨期的施工准备，因此它是贯穿施工全过程的。施工准备工作内容复杂，涉及大量的技术问题，物资供应问题，机械设备问题，劳动力安排问题，还有各种不同的现场条件和许多的协作单位。这样复杂大量的工作，需要企业各个部门单位的共同配合，经过充分的研究、细致的安排并努力工作才能做好，才能保证施工的正常进行。编制施工准备工作计划正是为了有领导有组织有计划地进行这项工作并按规定时间完成这样一个目的。施工准备工作计划和企业的施工生产计划相适应，也分为年、季、月三种，并随同施工生产计划颁发执行。并经常检查，督促实施。在检查计划完成情况时，要同时检查施工准备工作完成情况。施工准备工作计划表一般如表 5.12 所示。

表 5.12 施工准备工作计划表

序号	施工准备工作	简要内容	要求	负责单位	负责人	配合单位	起止时间		备注
							×月×日	×月×日	

5.7.2 开工准备

1. 工程开工条件

新建、改建、扩建或停建后复工的工程项目或工程项目中的分项工程，都需在正式开工或复工前办理开工报告审批手续，严禁擅自开工。开工报告的申报、审批按建设单位《工程开工报告审批管理办法》执行。开工报告没有审批不得开工。

工程开工必须满足以下条件：

（1）设计文件能满足施工需要（有关图纸基本齐备），相关规范、标准、定型图等满足施工需要，设计交底已进行，疑问已澄清。

（2）施工复测结束，施工桩橛完备，施工测量准确无误并报监理签认。

（3）物资、设备、劳力能满足施工需要。

（4）试验准备工作就绪，原材料复试检验、配合比试验结果已经监理批准。

（5）施工用水、用电及有关临时工程能满足需要。

（6）管理计划、施工组织设计、施工方案已经审批，施工方法、工艺（或作业书）已经确定并经过监理批准，并已向作业人员交底。

（7）征地拆迁能满足施工需要。

（8）施工现场安全质量措施、环境保护措施满足要求。

（9）相关的许可证、协议等已办妥。

2. 工程开工准备的资料

为使项目建设顺利进行，项目参与各方均应当提前完成相关工作，准备相关资料。

1）建设单位需要的资料

（1）建设工程规划许可证（包括附件）。

（2）建设工程开工审查表。

（3）建设工程施工许可证。

（4）规划部门签发的建筑红线验线通知书。

（5）在指定监督机构办理的具体监督业务手续。

（6）经建设行政主管部门审查批准的设计图纸及设计文件。

（7）建筑工程施工图审查备案证书。

（8）图纸会审纪要。

（9）施工承包合同（副本）。

（10）水准点、坐标点等原始资料。

（11）工程地质勘查报告、水文地质资料。

（12）建设单位驻工地代表授权书。

（13）建设单位与相关部门签订的协议书。

2）施工单位需要的资料

（1）施工企业资质证书、营业执照及注册号。

（2）国家企业等级证书、信用等级证书。

（3）施工企业安全资格审查认可证。

（4）企业法人代码书。

（5）质量体系认证书。

（6）施工单位的试验室资质证书。

（7）工程预标书、工程中标价明细表。

（8）工程项目经理、主任工程师及管理人员资格证书、上岗证（上述资料均为复印件）。

（9）建设工程特殊工种人员上岗证审查表及上岗证复印件（安全员以及电工须持建设行业与劳动部门双证）。

（10）建设单位提供的水准点和坐标点复核记录。

(11) 施工组织设计报审与审批,施工组织设计方案。
(12) 施工现场质量管理检查记录。
(13) 建设工程开工报告。

3) 监理单位早期应准备的资料

(1) 施工企业资质证书营业执照及注册号。
(2) 国家企业等级证书信用等级证书。
(3) 施工企业安全资格审查认可证。
(4) 企业法人代码书。
(5) 质量体系认证书。
(6) 施工单位的试验室资质证书。

3. 建设工程开工报审与开工报告

开工报审是施工单位把相关开工条件(场地、材料、人员、劳动力、管理制度等)上报给监理、甲方,由其审查,同意是否开工,并开具开工报告或指令。开工报审表的格式如表5.13。

表 5.13 开工报审表

工程开工/复工报审表
工程名称: 　　　　　　　　　　　　编号:
致: 　　　　　　　　　　　　　　　(监理单位)   　　我方承担的＿＿＿＿＿工程,已完成了以下各项工作,具备了开工/复工条件,特此申请施工,请核查并签发开工/复工令。   　　　附:1. 开工报告   　　　　　2.(证明文件)   　　　　　　　　　　　　　　承包单位(章)＿＿＿＿＿＿   　　　　　　　　　　　　　　项目经理＿＿＿＿＿＿＿＿   　　　　　　　　　　　　　　日　　期＿＿＿＿＿＿＿＿
审查意见: 　　　　　　　　　　　　　　项目监理机构＿＿＿＿＿＿   　　　　　　　　　　　　　　总监理工程师＿＿＿＿＿＿   　　　　　　　　　　　　　　日　　期＿＿＿＿＿＿＿＿

开工报审表经监理单位审核后,交予业主批准,经业主批准后,即可进行开工,可以看作工期的开始。据国际惯例,没有业主批准的开工报告,承包商不得进行永久性工程的施工。如承包商未提出此报告,业主工程师照样可以按合同规定时间下达必须进行的永久性工程开工的开工令。得此命令,承包商必须有令工程师满意的要素投入施工现场。在开工令规定的日期,承包商不能按开工令要求开工,或只是象征性开工,都将视作违约。开工报告的格式如下表5.14。

表 5.14 开工报告书

编号:

工程名称		建设单位		设计单位		施工单位	
工程地点		结构类型		建筑面积		层 次	
工程批准文号		施工准备工作情况	施工许可证办理情况				
预算造价			施工图纸会审情况				
计划开工日期	年 月 日		主要物资准备情况				
计划竣工日期	年 月 日		施工组织设计编审情况				
实际开工日期	年 月 日		七通一平情况				
合同工期			工程预算编审情况				
合同编号			施工队伍进场情况				
审核意见	建设单位		监理单位		施工企业		施工单位
	负责人 （公章） 年 月 日		负责人 （公章） 年 月 日				

【思考题】

（1）试述施工准备工作的意义。
（2）简述施工准备工作的主要内容。
（3）施工准备工作的要求有哪些?
（4）为什么要做好原始资料的调查工作和收集必要的参考资料?
（5）原始资料的调查包括哪些方面?各方面的主要内容是什么?
（6）在编制施工组织设计前主要收集哪些参考资料?
（7）技术资料准备工作包括哪些内容?
（8）为什么要会审施工图纸?会审施工图纸包括哪些内容?
（9）施工现场的准备工作包括哪些内容?
（10）什么叫"三通一平",应怎样做好"三通一平"工作?
（11）冬季施工准备工作应如何进行?
（12）雨季施工准备工作应如何进行?

6 施工现场的组织与管理

【学习要点】

(1) 施工现场管理的概念;
(2) 各施工现场管理的内容和方法。

6.1 施工现场管理概述

1. 施工现场管理的概念

施工现场管理是指施工管理人员在施工现场具体解决施工组织设计和现场关系的一种管理,施工组织设计中的内容要靠施工管理人员在现场监督、测量、编写施工日志,上报施工进度、质量、安全等内容,处理现场问题等。

企业现代化生产的特点是专业化、协作化、社会化,它要求整个生产过程和生产环境实现标准化、规范化和科学化管理。在建筑施工中,新技术、新材料、新工艺、新设备不断涌现并得到推广应用,高层、精密、复杂的建筑越来越多,信息技术与建筑技术相互渗透结合而产生的智能建筑,在施工阶段更是需要多专业多工种多个施工单位的协调配合。由此现场施工管理如何适应现代化大生产的要求,已成为建筑企业深化改革的一个重要内容。作为企业管理的基础——施工现场管理只有按标准化、规范化、科学化的要求,建立起科学的管理体系、严格的规章制度和管理程序,才能保证专业化分工和协作,符合现代生产的要求

2. 施工现场管理的内容

施工现场管理主要要面对如下几个方面解决施工现场存在的各种问题:

1) 技术问题

作为一个工程项目,特别是装饰工程,其施工工艺复杂,材料品种繁多,各施工工种班组多。这要求我们作为现场施工管理人员务必做好技术准备,首先,必须熟悉施工图纸,针对具体的施工合同要求,尽最大限度去优化每一道工序,每一分项(部)工程,同时考虑自身的资源(施工队伍、材料供应、资金、设备等)各气候等自然条件,认真、合理地做好施工组织计划,并以横道图或网络图表示出来,从大入小,由面及点,确保每一分项工程能纳入受控范围之中。其次,针对工程特点,除了合理的施工组织计划外,还必须在具体的施工

工艺上做好技术准备,特别是高新技术要求的施工工艺。

技术储备包括技术管理人员,技术工长及工人,新技术新工艺培训,施工规范,技术交底身先士等工作。只有拥有高素质的技术管理人员,洞悉具体的施工工艺才能确保施工过程的每一工序步骤尽在掌握之中,了然于心,做好各方面突发情况的处理准备方案,以保证能按时保质地完成。通过有计划有目的的培训,技术交底,可以使施工技术工人,工长熟悉新的施工工艺,新的材料特性,共同提高技术操作、施工水平,进而保证施工质量,再者,从技术角度出发,施工质量问题是否达到相关的设计要求和有关规范标准要求,仅仅从施工过程中的每一道工序做出严格的要求是远远不够的,必须有相应的质量检查制度,而建立完善的质检制度、质检手段都必须经过科学的论证,所以,必须做好技术储备,针对每一工序、每一施工工艺的具体情况提出不同的质量验收标准,以确保工程质量。

2)材料问题

相对于土建施工,装饰工程有其固有的特点,主要的一面,就是其所需的材料种类繁多,并且,经常有许多最新的材料应用的问题。因此,针对材料的问题,必须解决好材料的以下几方面的问题。

(1)材料供应。配合设计方确定所需材料的品牌、材质、规格,精心测算所需材料的数量,组织材料商供货。

(2)材料采购。面对品类繁多的材料采购单,必须将数量(含实际损耗)、品牌、规格、产地等一一标识清楚,尺寸、材质、模板等必须一次到位,以避免材料订购不符,进而影响工程进度。

(3)材料分类堆放。根据实际现场情况及进度情况,合理安排材料进场,对材料做进场验收,抽检抽样,并报检于甲方、设计单位。整理分类,根据施工组织平面布置图指定位置归类堆放于不同场地。

(4)材料发放。使用追踪,清验。对于到场材料,清验造册登记,严格按照施工进度凭材料出库单发放使用,并且需对发放材料进行追踪,避免材料丢失,或者浪费。特别是要对型材下料这一环节严格控制。对于材料的库存量,库管员务必及时整理盘点,并注意对各材料分类堆放,易燃品,防潮品均需采取相应的材料保护措施。

3)施工问题

施工的关键是进度和质量。对于进度,原则上按原施工组织计划执行。但作为一个项目而言,现场情况千变万化,如材料供应,设计变更等所难免,绝对不能模式化,必须根据实际情况进行调整,安排。施工质量能否得于保证,最主要的是一定要严格按照相关的国家规范和有关标准的要求来完成每一工序,严禁偷工减料。必须贯彻执行"三检"制,即自检、专检、联检,通过层层的检查,验收后方允许进入下一道工序,从而确保整个工程的质量。

4)人员问题

从一定意义上来说,人是决定工程成败的关键。所有的工程项目均是通过人将材料组织而创造出来的。只有拥有一支富有创造力的、纪律严明的施工队伍才能完成一项质量优良的工程项目。首先,必须营造出一种荣辱与共的氛围,职责分明但不失亲和力,让所有的员工都感到自己是这个项目的大家庭中的一员。这一些,就需要我们施工现场管理人员充分发挥自己的才智，对工人要奖罚分明，多鼓励、多举办各类生产生活竞赛活动，从精神物质上双管齐下，培养凝聚力。其次，必须明确施工队伍的管理体制，各岗位职责，权利明确，做到令出必行。一支纪律严明的施工队伍，面对工期紧逼，技术复杂的工程，只有坚决服从指挥，才能按期保质完成施工任务。再者，针对具体情况适当使用经济杠杆的手段，对人员管理必定起到意想不到的作用。

5）资料问题

一个项目的管理，除了材料、施工、技术、人员的管理识别，还有个不容忽视的问题就是资料的管理。任何项目的验收，都必须有个竣工资料这一项。竣工资料所包含的材料合格证、检验报告、竣工图、验收报告、设计变更、测量记录、隐蔽工程验收单，有关技术参数测定验收单、工作联系函、工程签证等等，都要求我们在整个项目施工过程中要一一注意收集归类存档。如有遗漏，将经竣工验收和项目结算带来不必要的损失，有的影响更是无法估量。

6）保护问题

针对装饰工程的特点，成品保护可谓至关重要，作为最后的一道工序，任何一小点的破坏都会从整体上破坏美感，影响工程验收。对于成品保护，必须采取主动与被动相结合的做法来防护。所谓主动，即采取相应的相关防范强制性的制度，比如不准在成品地面上使用铁梯等规定；所谓被动，即采取相关的防碰撞等手段来保护成品，比如在玻璃等易碎品上遮盖胶合板等措施。总之，必须对成品保护问题天天讲、日日抓，重点治理，加强灌输成品保护的意识，提高工人的认识。

7）安全问题

主要是关于防火、禁止乱搭接电线、戴安全帽，脚手架搭设，安全带等相应的施工安全问题，需设立专门的安全小组日日抓，天天讲，多培训学习，防患于未然。

施工现场管理的具体内容包括以下几个方面：设置现场组织机构；签订内部承包合同，落实施工任务；开工前的准备和经常性的准备工作；施工现场平面布置；施工现场计划管理；施工安全管理；施工现场质量管理；施工现场成本管理；施工现场技术管理；施工现场料具管理；施工现场机械管理；施工现场劳动管理；施工现场文明管理和环境管理；施工现场资料管理。

6.2 施工现场项目经理部

1. 施工项目经理部的概念和作用

施工项目经理部是由项目经理在企业的支持下组建并领导进行项目管理的组织机构，是施工企业在项目上的管理层，是项目经理的办事机构。建立施工现场项目经理部的目的，是为了使施工现场更具生产组织功能，更好地实现施工项目管理的总目标（施工成本目标、施工进度目标、施工质量目标）。

项目经理部是施工项目管理工作班子，置于项目经理的领导之下。为了充分发挥项目经理部在项目管理中的主体作用，必须对项目经理部的机构设置加以特别重视，设计好，组建好，运转好，从而发挥其应有功能。

（1）项目经理部在项目经理领导下，作为项目管理的组织机构，负责施工项目从开工到竣工的全过程施工生产经营的管理，是企业在某一工程项目上的管理层，同时对作业层负有管理与服务双重职能。作业层工作的质量取决于项目经理部的工作质量。

（2）项目经理部是项目经理的办事机构，为项目经理决策提供信息依据，当好参谋，同时又要执行项目经理的决策意图，向项目经理全面负责。

（3）项目经理部是一个组织体，其作用包括：完成企业所赋予的基本任务项目管理和专业管理任务等；凝聚管理人员的力量，调动其积极性，促进管理人员的合作，建立为事业的献身精神；协调部门之间，管理人员之间的关系，发挥每个人的岗位作用，为共同目标进行工作；影响和改变管理人员的观念和行为，使个人的思想、行为变为组织文化的积极因素；贯彻组织责任制，搞好管理；沟通部门之间、项目经理部与作业队之间、与公司之间、与环境之间的信息。

（4）项目经理部是代表企业履行工程承包合同的主体，也是对最终建筑产品和业主全面、全过程负责的管理主体；通过履行主体与管理主体地位的体现，使每个工程项目经理部成为企业进行市场竞争的主体成员。

2. 施工项目经理部的设置

1）施工项目经理部的设置原则

（1）要根据所设计的项目组织形式设置项目经理部，因为项目组织形式与企业对施工项目的管理方式有关，与企业对项目经理部的授权有关。不同的组织形式对项目经理部的管理力量和管理职责提出了不同要求，提供了不同的管理环境。

（2）要根据工程项目的规模、复杂程度和专业特点设置项目经理部。例如大型项目经理部可以设职能部、处；中型项目经理部可以设处、科；小型项目经理部一般只需设职能人员即可。如果项目的专业性强，便可设置专业性强的职能部门，如水电处、安装处、打桩处等。

（3）项目经理部是一个具有弹性的一次性施工生产组织，随工程任务的变化而进行调整。不应搞成一级固定性组织。在工程项目施工开始前建立，在工程竣工交付使用后，项目管理任务完成，项目经理部应解体。项目经理部不应有固定的作业队伍，而是根据施工的需要，在企业内部市场或社会市场吸收人员，进行优化组合和动态管理。

（4）项目经理部的人员配置应面向施工项目现场，满足现场的计划与调度、技术与质量、成本与核算、劳务与物资、安全与文明施工的需要。不应设置专管经营与咨询、研究与开展、政工与人事等与项目施工关系较少的非生产性部门。

（5）在项目管理机构建成以后，应建立有益于组织运转的工作制度。

2）施工项目经理部的规模设计

目前国家对项目经理部的设置规模尚无具体规定。结合有关企业推行施工项目管理的实际，一般按项目的使用性质和规模分类。只有当施工项目的规模达到以下要求时才实行施工项目管理：1万平方米以上的公共建筑，工业建筑，住宅建设小区及其他工程项目投资在500万元以上的均实行项目管理。有些试点单位把项目经理部分为三个等级。

（1）一级施工项目经理部：建筑面积为15万平方米以上的群体工程；面积在10万平方米以上（含10万平方米）的单体工程；投资在8 000万元以上（含8 000万元）的各类工程项目。

（2）二级施工项目经理部：建筑面积在15万平方米以下，10万平方米以上（含10万平方米）的群体工程；面积在10万平方米以下，5万平方米以上（含5万平方米）的单体工程；投资在8 000万元以下3 000万元以上（含3 000万元）的各类施工项目。

（3）三级施工项目经理部：建设总面积在10万平方米以下，2万平方米以上（含2万平方米）的群体工程；面积在5万平方米以下，1万平方米以上（含1万平方米）的单体工程；3 000万元以下，500万元以上（含500万元）的各类施工项目。

另外，建设总面积在2万平方米以下的群体工程，面积在1万平方米以下的单体工程，按照项目管理经理责任制有关规定，实行栋号承包。承包栋号的队伍，以栋号长为承包人，直接向公司（或工程部）经理负责。

3）施工项目经理部的部门设置和人员配备

施工项目经理部的部门设置和人员配备的指导思想是把项目建成企业管理的重心、成本核算的中心、代表企业履行合同的主体。

（1）小型施工项目，在项目经理的领导下，可设立管理人员，包括工程师、经济员、技术员、料具员、总务员，即"一长、一师、四大员"，不设专业部门。大中型施工项目经理部，可设立专业部门，一般设置经营核算部门，工程技术部门，物资设备部门，监控管理部门，测试计量部门。

（2）人员规模可按下述岗位及比例配备：

由项目经理、总工程师、总经济师、总会计师、政工师和技术、预算、劳资、定额、计划、质量、保卫、测试、计量以及辅助生产人员15~45人组成。一级项目经理部30~45人，二级项目经理部20~30人，三级项目经理部15~20人，其中，专业职称设岗为：高级职称占3%~8%，中级职称占30%~40%，初级职称占37%~42%，其他人员占10%，实行一职多岗，全部岗位职责覆盖项目施工全过程的全面管理，不留死角，也避免职责重叠交叉。

4）施工项目的劳动组织

施工项目的劳动力来源于企业的劳务市场。企业劳务市场由企业劳务管理部门（或劳务公司）管理，对内以生活基地为依托组建施工劳务队，对外招用由行业主管部门协调或指定相对稳定的劳务基地的通过培训的施工队伍。

5）施工项目经理部的组织形式

施工项目经理部的组织形式参见本教材"1.3.2 工程项目管理组织的结构"，分为直线型、职能型、直线职能型、矩阵型、项目型等类型。具体的工程现场项目制管理组织参见本教材"1.3.3 工程施工现场管理组织结构"。

6.3 施工现场技术管理

1. 施工现场技术管理制度

为了确保企业建筑能够获得良好的收益,建造的整个过程中一定要做好每一道工作程序的完成,尤其在关键程序上更是要谨慎行事。做好建筑施工技术的有效管理和控制,同时做好施工现场的管理与监督工作,能够有效地提高建筑管理的有效性,提高工程施工的质量和监督过程。

1)建筑工程现场施工技术管理的重要性

(1)进行建筑工程现场施工技术管理有助于提升建筑企业的经济效益在进行现场施工技术管理时,就需要对各种建设过程中的有效资源进行合理配置,在进行技术方案选择的时候,就需要选择生产效率高、经济效益好的设计方案。所以,通过这些施工技术性的有效选择,就能够减少施工成本,提高施工效率,优化施工方案。因此,通过各项施工要素的优化配置,就能够促使建筑企业的经济效益提升。

(2)进行现场建筑施工技术管理有利于严控建筑工程的质量。现场施工技术管理的目的是为了保证施工进程的质量能够有效保证。所以,在进行施工技术监管时,就需要对施工技术是否达标、施工手法是否正确、施工中的技术选择是否合理进行管理,并在进行技术确认的同时融入科学的管理理念,从而使得在进行建筑施工的同时,能够严格控制建设工程的质量,保证建筑的各项功都能够符合建设的规范标准。

(3)进行现场施工技术管理有助于提升建筑企业的市场竞争力。促进生产力的发展是社会进步的标准。所以,进行现场施工技术管理也是促进生产力规范发展的重要途径。在对建筑工程进行现场施工技术管理时,就能够对各项施工技术进行优化组合,并选择合理的、与施工条件相适应的技术,促进施工生产效率的提升,能够使建筑工程的质量能够得以保证,经济效益也得以提高。因此,当建筑企业生产效率与生产质量都得以提升时,其核心的市场竞争力也会相应地得以提升。

2)现场技术管理制度

适用于各项目工程的现场技术管理制度的主要内容为:

(1)图纸自审制度。

图纸自审由项目经理部总工程师负责组织。接到图纸后,项目经理部总工程师应及时安排或组织技术部门有关人员及有经验的老工人进行自审,并提出各专业自审记录。

图纸自审的主要内容包括:各专业图纸的基本情况,张数、编号、目录是否相符;图纸内标注、尺寸、标高是否齐全;建筑施工图与结构施工图,结构施工图与设备基础、水、电、暖、卫、通等专业施工图的轴线、位置(坐标)、标高及交叉点是否矛盾;平面图、大样图之间有无矛盾等。

图纸经自审后,应将发现的问题以及有关建议,做好记录,待图纸会审时提交讨论解决。

（2）图纸会审制度。

图纸会审由建设单位召集进行。并由建设单位分别通知设计、监理、分包协作施工单位（施工单位分包的由施工单位通知）参加。会审一般应在工程项目开工前进行，特殊情况也可边开工边组织会审（如图纸不能及时供应时）。

会审的内容和自审基本相近，但比自审会更为翔实。会审的目的是了解设计意图，明确质量要求，将图纸上存在的问题和错误，专业之间的矛盾等，尽最大可能解决在工程开工之前。

会审时，由项目内业技术人员提出自审时的统一意见并做记录。会审后整理好图纸会审记录，由各参加会审单位盖章后生效，建设单位和施工单位对设计图纸提出的存在矛盾、问题，由设计予以答复修改。

（3）施工组织设计（方案）的编制与管理。

本施工组织设计是单位工程具体指导施工的文件，也是工程编制月、周作业计划的基础，分部分项工程施工作业设计的依据。由项目技术负责人主持，组织项目部内业技术人员、专业技术人员及公司的技术部门参加编制，生产、设备、材料、预算等部门需要提供有关资料时，必须密切配合。

施工组织设计方案必须采用网络计划技术、计划协调技术和系统分析方法安排施工进度。积极开发计算机的推广和应用。合理安排季节性施工的工程项目，保证施工活动的连续性和均衡性，合理安排施工顺序，做好技术、物资资源、劳动力、施工机械设备和施工现场的施工准备工作。

由于施工条件发生变化，施工方案、施工方法有重大变更，实施单位要及时对施工组织设计进行修改、补充，并经原审批单位批准后执行。

经过审批后的施工组织设计在开工前应进行交底。由项目经理主持，项目技术负责人向项目全体施工人员进行施工组织设计交底，介绍工程特点、施工部署、任务划分、施工方法、施工进度、各项管理措施、平面布置等。

（4）施工作业指导书的编制与管理。

施工作业指导书以施工难度较大、技术复杂的分部分项工程或新技术项目为对象编制的，是具体指导分部分项工程施工的技术文件。

施工作业指导书以单位工程施工组织设计中确定的施工方案和施工方法为编制依据，按不同的分部分项工程编制技术先进、管理科学和经济合理的施工方案和方法，是对施工组织设计的进一步细化。内容包括：施工方案和施工方法、施工进度计划、劳动力计划及劳动组织、机具设备计划、主要材料需用量计划技术组织措施，保证工程质量、安全生产、雨期、冬期、施工技术措施、降低成本技术措施等。

分部分项工程作业指导书由项目技术负责人主持编制，项目内业技术人员以及有关人员参加编制，经批准后的施工作业指导书，由内业技术员交资料员登记发放，由项目技术负责人审批并督促实施。

（5）技术交底制度。

在工程正式施工前，通过技术交底使参与施工的技术人员和工人，熟悉和了解所承担工程任务的特点、技术要求、施工工艺、工程难点及施工操作要点以及工程质量标准，做到心中有数。

项目技术交底分三级：项目技术负责人向项目工程技术及管理人员进行施工组织设计交

底（必要时扩大到班组长）并做好记录；队技术员向班组进行分部分项工程交底；班组长向工人交底。

整个施工过程包括各分部分项工程的施工均须作技术交底，对一些特殊的关键部位、技术难度大的隐蔽工程，更应认真做技术交底。技术交底必须以书面形式，交底内容字迹要清楚、完整，要有交底人、接受人签字。

（6）技术核定制度。

凡在图纸会审时遗留或遗漏的问题以及新出现的问题，属于设计产生的，由设计单位以变更设计通知单的形式通知有关单位［施工单位、建设单位（业主）、监理单位］；属建设单位原因产生的，由建设单位通知设计单位出具工程变更通知单，并通知有关单位。

在施工过程中，因施工条件、材料规格、品种和质量不能满足设计要求及合理化建议等原因，需要进行施工图修改时，由施工单位提出技术核定单。

技术核定单由项目内业技术人员负责填写，并经项目技术负责人审核，重大问题须报公司总工审核，核定单应正确、填写清楚、绘图清晰，变更内容要写明变更部位、图别、图号、轴线位置、原设计和变更后的内容和要求等。

技术核定单由项目内业技术人员负责送设计单位、建设单位办理签证，经认可后方生效。

经过签证认可后的技术核定单交项目资料员登记发放施工班组、预算员、质检员，以及技术、经营预算、质检等部门。

（7）单位工程施工记录制度。

单位工程施工记录是在建工程整个施工阶段，有关施工技术方面的记录；在工程竣工若干年后，其耐久性、可靠性、安全性发生问题而影响其功能时，是查找原因，制定维修、加固方案的依据之一。

单位工程施工记录，由项目部各专业责任工程师负责逐日记载，直至工程竣工，人员调动时，应办理交接手续，以保证其完整性。包括：工程的开、竣工日期以及主要分部、分项工程的施工起止日期，技术资料供应情况；设计与实际情况不符，由设计（或建设）单位在现场解决的设计问题及施工图修改的记录；重要工程的特殊质量要求和施工方法；在紧急情况下采取的特殊措施的施工方法；质量、安全、机械事故的情况，发生原因及处理方法的记录；有关领导或部门对工程所做的生产、技术方面的决定或建议等。

项目部技术负责人在各分部工程施工完成后，将逐日记录的施工、技术处理等情况加以整理，择其关键记述，填写在单位工程施工记录表上，并经总工程师或技术科有关负责人审核是否确实，并签名后，纳入施工技术资料存档。

（8）技术复核制度。

在施工过程中，对重要的和影响全面的技术工作，必须在分部分项工程正式施工前进行复核，以免发生重大差错，影响工程质量和使用。当复核发现差错应及时纠正，方可施工。

技术复核记录由所办复核工程内容的技术员负责填写，技术复核记录应有所办技术员的自复记录，并经质检人员和项目技术负责人签署复查意见和签字。技术复核记录必须在下一道工序施工前办理。技术复核记录由所办技术员负责交项目资料员，资料员收到后应进行造册登记后归档。

（9）隐蔽工程验收制度。

工程施工中，凡隐蔽工程都必须组织隐蔽验收。一般分部（项）隐蔽工程由施工队长（技术员）组织验收，邀请建设单位和设计单位派人参加；重要的请项目部总工程师和技术科、治安科参加。

隐蔽工程检查记录是工程档案的重要内容之一，隐蔽工程经三方共同验收后，应及时填写隐蔽工程检查记录。隐蔽工程检查记录，文字要简练、扼要，能说明问题，必要时应附三面图（平、立、剖面图）。隐蔽检查记录由技术队长（技术员）或该项工程施工负责人填写，工程处质检员和建设单位代表共同回签。不同项目的隐蔽工程，应分别填写检查记录表应复写一式五份，建设单位、计划、经营部门各一份，自存两份归档。

（10）科技开发和推广应用管理制度。

项目科技开发和推广应用，由项目技术负责人主持并负责组织编制推广应用计划，落实推广应用项目的责任人及要求完成时间等，并组织实施。项目经理参与科技开发和推广应用计划的编制，并负责解决科技开发和科技推广项目所需的经费和人员。

对科技开发和推广应用项目在工程上实施后，取得的经济效益，应按规定每季向公司（区域公司）上报，本项工作由项目内业技术人员负责填报。

（11）施工技术总结。

采用"四新"（新技术、新工艺、新材料、新设备）的项目，本企业首次施工的特殊结构工程，新颖的高级装饰工程，引进新施工技术的工程以及有必要进行总结的项目。

总结要简明扼要地介绍工程概况，以图、表形式为主，文字叙述为辅。内容包括：涉及采用的施工方法，包括方案的优化选择，主要的技术措施和实施效果；采用的先进技术、工艺的经济比较结果，技术性能、关键技术与国内外先进技术相比达到的先进程度；质量要求和实际达到的情况，劳动力组织、施工准备、操作要点和注意事项，经验教训和体会，易出现的质量问题和防治对策，需要有待进一步解决的技术问题，技术经济效益对比等。要详细叙述。施工技术总结编稿完成经审批后，由项目内业技术人员负责向公司技术部门上报。

（12）技术标准管理制度。

施工过程中，要配备齐全工程施工所需的各种规范、标准、规程、规定，以供施工中严格执行。

施工过程中，要建立项目的技术标准体系，编制技术标准目录，本项工作由项目资料员在项目技术负责人指导下完成。

标准管理工作由项目技术负责人主持，项目资料员具体负责，各类规范、标准，根据项目编制的技术标准目录配齐，保证满足工程需要。

当某标准作废时，标准化管理人员应及时通知有关人员，交旧发新防止作废标准继续使用。

（13）工程技术档案制度。

工程技术资料是为建筑施工提供指导和施工质量、管理情况进行记载的技术文件。也是竣工后予存查或移交建设单位作为技术档案的原始凭证。

凡列入工程技术档案的技术文件、资料，都必须经各级技术负责人正式审定。所有资料、文件都必须如实反映情况，要求记载真实、准确、及时、内容齐全、完整、整理系统化、表格化、字迹工整，并分类装订成册。严禁擅自修改、伪造和事后补作。

单位工程必须从工程准备开始，就建立工程技术档案，汇集整理有关资料，并贯穿于施工的全过程，直到交工验收后结束，并永久性保存。

2. 施工现场技术管理组织措施

（1）明确各岗位技术管理职责，强化落实管理措施。建筑工程施工技术的管理工作很复杂，牵涉面较广，需要工作人员共同努力，并且长期坚持。在管理过程中，施工企业必须落实每一个技术管理细节的负责人员，落实每一项任务，实行责任制，让大家的管理工作有章可循，并且在出现问题时能及时找到相应负责人解决问题。要清楚界定各部门的职责权限，明确各部门各级人员的责任，落实奖惩制度，做到有法可依、有法必依。如此一来，才能更好地调动工作人员的积极性和责任心，达到减少管理问题发生的目的。

（2）做好对施工图纸的审查。施工图纸是施工的主要依据，一切施工内容都需要按照施工图纸的设计来完成。因此在施工前，施工队伍和施工技术管理人员必须对图纸进行全面的了解和熟悉，要清楚该建筑项目的特点和设计图中隐含的施工技术难点及项目的质量要求，尽量避免出现重复施工的现象，杜绝安全隐患。因此，必须对施工图纸进行全面审查，包括地基、建筑结构、关键项目、质量安全等方面，从根本上避免一切可能出现的问题，保证施工技术管理顺利进行。

（3）重视施工项目的变更。在建设工程项目从设计到完成的整个过程中，时常有因业主要求或者建筑施工技术条件及施工环境的限制等原因而进行的变更。建筑工程的变更很多发生在项目的施工过程中，这样很容易导致项目的停滞或返工，影响工程工期和质量。因此，应该尽量使变更在设计阶段完成，施工过程中尽量少发生变更。若因为施工技术条件等原因不得已发生变更，施工技术管理人员必须尽快找出问题及其解决方案，并与建筑工程参与各方协调，取得各方共识后做好记录和资料准备，方可进行新的设计施工。

（4）加强管理施工档案。做好施工档案的管理工作能帮助工程在各个阶段找到相应的资料，保证工程结算等工序的顺利进行，使施工的过程有迹可循，不会出现无处查证的情况。要做好对施工设计文件、方案、工序检验、测量、交竣工等一系列的施工资料和档案的签收保管及借阅工作，对重要项目的施工技术指导资料更是要详细且准确地记载和妥善保管。发挥出资料管理的作用，保证项目施工顺利地进行。

6.4 施工现场材料与机具的管理

施工现场是建筑安装企业从事施工生产活动，最终形成建筑产品的场所，占建筑工程造价60%左右的材料费，都要通过施工现场投入消费。施工现场的材料与工具管理，属于生产领域里材料耗用过程的管理，与企业其他技术经济管理有密切的关系，是建筑企业材料管理的关键环节。

6.4.1 施工现场材料的管理

1. 现场材料管理的概念

现场材料管理，是在现场施工过程中，根据工程类型、场地环境、材料保管和消耗特点，采取科学的管理办法，从材料投入到成品产出全过程进行计划、组织、协调和控制，力求保证生产需要和材料的合理使用，最大限度地降低材料消耗。

现场材料管理的好坏，是衡量建筑企业经营管理水平和实现文明施工的重要标志，也是保证工程进度、工程质量，提高劳动效率，降低工程成本的重要环节，并对企业的社会声誉和投标承揽任务都有极大影响。加强现场材料管理，是提高材料管理水平、克服施工现场混乱和浪费现象、提高经济效益的重要途径之一。

2. 现场材料管理的原则和任务

（1）全面规划。

在开工前作出现场材料管理规划，参与施工组织设计的编制，规划材料存放场地、道路，做好材料预算，制定现场材料管理目标。全面规划是使现场材料管理全过程有序进行的前提和保证。

（2）计划进场。

按施工进度计划，组织材料分期分批有秩序地入场。一方面保证施工生产需要，另一方面要防止形成大批剩余材料。计划进场是现场材料管理的重要环节和基础。

（3）严格验收。

按照各种材料的品种、规格、质量、数量要求，严格对进场材料进行检查，办理收料。验收是保证进场材料品种、规格对路以及质量完好、数量准确的第一道关口，是保证工程质量，降低成本的重要保证。

（4）合理存放。

按照现场平面布置要求，做到合理存放，在方便施工、保证道路畅通、安全可靠的原则下，尽量减少二次搬运。合理存放是妥善保管的前提，是生产顺利进行的保证，是降低成本的有效措施。

（5）妥善保管。

按照各项材料的自然属性，依据物资保管技术要求和现场客观条件，采取各种有效措施进行维护、保养，保证各项材料不降低使用价值。妥善保管是物尽其用，实现成本降低的保证条件

（6）控制领发。

按照操作者所承担的任务，依据定额及有关资料进行严格的数量控制。控制领发是控制工程消耗的重要关口，是实现节约的重要手段。

（7）监督使用。

按照施工规范要求和用料要求，对已转移到操作者手中的材料，在使用过程中进行检查，督促班组合理使用，节约材料。监督使用是实现节约，防止超耗的主要手段。

（8）准确核算。

用实物量形式，通过对消耗活动进行记录、计算、控制、分析、考核和比较，反映消耗水平。准确核算既是对本期管理结果的反映，又为下期提供改进的依据。

3. 现场材料管理的阶段划分及各阶段的工作要点

1）施工前的准备工作

（1）了解工程合同的有关规定、工程概况、供料方式、施工地点及运输条件、施工方法及施工进度、主要材料和机具的用量，临时建筑及用料情况等。全面掌握整个工程的用料情况及大致供料时间。

（2）根据生产部门编制的材料预算和施工进度计划，及时编制材料供应计划。组织人员落实材料名称、规格、数量、质量与进场日期。掌握主要构件的需用量和加工件所需图纸、技术要求等情况。组织和委托门窗、铁件、混凝土构件的加工、材料的申请等工作。

（3）深入调查当地地方材料的货源、价格、运输工具及运载能力等情况。

（4）积极参加施工组织设计中关于材料堆放位置的设计。按照施工组织设计平面图和施工进度需要，分批组织材料进场和堆放，堆料位置应以施工组织设计中材料平面布置图为依据。

（5）根据防火、防水、防雨、防潮管理的要求，搭设必要的临时仓库。需防潮和其他特殊要求的材料，要按照有关规定，妥善保管。确定材料堆储方案时，应注意以下问题：

① 材料堆场要以使用地点为中心，在可能的条件下，越靠近使用地点越好，避免发生二次搬运。

② 材料堆场及仓库、道路的选择不能影响施工用地，避免料场、仓库中途搬家。

③ 材料堆场的容量，必须能够存放供应间隔期内的最大需用量。

④ 材料堆场的场地要平整，设排水沟，不积水。构件堆放场地要夯实。

⑤ 现场临时仓库要符合防火、防雨、防潮和保管的要求，雨期施工要有排水措施。

⑥ 现场运输道路要坚实，循环畅通，有回转余地。

⑦ 现场的石灰池，要避开施工道路和材料堆场，最好设在现场的边缘。

2）施工过程中的组织与管理

施工过程中现场材料管理工作的主要内容是：

（1）建立健全现场管理的责任制。划区分片，包干负责，定期组织检查和考核。

（2）加强现场平面布置管理。根据不同的施工阶段，材料消耗的变化，合理调整堆料位置，减少二次搬运，方便施工。

（3）掌握施工进度，搞好平衡。及时掌握用料信息，正确地组织材料进场，保证施工的需要。

（4）所用材料和构件，要严格按照平面布置图堆放整齐。要成行、成线、成堆，经常保持堆料场地清洁整齐。

3）现场主要物资的存放管理

（1）钢材的存放管理要求。

① 钢材按品种、规格、型号、长度、等级、批次及不同技术文件和质量说明书分别码放，必须设置标牌显标识。

② 半成品应分别码放，予以插牌。

③ 若条件有限，只能露天存放时，应做好上盖下垫，保持场地干燥。

（2）木材的存放管理要求。

① 木材按树种、材种、方木、板材、大小、规格、新旧程度分别码放，设置标牌加以标识。

② 码放时，每垛底距地面不得低于30 cm，通风好，排水畅通，垛间要留有通道，便于发放。

③ 场地四周应远离火源，纵横要留道路，并配消防设备。

（3）水泥的存放管理要求。

① 袋装水泥存放要选择地势较高，便于排水的地方，要有防潮地面和防雨设施。

② 水泥进场按批次分别码垛，垛高不得超过10袋，当天使用可露天存放水泥，但要做好上铺下垫。

③ 水泥发放时要坚持先进先出，后进后出的原则，在存放三个月后，要重新测试水泥的标号。

（4）砂石料的存放管理要求：沙石分规格堆放，不同规格的不混在一起，远离垃圾污染源。

（5）混凝土和大型金属构件的存放管理要求：进入现场的混凝土的构件和大型金属构件，要按平面布置图合理堆放，插牌标识，严格按计划单验收；铁合金构件、小型铁件、木构件一律入库保管，防止丢失损坏。

（6）贵重材料要建立现场仓库，不能搭设临时货架，按物资类别存放，如五金、电器材料、劳动保护用品等，插牌标识。

4）现场材料的合理使用

（1）班组要正确合理节约使用材料，分部分项工程完毕后，要做到余料退库，材料保管员及时回收入库，操作场地清场。

（2）凡有定额依据的，构成工程实体的主要材料和辅助材料都必须实行限额领料制度。

（3）项目施工人员要按照施工预算和月度用料计划，根据工程量对班组进行限额，认真签发限额领料单。项目材料员接到限额领料单后，认真复核工程量，材料定额量，把好材料出库关。

（4）当工程施工快完成时，要严格控制进料。工程完工后，要及时清退剩余材料，办理入库，不准外销外移。

（5）现场专用材料。

① 签订承包协议，协议应明确专业队组承包的施工项目及其应用的材料品种、数量以及供应方式、用料要求、验收标准和奖惩办法，材料用量以施工预算为依据。

② 抓好实施过程的管理，项目采购物资进场后，材料室负责接收。专业队组领料人员应认真进行点验，并及时办理领料签认。

③ 抓好验收和结算工作，队组所承包的分项工程完成后，项目经理组织技术人员对工程

质量进行验收。在质量合格的前提下,组织材料员办理用料结算,汇总实际耗用量,与承包量对比计算节约或超耗,按协议兑现奖罚。

6.4.2 施工现场机具的管理

1. 现场机具管理的概念

机具设备包括机械设备和工具设备。机械设备是指在施工现场内使用的塔吊、施工电梯、龙门吊、汽吊、随车吊等起重机械,挖掘机、装载机、压路机、平地机等场内机动车,强夯机、打桩机、钻孔机、空气压缩机、混凝土搅拌机等施工机械设备;工具设备是指在施工现场内使用的手持电动工具、木材加工、钢筋加工、振动等施工机具。

机具设备管理的基本任务是:合理装备、安全使用、服务生产,为保证工程质量,加快施工进度,提高生产效益,为取得良好经济效益创造条件。

搞好机具设备管理的基本原则是:尊重科学、规范管理、安全第一、预防为主。

2. 管理内容与方法

(1) 施工机具的配备,由项目经理部在施工开始前,根据施工需要制订施工机具配置计划,施工机具配置计划应考虑以下因素:

① 项目质量、进度、安全、文明施工等要求;
② 施工技术、工艺要求;
③ 施工现场条件;
④ 机具来源;
⑤ 机具性能、可靠性、环保性及配置成本;
⑥ 施工风险等。

材料部根据施工机具配置计划制订《施工机具采购单》或库存现有的开具《出库单》供施工作业队使用。一般施工机具采购计划报项目经理批准后实施,电焊机、切割机、套丝机等重大配备机具报总经理批准后实施。

(2) 施工机具供应方的管理控制,由材料部对施工机具供方进行调查(走访或发调查表或对供货单位业绩统计),收集相应的证明资料,组织项目经理部对机具供应方进行评价,评价内容包括:

① 经营资格和信誉;
② 产品和服务的质量;
③ 供货能力;
④ 风险因素。

对选定的施工机具供应方订立采购合同,应包含施工机具质量及服务要求。采购合同由总经理批准。

(3) 施工机具的验收,由材料部根据批准的《采购单》到选定的施工机具供应方采购。对施工机具的验收包括以下三方面:材料部的提运验收或入库验收,项目经理部(施工作业队）的进场验收，于《施工日志》做好记录，对于租赁的施工机具及配件，由施工总承包单位、分包单位、出租单位和安装单位共同验收，验证其规格、型号、数量、技术状态、随行人员的资格证明等是否符合法律法规、租赁合同的要求。

对于安装试运行出现问题或验收不合格的施工机具，施工企业应按租赁合同的约定予以处理。分包方施工机具进场时，施工单位应与分包方共同对其性能、安全防护装置等进行严格验收，以确保使用安全。

施工机具配置计划规定施工机具需确定安装或拆卸方案时，该拆卸方案由项目经理批准后实施，安装后的施工机具由施工作业队进场验收合格后才能使用。

（4）施工机具的使用，维护保养规定。

① 项目经理责成生产经理（工长）或技术负责人做好施工机具的安装调试，以保证现场环境、施工平面布置图适合机械作业要求，做到道路畅通，夜间照明齐全，施工机具安全可靠。

② 对于电焊机、切割机、套丝机应定人定机定岗，操作人员持证上岗，实行专人操作及维护保养，并符合安全操作规范要求。对于一般机具，操作人员应合理使用，符合安全规范要求，并做好维护保养工作。施工机具的维护保养：对施工机具保持清洁，检查运作情况，防止机械腐蚀，按技术要求润滑，更换易损件等。由操作人员做好日常保养，专业维修人员定期检查。

③ 机具的维修：施工机具一旦发生故障，由施工作业人员排除故障，无法排除的，报项目经理，由公司专业维修工或委托修理，确保施工机具达到完好状态。

（5）施工机具的安全管理要求。

① 各种机具设备必须有安全可靠的接地，测试接地电阻小于规定阻值。

② 安全防护装置完好，安全、防火距离符合要求。

③ 施工机械设备应按时进行保养，当发现有漏保、失修或超载及带病运转等情况时，应停止其使用。

④ 控制机具噪声扰民，根据工程实际情况，合理配置各种机具设备及工作时间。

⑤ 电器设备下班前应按下闸刀，关闭好电箱，上班前执证上岗前，必须检查试车正常后方可运转作业。

部分施工机具管理表格样式如表 6.1~表 6.5 所示。

表 6.1 机械、工器具需求申报表

单位名称：

序号	机械名称	规格型号	功率/kW	数 量	进场时间	退场时间	备 注

填表人： 审核： 批准：

表 6.2 机械、工器具台账

单位名称：

序号	名　称	规　格	进场时间	是否有合格证	进场验收情况	验收人员（单位）	验收时间	保管人员（维护人）	退场时间	备注

填表人：　　　　　　　　审核：

表 6.3 机械、工器具领退登记

单位名称：

序号	名　称	规格型号	功率/kW	数　量	领用时间	退回时间	领用人签字	备　注

填表人：　　　　　　　　审核：

表 6.4 机械技术性能检查表

编号：

机械名称：　　　　设备编号：　　　　检查单位：

项　目	内　　　　容	
主机情况	运转情况：	
	泄漏情况：	
整机运转情况	传动机械：	
	工作装置：	
	其他部分：	
辅助设备		
检查结果		

检查人员签字：	机手：　　技术负责人：　　机务主管：
	年　月　日

表 6.5 月份设备维修保养记录表

编号：

内容＼项目	日 期	修 理 类 别	更换主要零部件	价格/元
修理情况简要记录				
保养记录				

主管负责人：　　　　　　　　　　　　　　　维修人：

　　　　年　月　日　　　　　　　　　　　　　　　年　月　日

6.5 施工现场劳动管理

施工现场劳动管理就是按施工现场客观规律的要求，合理配备和使用劳动力，并按工程实际的需要不断调整，使人力资源得到充分利用，降低工程成本，同时确保现场生产计划顺利完成。

1. 施工现场劳动力的资源与配置方法

1）劳动力资源的落实

劳动力资源通常来自企业内部的固定工人和建筑劳务市场招聘的合同制工人。根据施工任务的需要，项目经理可以按劳动力需要计划向企业内部或企业外部劳务市场招募所需作业工人，并签订合同，任务完成后项目经理有权依法辞退劳务人员和解除劳动合同。

2）劳动力的配置方法

（1）尽量做到优化配置。施工现场劳动力都会存在参差不齐的状况，在组合时应按照每个人的不同优势与劣势、长处与短处，合理搭配，使其取长补短，达到充分发挥整体效能的目的。

（3）尽量使劳动组合相对稳定。作业层的劳动组织形式一般有专业班组和混合班组，应根据施工对象的特点和实际施工需要采用劳动组织形式，且对项目经理部来说，应尽量使作业层的劳动力和劳动组织保持稳定，防止频繁调动，以有利于工种间和工序间的协作配合、提高劳动生产率。

（3）技工与普工比例要适当。为保证作业需要和工种组合，技术工人和普通工人比例要适当、配套，使技术工人和普通工人能够密切配合，以保证工程质量。

（4）尽量使劳动力配置均衡，使资源强度适当，有利于现场管理，同时可以减少临时设施的费用，以达到节约的目的。

2. 施工现场劳动力的管理

（1）上岗前的培训。对新招人员或某方面素质不符要求的人员上岗作业前进行培训。培训任务主要由企业劳动部门负责，项目经理部只是进行辅助培训，如临时性操作训练或实验性操作练兵、劳动纪律教育、安全纪律教育等。

（2）实行动态管理。根据施工现场进展情况和需要的变化随时进行人员结构调整，不断达到新的优化。

（3）奖罚要分明。工程的质量、进度、效益取决于现场劳动的管理水平、劳动组织的协作能力及劳动者的施工质量、效率。所以，劳动过程中要求每一工人操作必须规范化、程序化。为此，施工现场要建立考勤制度及工作质量完成情况的奖罚制度。

（4）做好现场劳动保护和安全卫生管理。建筑产品的生产活动比较复杂，不安全、不卫生的因素很多，施工现场必须做到以下几方面工作：首先，建立劳动保护和安全卫生责任制，使劳动保护和安全卫生有人抓，有人管，有奖罚；其次，对进入现场人员进行教育，增强工人自我防范意识；最后，落实劳动保护和安全卫生的具体措施及专项资金，并定期进行全面的专项检查。

6.6 施工现场文明与环境保护管理

6.6.1 施工现场文明施工管理

文明施工是指保持施工现场良好的作业环境、卫生环境和工作秩序。因此，文明施工也是保护环境的一项重要措施。文明施工主要包括：规范施工现场的场容，保持作业环境的整洁卫生；科学组织施工，使生产有序进行；减少施工对周围居民和环境的影响；遵守施工现场文明施工的规定和要求，保证职工的安全和身体健康。

文明施工可以适应现代化施工的客观要求，有利于员工的身心健康，有利于培养和提高施工队伍的整体素质，促进企业综合管理水平的提高，提高企业的知名度和市场竞争力。

1. 文明施工主要内容

（1）规范场容、场貌，保持作业环境整洁卫生。

（2）创造文明有序安全生产的条件和氛围。

（3）减少施工对居民和环境的不利影响。

（4）落实项目文化建设。

2. 文明施工管理基本要求

（1）建筑工程施工现场应当做到围挡、大门、标牌标准化、材料码放整齐化（按照现场平面布置图确定的位置集中、整齐码放）、安全设施规范化、生活设施整洁化、职工行为文明化、工作生活秩序化。

（2）建筑工程施工要做到工完场清、施工不扰民、现场不扬尘、运输无遗撒、垃圾不乱弃，努力营造良好的施工作业环境。

3. 文明施工管理要点

（1）现场必须实施封闭管理，现场出入口应设大门和保安值班室，大门或门头设置企业名称和企业标识，建立完善的保安值班管理制度，严禁非施工人员任意进出。场地四周必须采用封闭围挡，围挡要坚固、整洁、美观，并沿场地四周连续设置。一般路段的围挡高度不得低于1.8 m，市区主要路段的围挡高度不得低于2.5 m。临街的脚手架也应设置相应的围护设施。措施性围护是指特殊地区的围护。如危险品库附近应有标志及围挡设施，起重机臂杆越过高压电缆应设置隔离棚，有的城市已规定塔式起重机越过场外地区时必须设安全棚。现场道路应尽量布置成环形，以便于出入。消防通道的宽度不小于3.5 m。场内通道以及大门入口处的上空应该有障碍高度标志，防止超高车辆碰撞。

（2）现场出入口明显处应设置"五牌一图"，即：

① 工程概况牌（写明工程名称，工程规模、性质、用途、结构形式，开竣工日期，建设单位、设计单位、施工单位、监理单位的名称等）。

② 安全纪律牌（安全警示标志，安全生产及消防保卫制度）。

③ 防火须知牌。

④ 安全无重大事故牌。安全生产、文明施工牌。

⑤ 项目经理部组织架构及主要管理人员名单图（写明施工负责人、技术负责人、质量负责人、安全负责人、器材负责人等）。

⑥ 施工总平面图。

（3）现场的场容管理应建立在施工平面图设计的合理安排和物料器具定位管理标准化的基础上，项目经理都应根据施工条件，按照施工总平面图、施工方案和施工进度计划的要求，进行所负责区域的施工平面图的规划、设计、布置、使用和管理。

（4）现场的主要机械设备、脚手架、密目式安全网与围挡、模具、施工临时道路、各种管线、施工材料制品堆场及仓库、土方及建筑垃圾堆放区、变配电间、消防栓、警卫室、现场的办公、生产和临时设施等的布置与搭设，均应符合施工平面图及相关规定的要求。

（5）现场的临时用房应选址合理，并应符合安全、消防要求和国家有关规定。

（6）现场的施工区域应与办公、生活区划分清晰，并应采取相应的隔离防护措施，在建工程内严禁住人。

（7）现场应设置办公室、宿舍、食堂、厕所、淋浴间、开水房、文体活动室、密闭式垃圾站或容器（垃圾分类存放）及盥洗设施等临时设施，所用建筑材料应符合环保、消防要求。

（8）现场应设置畅通的排水沟渠系统，保持场地道路的干燥坚实，泥浆和污水未经处理不得直接排放。施工场地应硬化处理，有条件时可对施工现场进行绿化布置。

（9）现场应建立防火制度和火灾应急响应机制，落实防火措施，配备防火器材。明火作业应严格执行动火审批手续和动火监护制度。高层建筑要设置专用的消防水源和消防立管，每层留设消防水源接口。

（10）现场应按要求设置消防通道，并保持畅通。

（11）现场应设宣传栏、报刊栏，悬挂安全标语和安全警示标志牌，加强安全文明施工宣传。

（12）施工现场应加强治安综合治理、社区服务和保健急救工作，建立和落实好现场治安保卫、施工环保、卫生防疫等制度，避免失盗、扰民和传染病等事件发生。

（13）其他现场场容管理，除施工现场外，非施工现场管理区域也应完善管理制度，比如员工办公区域，生活区域，食堂及厕所，均应当有合理的管理措施。

6.6.2 施工现场环境保护措施

1. 环境、环境因素、环境影响的概念

现行国家标准《环境管理体系——要求及使用指南》（GB/T 24001）对环境、环境因素、环境影响进行了定义。

（1）环境是指组织运行活动的外部存在，包括空气、水、土地、自然资源、植物、动物、人，以及他们之间的相互关系。

（2）环境因素是指一个组织的活动、产品或服务中能与环境发生相互作用的要素。

（3）环境影响是指全部或部分由组织的活动、产品或服务给环境造成的任何有害或有益的变化。

2. 建筑施工一些常见的重要环境影响因素

（1）施工机械作业、模板支拆、清理与修复作业、脚手架安装与拆除作业等产生的噪声排放。

（2）施工场地平整作业、土、灰、砂、石搬运及存放、混凝土搅拌作业等产生的粉尘排放。

（3）现场渣土、商品混凝土、生活垃圾、建筑垃圾、原材料运输等过程中产生的遗撒。

（4）现场油品、化学品库房、作业点产生的油品、化学品泄漏。

（5）现场废弃的涂料桶、油桶、油手套、机械维修保养废液、废渣等产生的有毒有害废弃物排放。

（6）城区施工现场夜间照明造成的光污染。

（7）现场生活区、库房、作业点等处发生的火灾、爆炸。

（8）现场食堂、厕所、搅拌站、洗车点等处产生的生活、生产污水排放。

（9）现场钢材、木材等主要建筑材料的消耗。

（10）现场用水、用电等能源的消耗。

3. 建筑施工环境保护实施要点

（1）现场必须建立环境保护、环境卫生管理和检查制度，并应做好检查记录。对施工现场作业人员的教育培训、考核应包括环境保护、环境卫生等有关法律、法规的内容。

（2）在城市市区范围内从事建筑工程施工，项目必须在工程开工前向工程所在地县级以上地方人民政府环境保护管理部门申报登记。施工噪音昼间不能超过 70 dB，夜间不能超过 55 dB。在人口稠密区进行强噪声作业时，须严格控制作业时间，一般晚 10 点到次日早 6 点之间停止强噪声作业。

（3）施工现场污水排放要与所在地县级以上人民政府市政管理部门签署污水排放许可协议，申领《临时排水许可证》。雨水排入市政雨水管网，污水经沉淀处理后二次使用或排入市政污水管网。现场产生的泥浆、污水未经处理不得直接排入城市排水设施、河流、湖泊、池塘。

（4）现场产生的固体废弃物应在所在地县级以上地方人民政府环卫部门申报登记，分类存放。建筑垃圾和生活垃圾应与所在地垃圾消纳中心签署环保协议，及时清运处置。有毒有害废弃物应运送到专门的有毒有害废弃物中心消纳。

（5）现场的主要道路必须进行硬化处理，土方应集中堆放。裸露的场地和集中堆放的土方应采取覆盖、固化或绿化等措施。现场土方作业应采取防止扬尘措施。

（6）拆除建筑物、构筑物时，应采用隔离、洒水等措施，并应在规定期限内将废弃物清理完毕。建筑物内施工垃圾的清运，必须采用相应的容器倒运，严禁凌空抛掷。

（7）现场使用的水泥和其他易飞扬的细颗粒建筑材料应密闭存放或采取覆盖等措施。混凝土搅拌场所应采取封闭、降尘措施。

（8）除有符合环保要求的设施外，施工现场内严禁焚烧各类废弃物，禁止将有毒有害废弃物作土方回填。

（9）在居民和单位密集区域进行爆破、打桩等施工作业前，施工单位除按规定报告申请批准外，还应将作业计划、影响范围、程度及有关情况向周边居民和单位通报说明，取得协作和配合。对于施工机械噪声与振动扰民，应有相应的降噪减振控制措施。

（10）施工时发现的文物、爆炸物、不明管线电缆等，应当停止施工，保护好现场，及时向有关部门报告，按照有关规定处理后方可继续施工。

【例 6.1】

某酒店工程位于城市繁华闹市区，建筑面积 15 300 m²，工程结构为全现浇框架结构，局部为钢结构，由地下室、酒店和裙房三部分组成。该项目土方施工阶段正值春季，经常遭遇大风天气。该项目总包单位（已通过 ISO 14001 体系认证）为了减少现场扬尘，积极采取措施，用密目安全网对开挖坡面进行了覆盖，定时对现场和作业面进行洒水降尘，选用密闭型的土方运输车辆进行运输，取得了较好的效果。进入到主体施工阶段，又赶上了雨季，因现场排水系统不完善，雨水加上生产污水经常外溢，给附近社区居民出行造成了不便。请回答以下问题：

（1）施工现场污水排放应向什么部门进行申请？
（2）生产污水经现场排水沟渠是否可以直接排入市政污水管网？
（3）雨水经现场排水沟渠是否可以直接排入市政雨水管网？
【解】本案例主要考核对现场污水排放有关管理要求的掌握程度。
【答】
（1）应向工程所在地县级以上人民政府市政管理部门申请。
（2）不可以。
（3）可以。

【例 6.2】一写字楼项目位城市中心地带，一期工程建筑面积 30 000 m^2，框架剪力墙结构，箱形基础。施工现场设置一混凝土搅拌站。由于工期紧，混凝土需用量大，施工单位自行决定实行"三班倒"连续进行混凝土搅拌和浇筑作业，周边社区居民对此意见很大，纷纷到现场质询并到有关部门进行投诉，有关部门对项目部进行了经济处罚，并责成项目部进行了整改。请回答以下问题：
（1）建筑工程施工常见的引发噪声排放的重要因素有哪些？
（2）现行国家标准《建筑施工场界环境噪声排放标准》（GB 12523）标准关于建筑工程结构施工阶段的噪声限值是多少？
（3）施工现场因特殊情况确实需要夜间施工的，应该怎么办？
【解】本案例主要考核对建筑工程施工常见的重要环境影响因素，以及对现行国家标准《建筑施工场界环境噪声排放标准》（GB 12523）和夜间施工有关管理要求的掌握程度。
【答】（1）主要有施工机械作业、模板支拆、清理与修复作业、脚手架安装与拆除作业等产生的噪声排放。
（2）结构施工阶段白天施工不允许超过 70 dB，夜间施工不允许超过 55 dB。
（3）夜间施工的，除采取一定降噪措施外，还需办理夜间施工许可证明，并公告附近社区居民。

6.7 施工现场安全生产管理

为保障作业人员的身体健康和生命安全，改善作业人员的工作环境与生活环境，防止施工过程中各类疾病的发生，建设工程施工现场应加强卫生与防疫工作。

6.7.1 施工现场健康安全管理

1. 建设工程现场职业健康安全卫生的要求

根据我国相关标准，施工现场职业健康安全卫生主要包括现场宿舍、现场食堂、现场厕所、其他卫生管理等内容。基本要符合以下要求：

（1）施工现场应设置办公室、宿舍、食堂、厕所、淋浴间、开水房、文体活动室、密闭式垃圾站（或容器）及盥洗设施等临时设施。临时设施所用建筑材料应符合环保、消防要求。

（2）办公区和生活区应设密闭式垃圾容器。

（3）办公室内布局合理，文件资料宜归类存放，并应保持室内清洁卫生。

（4）施工企业应根据法律、法规的规定，制定施工现场的公共卫生突发事件应急预案。

（5）施工现场应配备常用药品及绷带、止血带、颈托、担架等急救器材。

（6）施工现场应设专职或兼职保洁员，负责卫生清扫和保洁。

（7）办公区和生活区应采取灭鼠、蚊、蝇、蟑螂等措施，并应定期投放和喷洒药物。

（8）施工企业应结合季节特点，做好作业人员的饮食卫生和防暑降温、防寒保暖、防煤气中毒、防疫等工作。

（9）施工现场必须建立环境卫生管理和检查制度，并应做好检查记录。

2. 建设工程现场职业健康安全卫生的措施

施工现场的卫生与防疫应由专人负责，全面管理施工现场的卫生工作，监督和执行卫生法规规章、管理办法，落实各项卫生措施。

1）现场宿舍的管理

（1）宿舍内应保证有必要的生活空间，室内净高不得小于 2.4 m，通道宽度不得小于 0.9 m，每间宿舍居住人员不得超过 16 人。

（2）施工现场宿舍必须设置可开启式窗户，宿舍内的床铺不得超过 2 层，严禁使用通铺。

（3）宿舍内应设置生活用品专柜，有条件的宿舍宜设置生活用品储藏室。

（4）宿舍内应设置垃圾桶，宿舍外宜设置鞋柜或鞋架，生活区内应提供为作业人员晾晒衣服的场地。

2）现场食堂的管理

（1）食堂必须有卫生许可证，炊事人员必须持身体健康证上岗。

（2）炊事人员上岗应穿戴洁净的工作服、工作帽和口罩，并应保持个人卫生。不得穿工作服出食堂，非炊事人员不得随意进入制作间。

（3）食堂炊具、餐具和公用饮水器具必须清洗消毒。

（4）施工现场应加强食品、原料的进货管理，食堂严禁出售变质食品。

（5）食堂应设置在远离厕所、垃圾站、有毒有害场所等污染源的地方。

（6）食堂应设置独立的制作间、储藏间，门扇下方应设不低于 0.2 m 的防鼠挡板。制作间灶台及其周边应贴瓷砖，所贴瓷砖高度不宜小于 1.5 m，地面应做硬化和防滑处理。粮食存放台距墙和地面应大于 0.2 m。

（7）食堂应配备必要的排风设施和冷藏设施。

（8）食堂的燃气罐应单独设置存放间，存放间应通风良好并严禁存放其他物品。

（9）食堂制作间的炊具宜存放在封闭的橱柜内，刀、盆、案板等炊具应生熟分开。食品应有遮盖，遮盖物品应用正反面标识。各种作料和副食应存放在密闭器皿内，并应有标识。

（10）食堂外应设置密闭式泔水桶，并应及时清运。

3）现场厕所的管理

(1) 施工现场应设置水冲式或移动式厕所，厕所地面应硬化，门窗应齐全。蹲位之间宜设置隔板，隔板高度不宜低于 0.9 m。

(2) 厕所大小应根据作业人员的数量设置。高层建筑施工超过 8 层以后，每隔四层宜设置临时厕所。厕所应设专人负责清扫、消毒、化粪池应及时清掏。

4）其他临时设施的管理

(1) 淋浴间应设置满足需要的淋浴喷头，可设置储衣柜或挂衣架。

(2) 盥洗设施应设置满足作业人员使用的盥洗池，并应使用节水龙头。

(3) 生活区应设置开水炉、电热水器或饮用水保温桶，施工区应配备流动保温水桶。

(4) 文体活动室应配备电视机、书报、杂志等文体活动设施、用品。

(5) 施工现场作业人员发生法定传染病、食物中毒或急性职业中毒时，必须在 2 h 内向施工现场所在地建设行政主管部门和有关部门报告，并应积极配合调查处理。

(6) 现场施工人员患有法定传染病时，应及时进行隔离，并由卫生防疫部门进行处置。

【例 6.3】某建筑集团公司电焊工赵某，现年 48 岁，从事本工种作业已 20 余年，在公司例行组织的身体检查时，被查出患有职业性电焊尘肺，且已严重影响到了其呼吸系统的正常机能，公司立即为其办理了住院手续，经过一段时间的住院治疗和休养康复，赵某的症状得到了缓解，出院后，公司为其办理了转岗手续，安排他到后勤从事物业管理工作。请回答以下问题：

(1) 危害因素是否属于危险源？

(2) 建筑施工主要职业危害来自哪些因素？

(3) 对从事接触职业病危害作业的劳动者，企业必须在哪些时候对其进行职业健康检查？

【解】本案例主要考核对建筑施工主要职业危害因素和职业卫生防护与管理要求的掌握程度。

【答】(1) 属于危险源。

(2) 建筑施工主要职业危害来自粉尘的危害、生产性毒物的危害、噪声的危害、振动的危害、紫外线的危害和环境条件危害等。

(3) 必须在上岗前、在岗期间和离岗时组织进行职业健康检查。

6.7.2 施工现场安全生产管理

1. 施工现场安全生产管理方面的要求

(1) 施工现场要有完善的安全技术管理基础资料，施工组织设计安全技术措施，安全技术交底书，安全设施任务单，安全设施验收书，特种作业人员验证记录，安全检查、隐患整改材料；落实"三宝"（安全帽、安全带、安全网）、"四口"（在建工程的预留洞口、电梯井口、通道口、楼梯口的防护）、"五临边"（建工程的楼面临边、屋面临边、阳台临边、升降口临边、基坑临边）等防护措施到位。

（2）施工现场要有完善的检查验收和组织实施。经审定批准的施工安全技术措施（或方案），应层层进行安全技术交底。施工安全设施要列入任务单，布置落实，责任到人，完成后必须组织验收，合格后才准使用。在使用过程中，要进行经常性的检查维修，确保安全有效。

（3）施工现场要注意防火防爆。明确划分用火作业区：易燃、可燃材料堆放场、仓库处；易燃废品集中点和生活区等。各区域之间间距要符合防火规定。配备足够数量的防火、灭火设施和器材。

（4）要有完善的安全教育、安全培训与安全技术交底。对新入的职工、调动工作及临时工、合同工、培训和实习人员都应进行严格的三级教育。

（5）加强特种作业管理。特种作业人员，应经国家规定的有关部门进行安全教育和安全技术培训，并经理论和实际考核，成绩合格，并取得操作证后，方准上岗独立作业。特种作业证，必须按时进行复审。

2. 施工现场安全生产管理的具体措施

（1）现场临时用电管理

现场临时用电必须按照《施工现场临时用电安全技术规范》（JGJ 46）及其他相关规范标准的要求，根据现场实际情况，编制临时用电施工组织设计或方案，建立相关的管理文件和档案资料。

工程总包单位与分包单位应订立临时用电管理协议，明确各方管理及使用责任。总包单位应按照协议约定对分包单位的用电设施和日常用电管理进行监督、检查和指导。

现场临时用电设施和器材必须使用正规厂家、并经过国家级专业检测机构认证的合格产品，严禁使用假冒伪劣、无安全认证等不合格产品。

电工作业应持有效证件，电工等级应与工程的难易程度和技术复杂性相适应。电工作业由二人以上配合进行，并按规定穿绝缘鞋、戴绝缘手套、使用绝缘工具，严禁带电作业和带负荷插拔插头等。

项目部应按规定对临时用电系统和用电情况进行定期和不定期的检查、维护，发现问题及时整改。

（2）现场临时用水管理

现场临时用水必须根据现场工况编制临时用水方案。建立相关的管理文件和档案资料。

消防用水一般利用城市或建设单位的永久消防设施。如自行设计，消防干管直径应不小于 100 mm，消火栓处昼夜要有明显标志，配备足够的水龙带，周围 3 m 内不准存放物品。

高度超过 24 m 的建筑工程，应安装临时消防竖管，管径不得小于 75 mm，严禁消防竖管作为施工用水管线。

消防供水要保证足够的水源和水压。消防泵应使用专用配电线路，保证消防供水。

（3）现场安全警示牌的布置

安全标志分为禁止标志、警告标志、指令标志和提示标志四大类型。安全标志的布置符合"标准""安全""醒目""便利""协调""合理"原则。

现场存在安全风险的重要部位和关键岗位必须设置能提供相应安全信息的安全警示牌。根据有关规定，现场出入口、施工起重机械、临时用电设施、脚手架、通道口、楼梯口、电梯井口、孔洞、基坑边沿、爆炸物及有毒有害物质存放处等属于存在安全风险的重要部位，应当设置明显的安全警示标牌。例如，在爆炸物及有毒有害物质存放处设禁止烟火等禁止标识；在木工圆锯旁设置当心伤手等警告标识；在通道口处设置安全通道等提示标识，施工现场通道附近的各类洞口与坑槽等处，除设置防护设施与安全标识外，夜间还应设红灯示警等。

（4）施工现场防火要求及管理

① 现场的消防安全工作应以"预防为主、防消结合、综合治理"为方针，健全防火组织，认真落实防火安全责任制。施工单位在编制施工组织设计时，必须包含防火安全措施内容，所采用的施工工艺、技术和材料必须符合防火安全要求。

② 现场要有明显的防火宣传标志，必须设置临时消防车道，保持消防车道畅通无阻。现场应明确划分固定动火区和禁火区，施工现场动火必须严格履行动火审批程序，并采取可靠的防火安全措施，指派专人进行安全监护。

③ 现场使用的电气设备必须符合防火要求，临时用电系统必须安装过载保护装置。现场使用的安全网、防尘网、保温材料等必须符合防火要求，不得使用易燃、可燃材料。现场严禁工程明火保温施工。

④ 施工材料的存放、使用应符合防火要求，易燃易爆物品应专库储存，并有严格的防火措施。

⑤ 生活区的设置必须符合防火要求，宿舍内严禁明火取暖。现场食堂用火必须符合防火要求，火点和燃料源不能在同一房间内。

⑥ 现场应配备足够的消防器材，并应指派专人进行日常维护和管理，确保消防设施和器材完好、有效。现场应认真识别和评价潜在的火灾危险，编制防火安全应急预案，并定期组织演练。

【例 6.4】某建筑工地一间 10 m² 左右的气瓶储存间内存放了多瓶氧气和乙炔，还有一些焊割工具和一辆装载气瓶的手推车。2002 年 7 月 8 日上午，天空突降大雨，正在现场搬运钢筋的 3 名工人，由于一时找不到合适的避雨点，便一同跑进了既无人看管，又没有上锁的气瓶储存间内聊天。在聊天的过程中，其中 1 名工人由于不了解其所处环境的危险性，储存间内又无相应的安全警示标识，便掏出香烟，就在点火的一刹那，储存间内突然发生了爆炸，3 人中，1 人当场死亡，另 2 人重伤。事后经调查分析，发生爆炸的原因是储存间内一个乙炔气瓶存在轻微泄漏，泄漏的乙炔混合气体遇明火而引发了该起爆炸事故。请回答以下问题：

（1）导致这起事故发生的主要原因是什么？

（2）禁止标识的作用和基本形式是什么？

（3）多个安全标识牌在一起布置时，应遵循什么样的原则？

【解】本案例主要考核对事故原因的分析能力和对安全标识有关知识的掌握程度。

【答】（1）导致这起事故发生的主要原因是：① 现场气瓶储存间无专人进行看管，储存间房门没有上锁，外人随意进入。② 气瓶储存间内没有设置禁止烟火的安全警示标识。

（2）禁止标志是用来禁止人们不安全行为的图形标志。基本形式是红色带斜杠的圆边框，图形为黑色，背景为白色。

（3）多个安全警示牌在一起布置时，应按警告、禁止、指令、提示类型的顺序，先左后右、先上后下进行排列。各标识牌之间的距离至少应为标识牌尺寸的 0.2 倍。

6.8 施工现场质量管理

质量控制的范围包括对参与施工的人员的质量控制，对工程使用的原材料、构配件和半成品的质量控制，对施工机械设备的质量控制，对施工建筑施工现场质量管理的内容方法和方案的质量控制，对生产技术、劳动环境、管理环境的质量控制等。

（1）建筑施工现场质量管理的八项原则：以顾客为关注焦点，领导作用，全员参与，过程方法，管理的系统方法，持续改进，基于事实的决策方法，与原材料供货方互利的关系。

（2）现场质量管理制度，包括：现场管理制度包括质量责任制度、技术复核制度、现场会议制度、施工过程控制制度、现场质量检验制度、质量统计报表制度、质量事故报告和处理制度等。

① 质量责任制度：人是工程施工的操作者、组织者和指挥者。人既是控制的动力又是控制的对象；人是质量的创造者，也是不合格产品、失误和工程质量事故的制造者。因此，整个现场质量管理的过程中，应该以人为中心，建立质量责任制，明确从事各项质量管理活动人员的职责和权限，并对工程项目所需的资源和人员资格做出规定。

② 技术复核制度：首先要建立严格的技术管理体系。针对工程的特点，选派施工管理能力强、技术专业性高、施工经验丰富、工作责任心强的人员组成现场技术管理体系，主要解决施工过程中遇到技术性问题，严格控制工程施工质量。施工技术人员在分项工程施工前，按照施工方案向施工班组进行详细的技术交底并精心组织施工，以此来保证工程的顺利进行。其次，要加强施工过程技术控制。施工前，认真组织各专业技术人员，熟悉掌握图纸和进行专业技术图纸会审，进行设计交底，施工技术交底。分部分项工程施工中，每进行一道工序，经检查验收不合格的不准进行下道工序，对操作人员先进行技术交底，用简单明确的文字构成施工任务单，发给各操作人员后再施工。

③ 现场会议制度：施工现场必须建立、健全和完善现场建筑施工现场质量管理的内容会议制度，及时分析、通报工程质量状况，并协调有关单位间的业务活动，通过现场会议制度实现建设（监理）单位和施工单位现场质量管理部门之间以及施工现场各个专业施工队之间的合理沟通，确保各项管理指令传达的畅通，最终使施工的各个环节在相应管理层次的监督下有序进行。现场会议制度能够使建设项目的各方主体得到有效的沟通，使施工在受控状态下进行，最终达到各个相关方的满意。

④ 施工过程控制制度：由于工程实物质量的形成过程是一个系统的过程，所以施工阶段的质量控制也是一个由对投入原材料的质量控制开始，直到工程完成、竣工验收为止的全过程的系统控制过程。

⑤ 现场质量检验制度：工程项目的质量是指工程建设过程中形成的工程项目，应满足用户从事生产、生活所需的功能和使用价值，应符合设计要求和合同规定的质量标准。为了确保工程项目的质量就要采取一系列的质量监控措施、手段和方法对工程实体的施工质量进行监控，而通过在施工现场建立并实施严格的质量检验制度能够最有效地保证工程项目达到规定的质量标准。

⑥ 质量统计报表制度：质量统计报表制度是指对已完成的检验批、分项工程、分部工程的质量评定情况进行统计分析，以施工过程中的监测、测量数据和验收评定结果为依据，通

过应用适当的统计方法,对现场的质量情况做出科学的分析,进而为现场质量管理的有效性、产品的符合性以及施工过程的特性和趋势进行揭示,为制定预防措施提供依据,最终实现现场质量管理的持续改进。

⑦ 质量事故报告和处理制度:工程建设过程中,由于设计失误,原材料、半成品、构配件、设备不合格,施工工艺、施工方法错误,施工组织、指挥不当等责任过失的原因造成工程质量不符合规定的质量标准和设计要求,或造成工程倒塌、报废或重大经济损失的事故,都是工程质量事故。建立和执行质量事故报告和处理制度是指在质量事故发生后由有关人员进行质量事故的识别和评审,分析产生质量事故的原因,并制定处理质量事故的措施,经相应责任部门审核批准后进行处理,并经相关部门复核验收。

(3)建筑施工现场质量管理的内容与程序。

① 应当建立施工项目质量体系,质量体系要素构成如图6.1所示。建立和健全以项目经理为首的工程质量管理系统,对工程质量进行系统检查,并对检查、评定的结果负责,同时做好与建设主管及其公司质检部门的联系协调工作。配备各专业检查人员,监督检查工程质量,保证各分部、分项工程的施工过程中均有质量人员在现场。

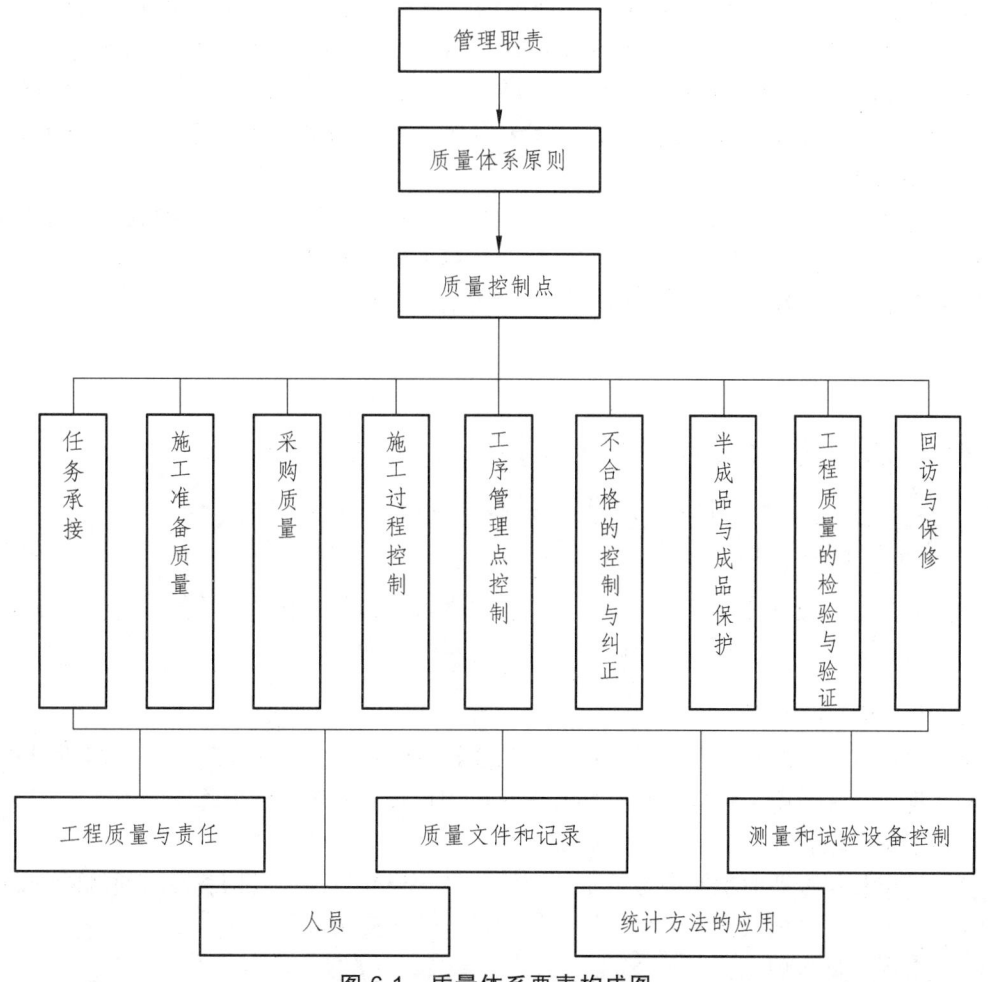

图 6.1 质量体系要素构成图

② 施工工艺控制，开工前，做好施工前技术交底工作，使所有参加施工的人员掌握各自工序的施工要点，施工标准，施工方法和质量要求。施工中严格执行国家规范、标准及设计图纸施工。施工中填写规定格式的检查表，如钢筋混凝土工程中的模板工程、钢筋工程等，填写好检查项目，允许偏差、实际偏差等数据，交相关专业的质检员，进行复查，如发现超差或检查表填写数据不真实时，责令其修整、返工，直到合格后，再次申报，重新复查，确认后方可继续施工。

③ 施工技术资料管理，施工技术资料是质量保证的重要环节，应加强管理。资料与进度同步，并及时收集整理。资料要专业分类，整理归档。资料内容必须真实、齐全、准确、系统、签字齐全。资料填写字迹要清晰，文字内容准确。

④ 建立健全质量岗位责任制，根据施工中的职责范围设置相适应的组织机构，因事设岗，任用能胜任工作的员工，尽职尽责，保证施工任务的完成。建立以工期进度、质量目标为核心的岗位责任制，明确从项目经理至专业施工员的所有岗位责任，层层负责，事事认真，协调有序地整体运转。

⑤ 加强采购工作的质量控制，保证所采购的产品符合规定的要求，质量合格。

⑥ 建立产品标识和可追溯性，对进场的成品、半成品进行必要的适当的标识，并做好记录，保证其可追溯性。进入现场的成品、半成品等由材料员进行挂牌标识，牌上注明名称、品种、规格、型号、产地、进场日期及标识人姓名。分部、分项和单位工程以检验记录、预检记录、试验报告、评定表等记录作为标识，由工长、质检员填写，资料员做好整理归档工作。

⑦ 完善施工质量过程控制，推行生产控制和合格控制的全过程质量控制。完善施工前、施工过程中的质量控制，加强检验和试验控制，对进场的原材料、成品、半成品，施工过程和已完工程必须进行检验和试验，以确保工程质量。

6.9 施工现场综合考评分析

1）施工现场综合考评

建设工程施工现场综合考评，是指对工程建设参与各方（建设、监理、设计、施工、材料及设备供应单位等）在现场中主体行为责任履行情况的评价。

2）施工现场综合考评的内容

建设工程施工现场综合考评的内容，分为建筑业企业的施工组织管理、工程质量管理、施工安全管理、文明施工管理和建设、监理单位的现场管理等五个方面。

（1）施工组织管理。

施工组织管理考评的主要内容是企业及项目经理资质情况、合同签订及履约管理、总分包管理、关键岗位培训及持证上岗、施工组织设计及实施情况等。

（2）工程质量管理。

工程质量管理考评的主要内容是质量管理与质量保证体系、工程实体质量、工程质量保证资料等情况。工程质量检查按照现行的国家标准、行业标准、地方标准和有关规定执行。

（3）施工安全管理。

施工安全管理考评的主要内容是安全生产保证体系和施工安全技术、规范、标准的实施情况等。施工安全管理检查按照国家现行的有关法规、标准、规范和有关规定执行。

（4）文明施工管理。

文明施工管理考评的主要内容是场容场貌、料具管理、环境保护、社会治安情况等。

（5）建设、监理单位的现场管理。

建设、监理单位现场管理考评的主要内容是有无专人或委托监理单位对现场实施管理、有无隐蔽验收签认、有无现场检查认可记录及执行合同情况等。

3）施工现场综合考评办法及奖罚

（1）对于施工现场综合考评发现的问题，由主管考评工作的建设行政主管部门根据责任情况，向建筑业企业、建设单位或监理单位提出警告。

（2）对于一个年度内同一个施工现场被两次警告的，根据责任情况，给予建筑业企业、建设单位或监理单位通报批评的处罚；给予项目经理或监理工程师通报批评的处罚。

（3）对于一个年度内同一个施工现场被三次警告的，根据责任情况，给予建筑业企业或监理单位降低资质一级的处罚，给予项目经理、监理工程师取消资格的处罚，责令该施工现场停工整顿。

【思考题】

1. 填空题

（1）工程中通常说的"三宝"是指（　　　）（　　　）及（　　　）；"四口"是指（　　　）（　　　）（　　　）及（　　　）。

（2）（　　　）是项目目标管理的第一责任人。

（3）通常所说的项目部大门口挂的"两图"是施工现场区域划分图和（　　　）。

（4）对新进场的工人必须进行上岗前的"三级"安全教育，三级是指（　　　）、（　　　）及班组。

2. 选择题

（1）市区主要路段的工地周围要连续设置高于（　　）m的围挡。
A. 2.5　　　B. 2　　　C. 1.5　　　D. 1.2

（2）下列不属于特种作业工种的是（　　）。
A. 电工　　　B. 架子工　　　C. 电（气）焊工　　　D. 混凝土工

（3）作业人员进入新的岗位或新的施工现场前应接受（　　）教育培训，未经教育培训或考核不合格的不得上岗。
A. 安全生产　　　B. 技术交底　　　C. 文明施工　　　D. 以上都对

（4）进入施工现场，必须戴（　　）。

A. 安全帽　　　　B. 安全带　　　　C. 安全绳　　　　D. 以上三个

（5）施工现场大门口处挂的"五牌一图"是指工程概况牌、管理人员名单及监督电话牌、（　　）。

A. 消防保卫牌　　　　　　　　B. 施工监理单位资质牌
C. 安全生产牌　　　　　　　　D. 文明施工牌
E. 施工现场平面图

3. 案例分析

（1）焊工贾某、王某在市职业大学教学楼工地负责焊接一个 4.5 m×2 m×1.5 m 的水箱。两人在当天下班后，为了赶进度，工地负责人又临时安排了一名油工加班施工，将水箱焊好的部分刷上了防锈漆。因箱顶离屋顶仅有 50 cm 高的间隙，通风不良，到第二天早上上班时，防锈漆尚未干。工地负责人因不愿误工，又安排焊工继续施焊。作业过程中，贾某钻进水箱内侧扶焊，王某站在外面焊接，刚一打火，轰的一声，水箱上的油漆发生了爆燃，王某、贾某顿时被火焰吞噬在内，事后虽经救出，但两人均被深度烧伤，烧伤面积达 25%。请回答以下问题：

① 导致这起事故发生的主要原因是什么？
② 在比较密封的室内、容器内、地下室等场所动火属于哪一级动火？
③ 一级动火作业应由谁来组织编制防火安全技术方案、填写动火申请表？

（2）某 18 层商住楼，总建筑面积 40 000 m^2，占地面积 19 000 m^2，建筑高度 60.55 m，全现浇混凝土剪力墙结构，筏板式基础，2000 年 4 月 8 日施工单位进场。2000 年 9 月 3 日中午，工人小刘蹲在宿舍门前吃饭时，被高空落下的一块混凝土块击中头部，造成颅骨开放性骨折，经抢救无效死亡。事后经调查，该现场工人宿舍离建筑物只有 3.8 m 远，没有采取任何的隔离和防砸措施，建筑物主体结构也没有用密目安全立网进行封闭围护，楼层周边虽有防护栏杆，但栏杆下无挡脚板，也没有支挂安全立网。事故发生时，现场负责打扫卫生的工人李某在 17 层清扫垃圾，由于垃圾堆放过于靠边，致使混凝土块从高空滑落并砸在小刘头上。请回答以下问题：

① 施工现场临时用房选址，在不妨碍施工的情况下要考虑哪些因素？
② 施工现场在建工程内是否可以允许住人？
③ 因工程施工场地非常狭小，是否可以考虑把钢筋加工场地放在生活区院内？

（3）一花园小区工程，其 3 号、4 号两栋高层住宅由某建筑集团公司承建，均为地下 1 层，地上 18 层，总建筑面积 28 000 m^2，框架剪力墙结构，2001 年 8 月 1 日工程正式开工。2002 年 5 月 9 日 20：00 左右，现场夜班塔吊司机王某在穿越在建的 4 号楼裙房的上岗途中，因夜幕降临，现场光线较暗，不慎从通道附近的⑩~⑥轴间的 1.5 m 长、0.38 m 宽没有加设防护盖板和安全警示的洞口坠落至 4.1 m 深的地下室地面，后虽经医院全力抢救，王某还是在次日早 9：00 左右不治身亡。请回答以下问题：

① 导致这起事故发生的直接原因是什么？
② 安全警示标牌的设置原则是什么？
③ 对施工现场通道附近的各类洞口与坑槽等处的安全警示和防护有何具体要求？

7 单位工程施工组织设计与管理

【学习要点】

（1）单位工程施工组织的内容；
（2）单位工程施工组织编制的步骤、要点；
（3）单位工程施工组织的实施管理。

7.1 单位工程施工组织概述

1. 单位工程施工组织设计概述

单位工程施工组织设计是规划和指导拟建工程从施工准备到竣工验收全过程的技术经济文件。它是施工前的一项重要准备工作是具体指导施工的文件，是施工组织总设计的具体化，也是建筑施工企业编制月旬作业计划的基础。

2. 单位工程施工组织设计的内容

根据工程的性质、规模、结构特点、技术复杂程度和施工条件的不同，单位工程施工组织设计的内容和深度、广度要求也不同，不强求一致，但内容必须简明扼要，使其真正能起到指导现场施工的作用。一般应包括下述内容。

（1）编制依据。

主要说明拟建项目施工所依据的法律法规，地方规范与规定，企业的有关规定，工程设计文件，施工合同，招投标文件等。

（2）工程概况。

主要包括工程特点、建设地点特征和施工条件等内容。

（3）施工方案。

主要包括确定主要工种工程的施工方法，确定施工顺序，选择施工机械，制定相应的技术组织措施等内容。

（4）施工进度计划。

主要包括各分部（分项）工程的工程量、劳动量或机械台班量、施工班组人数、每天工作班数、工作持续时间及施工进度等内容。

（5）施工准备工作及各项资源需要量计划。

主要包括施工准备工作计划及劳动力、施工机具、主要材料、预制构件等的需要量计划。

（6）施工平面图主要包括起重运输机械位置的确定，搅拌站、加工棚、仓库及材料堆放场地的布置，运输道路的布置，临时设施及供水、供电管线的布置等内容。

（7）主要施工管理计划。

包括质量管理计划，安全管理计划，环境管理计划，成本管理计划。

（8）主要技术组织措施。

主要包括各项技术措施、质量措施、安全措施、降低成本措施和现场文明施工措施等内容。

（9）主要技术经济指标。

主要包括工期指标、质量和安全指标、降低成本和节约材料指标等。

对一般工业厂房和民用住宅或采用通用标准图样、建筑结构较简单的或建筑面积不大的单位工程，其施工组织设计可以编制得简单一些，其内容一般以施工方案、施工进度表、施工平面图为主，辅以简要的文字说明即可。

3. 单位工程施工组织设计的编制依据

单位工程施工组织的设计与编制依据，主要有以下几个方面：

（1）主管部门的批示文件及有关要求。

如上级机关对工程的指示，建设单位对施工的要求，施工合同中的有关规定等。

（2）经过会审的施工图。

包括单位工程的全部施工图纸、会审记录及有关标准图。较复杂的工业厂房等，还要知道设备、电器和管道等设计图纸内容。如果是整个建设项目中的一个单位工程，还要了解建设项目的总平面布置等。

（3）施工企业年度施工计划。

如本工程开竣工日期的规定，以及其他项目穿插施工的要求等。

（4）施工组织总设计。

如果本单位工程是整个建设项目中的一个项目，应把施工组织总设计中的总体施工部署以及对本工程施工的有关规定和要求，作为编制依据。

（5）工程预算文件及有关定额。

应有详细的分部、分项工程量，必要时应有分层分段或分部部位的工程量，使用的预算定额和施工定额。

（6）建设单位对工程施工可能提供的条件。

如供水、供电的情况以及可借用作为临时办公、仓库的施工用房等。

（7）施工条件。

包括可能配备的劳动力情况，材料、预制构件来源及其供应情况，施工机具配备及其生产能力等。

（8）施工现场的勘查资料。

如高程、地形、地质、水文、气象、交通运输、现场障碍物等情况以及工程地质勘查报告、地形图、测量控制网。

（9）有关的国家规定和标准，如施工验收规定、质量标准及操作规程等。

（10）有关的参考资料及施工组织设计实例。

4. 单位工程施工组织设计的编制原则与程序

（1）在编制施工组织设计时，宜考虑以下原则：

① 重视工程的组织对施工的作用。
② 提高施工的工业化程度。
③ 重视管理创新和技术创新。
④ 重视工程施工的目标控制。
⑤ 积极采用国内外先进的施工技术。
⑥ 充分利用时间和空间，合理安排施工顺序，提高施工的连续性和均衡性。
⑦ 合理部署施工现场，实现文明施工。

（2）所谓编制程序，是指单位工程施工组织设计各个组成部分形成的先后次序以及相互之间的制约关系。单位工程施工组织设计的编制程序，如图 7.1 所示，从中可以知道施工组织设计的有关内容和步骤。

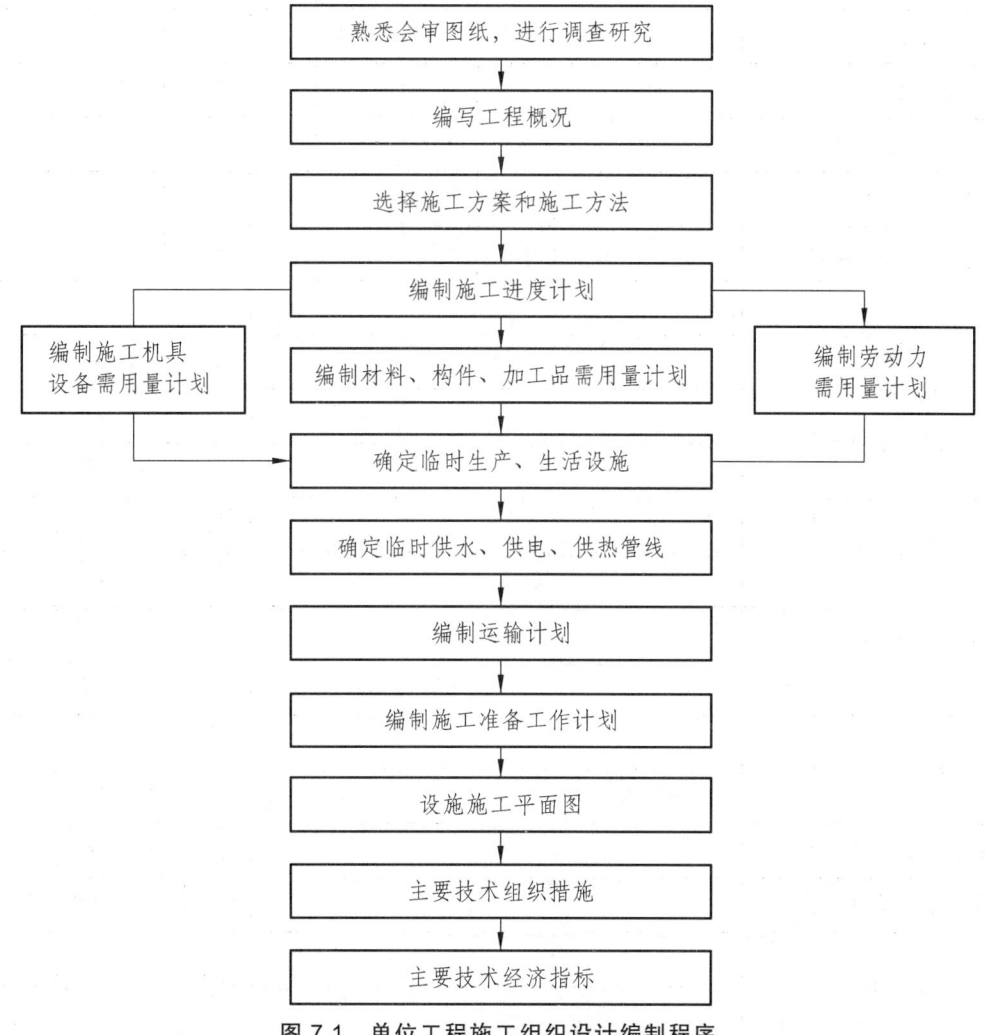

图 7.1 单位工程施工组织设计编制程序

7.2 工程概况

工程概况主要包括工程特点、地点特征和施工条件等内容。

单位工程施工组织设计中的工程概况是对拟建工程的特点、地点特征和施工条件等所做的一个简要的、突出重点的文字介绍。对建筑、结构不复杂，规模不大的工程，可采用工程概况表的形式，如表 7.1 所示。为了弥补文字叙述或表格介绍的不足，可绘制拟建工程的平、立、剖面简图，图中只要注明轴线尺寸、总长、总宽、总高及层高等主要建筑尺寸，细部构造尺寸可不注，以求简洁明了。"施工组织教材"

表 7.1 工程概况表

	建设单位		建 筑 结 构			
	设计单位		层数	屋梁	内粉	
	施工单位		基础	吊车梁	外粉	
	建筑面积/m²		墙体		门窗	
	工程造价/万元		柱		楼面	
计划	开工日期		梁		地面	
	竣工日期		楼板		天棚	
上级文件和要求				地质情况		
施工图纸情况				地下水位	最高	
					最低	
合同签订情况					常年	
土地征购情况				雨量	日最大量	
					一次最大	
"三通一平"情况					全年	
				气温	最高	
主要材料落实程度					最低	
临时设施解决方法					平均	
其他				其他		

1. 工程特点

主要包括以下几个方面：

（1）工程建设概况。

主要介绍拟建工程的建设单位，工程性质、名称、用途，资金来源及投资额，开竣工日期，设计单位、施工单位（总、分包情况），施工图纸情况（是否出齐、会审等），施工合同是否签订，上级有关文件或要求等。

（2）建筑设计概况。

主要介绍拟建工程的建筑面积及平面组合情况，层数、层高、总高、总宽、总长等尺寸及平面形状，室内外装修的构造及做法等。

（3）结构设计概况。

主要介绍基础构造特点及埋置深度，设备基础的形式，桩基础的根数及深度，主体结构的类型，墙、柱、梁、板的材料及截面尺寸，预制构件的类型、重量及安装位置，楼梯构造及形式，新结构、新工艺等情况。

（4）机电及设备安装专业概况。

主要根据各专业设计文件介绍建筑机电设备的情况，包括但不限于给排水系统、通风与空调系统、供配电系统、电气照明系统、建筑防雷与接地系统安装、弱电与智能化系统、电梯系统等各专业系统的做法要求与特点。

2. 施工特点

主要说明工程施工的重点所在，以便突出重点，抓住关键，保证施工顺利地进行，提高施工单位的经济效率和管理水平。不同类型的建筑，不同条件下的工程施工，均有其不同的施工特点。

3. 地点特征

这部分主要反映拟建工程的位置、地形、地质（不同深度的土质分析、冰结期及冰层厚），地下水位、水质、气温、冬雨期时间、主导风向、风力和地震烈度等特征。

4. 施工条件

这部分主要介绍"三通一平"的情况，当地的交通运输条件，资源生产及供应的情况，施工现场大小及周围环境的情况，预制构件生产及供应情况，施工单位机械、设备、劳动力的落实情况，内部承包方式、劳动组织形式及施工管理水平，现场临时设施、供水供电问题解决等。

7.3 施工方案

施工方案是单位工程施工组织设计的核心部分。施工方案选择的恰当与否，将直接影响到单位工程的施工效益、质量、工期和企业的经济效益，因此，必须给予足够的重视。

施工方案的选择一般包括:确定施工程序和施工起点流向;确定施工顺序;合理选择施工方法和施工机械的确定;制定技术组织措施等。

1. 确定施工程序

施工程序是指单位工程中各分部工程或施工阶段的先后次序及其制约关系,其任务主要是从总体上确定单位工程的主要分部工程的施工顺序。工程施工受到自然条件和物质条件的制约,它在不同施工阶段的不同的工作内容按照其固有的、不可违背的先后次序循序渐进地向前开展,它们之间有着不可分割的联系,既不能相互代替,也不允许颠倒或跨越。在确定施工程序时应注意如下要点:

1)做好施工准备工作

单位工程的施工准备分内业和外业两部分。内业准备工作包括熟悉施工图样,图样会审,编制施工预算,编制施工组织设计,落实设备与劳动力计划,落实协作单位,对职工进行施工安全与防火教育等。外业准备工作包括完成拆迁、清理障碍,管线迁移(包括场内原有高压线搬迁),平整场地,设置施工用的临时建筑,完成附属加工设施,铺设临时水电管网,完成临时道路,机械设备进场,必要的材料进场等。单位工程施工准备工作可根据工程具体情况参照第2章所述施工准备工作进行。

2)先后原则

(1)"先地下后地上":指的是在地上工程开始之前,尽量把管线、线路等地下设施和土方及基础工程做好或基本完成,以免对地上部分工程施工有干扰,带来不便,造成浪费,影响质量。

(2)"先土建后设备":就是说不论是工业建筑还是民用建筑,土建与水、暖、电、卫设备的关系都需要摆正,尤其在装修阶段,要从保质量、讲成本的角度处理好两者的关系。

(3)"先主体后围护":主要是指框架结构,应注意在总的程序上有合理的搭接。一般来说,多层建筑,主体结构与围护结构以少搭接为宜,而高层建筑则应尽量搭接施工,以便有效地节约时间。

(4)"先结构后装饰":是指一般情况而言,有时为了压缩工期,也可以部分搭接施工。

但是,由于影响施工的因素很多,故施工程序并不是一成不变的,特别是随着建筑工业化的不断发展,有些施工程序也将发生变化。如,考虑季节性影响,冬季施工前应尽可能完成土建和围护结构,以利防寒和室内作业的开展。

3)合理安排土建施工与设备安装的施工程序

工业厂房的施工很复杂,除了要完成一般土建工程外,还要同时完成工艺设备和工业管道等的安装工程。为了使工厂早日投产,不仅要加快土建工程施工速度,为设备安装工程提供作业面,而且应该根据设备性质、安装方法、厂房用途等因素,合理安排土建工程与工艺设备安装工程之间的施工程序。根据所采取的施工方法不同,一般有三种程序:

(1)封闭式施工:是指土建主体结构完成之后(或装饰工程完成之后),即可进行设备安装。它适用于一般机械工业厂房(如精密仪器厂房)的施工。

封闭式施工的优点是:由于作业面大,有利于预制构件现场就地预制、拼装和安装就位,适合选择各种类型的起重机和便于布置开行路线，从而加快主体结构的施工速度；围护结构能及早完工，设备基础能在室内施工，不受气候影响，可以减少设备基础施工时的防雨、防寒设施费用；可利用厂房内的桥式吊车为设备基础施工服务。其缺点是：出现某些重复性工作，如部分柱基回填土的重复挖填和运输道路的重新铺设等；设备基础施工条件较差，场地拥挤，其基坑不宜采用机械挖土；当厂房土质不佳，而设备基础与柱基础又连成一片时，在设备基础基坑挖土过程中，易造成地基不稳定，须增加加固措施费用；不能提前为设备安装提供作业面，因此工期较长。

（2）敞开式施工：是指先施工设备基础、安装工艺设备，然后建造厂房。它适用于冶金、电力等工业的某些重型工业厂房（如冶金工业厂房中的高炉间）的施工。

敞开式施工的优缺点与封闭式施工相反。

（3）设备安装与土建施工同时进行：这样土建施工可以为设备安装创造必要的条件，同时又可采取防止设备被砂浆、垃圾等污染的保护措施，从而加快了工程的进度。例如，在建造水泥厂时，经济效益最好的施工程序便是两者同时进行。

4）做好竣工扫尾工作

扫尾工程或称收尾工程，是指工程接近交工阶段有时不免会存在的一些未完的零星项目，其特点是分散、工程量小、分布面广。做好收尾工作有利于提前交工。进行收尾工作时，应首先做好准备工作，摸清收尾项目，然后落实好相应劳动力和机具材料，逐项解决和完成。

2. 确定施工流向

施工流向是指单位工程在平面或空间上开始施工的部位及其流动的方向，它着重强调单位工程粗线条的施工流程，但这粗线条却决定了整个单位工程的方法步骤。

施工流向的确定，牵涉到一系列施工过程的开展和进程，是组织施工的重要环节，为此，应考虑以下方面：

1）生产工艺或使用要求

生产工艺上影响其他工段试车投产的或生产使用上要求急的工段或部分可先安排施工。例如：工业厂房内要求先试生产的工段应先施工；高层宾馆、饭店等，可以在主体结构施工到相当层数后，即进行地面上若干层的设备安装与室内外装修。

2）单位工程各部分的繁简程度

对技术复杂、施工进度较慢、工期较长的工段或部位应先施工。例如，高层现浇钢筋混凝土结构房屋，主楼部分应先施工，裙房部分后施工。

3）房屋高低层或高低跨

在高低跨并列的单层工业厂房结构安装中，柱的吊装应从高低跨并列处开始；在高低层并列的多层建筑物中，层数多的区段应先施工。

4）工程现场条件和施工方案

施工场地大小、道路布置和施工方案所采用的施工方法及机械也是确定施工流程的主要因素。例如，土方工程施工中，边开挖边外运余土，则施工起点应确定在远离道路的部位，由远及近地展开施工。又如，根据工程条件，挖土机械可选用正铲挖土机、反铲挖土机、拉铲挖土机等，吊装机械可选用履带吊、汽车吊或塔吊。这些机械的开行路线或布置位置便决定了基础挖土及结构吊装施工的起点和流向。

5）施工组织的分层、分段

划分施工层、施工段的部位，如伸缩缝、沉降缝、施工缝，也是决定其施工流向应考虑的因素。

6）分部工程或施工阶段的特点

如：基础工程由施工机械和施工方法决定其平面的施工流向；主体结构工程从平面上看，从哪一边先开始都可以，但竖向一般应自下而上施工；装饰工程竖向的流程比较复杂，室外装饰一般采用自上而下的工程流向；室内等饰则有自上而下、自下而上及自中而下再自上而中三种流向。现将室内装饰的三种流向分述如下：

（1）自上而下的施工方案：主体结构工程封顶，做好屋面防水层以后，从顶层开始，逐层向下进行的工程流向，有水平向下和垂直向下的两种方式。施工中一般采用水平向下的方式较多。

这种方案的优点是，主体结构完成后有一定的沉降时间，能保证装饰工程的质量；做好屋面防水层后，可防止在雨季施工时，因雨水渗漏而影响装饰工程质量；其次，自上而下的流水施工，各施工过程之间交叉作业少，影响小，便于组织施工，有利于保证施工安全，从上而下清理垃圾方便。其缺点是不能与主体施工搭接，因而工期较长。

（2）室内装饰工程自下而上的施工方案：主体结构工程施工完成第三层楼板后，室内装饰从第一层插入，逐层向上进行。其施工流程有水平向上和垂直向上两种情况。

这种方案的优点是，可以和主体砌筑工程交叉施工，故可以缩短工期。其缺点是各施工过程之间交叉多，需要很好地组织和安排，必须采取安全技术措施。

（3）室内装饰工程自中而下再自上而中的施工方案：该方案综合了前两者的优缺点，一般适用于高层建筑的室内装饰工程施工生产使用的先后，适应施工组织的分区分段，与材料、构件运输的方向不相冲突，适应主导工程的合理施工顺序。

单位工程施工方案应结合工程的建筑结构特征、施工条件和建设要求，合理确定该建筑物的施工开展顺序，包括确定建筑物各楼层、各单位（跨）的施工顺序和流水方向等。

3. 确定施工顺序

施工顺序是指各分项工程或工序之间施工的先后顺序。确定施工顺序是为了按照客观规律组织施工，也是为了解决各工种在时间上的搭接问题，在保证质量和安全的前提下，做到充分利用空间，实现缩短工期的目的。

1）确定施工顺序的原则

（1）必须符合施工工艺的要求。这种要求反映施工工艺上存在的客观规律和相互制约关系，一般是不能违背的。例如：基础工程未做完，其上部结构就不能进行，基槽（坑）未挖完土方，垫层就不能施工；浇筑混凝土必须在安装模板、钢筋绑扎完成，并经隐蔽工程验收后才能开始；门窗框没安装好，地面或墙面抹灰就不能开始；抹灰罩面应待基层完工后，并经过一段时间干燥后才能进行；全框架结构可以等框架全部施工完再砌砖墙，而内框架结构只有待外墙砌筑与钢筋混凝土柱都完成后，才能浇筑梁板，钢筋混凝土预制构件必须达到一定强度后才能进行吊装。

（2）必须与施工方法协调一致。如采用分件吊装法时应先吊柱，再吊梁，最后吊一个节间的屋架及屋面板。如采用综合吊装法，则施工顺序为一个节间全部构件吊完后，再依次吊装下一个节间，直至全部吊完。又如先张法和后张法的预应力筋制作和张拉就有不同的顺序安排。

（3）必须考虑施工组织的要求。例如，有地下室的高层建筑，其地下室地面工程可以安排在地下室顶板施工前进行，也可以在顶板铺设后施工。从施工组织方面考虑，前者施工较方便，上部空间宽敞，可利用吊装机械直接将地面施工用的材料吊到地下室，而后者，地面材料运输和施工，就比较困难。

（4）必须考虑施工质量的要求。如屋面防水施工，必须等找平层干燥后才能进行，否则将影响防水工程的质量。又如多层结构房屋的内墙面及天棚抹灰，应待上一层楼地面完成后再进行，否则抹灰面易遭损坏，造成返工修补。

（5）必须考虑当地气候条件。如雨季和冬季到来之前，应先做完室外各项施工过程，为室内施工创造条件。冬期施工时，可先安装门窗玻璃，再做室内地面及墙面抹灰，这样有利于保温和养护。

（6）必须考虑安全施工的要求。如脚手架应在每层结构施工之前搭好。又如多层砖混结构，只有完成两个楼层板的铺设后，才允许在底层进行其他施工过程的操作。

2）多层砖混结构的施工顺序

多层砖混结构的施工，一般可划分为基础、主体、屋面、装修及房屋设备安装等分部工程，或划分为基础、主体、屋面装修及房屋设备安装等施工阶段，其施工顺序见图7.2所示。

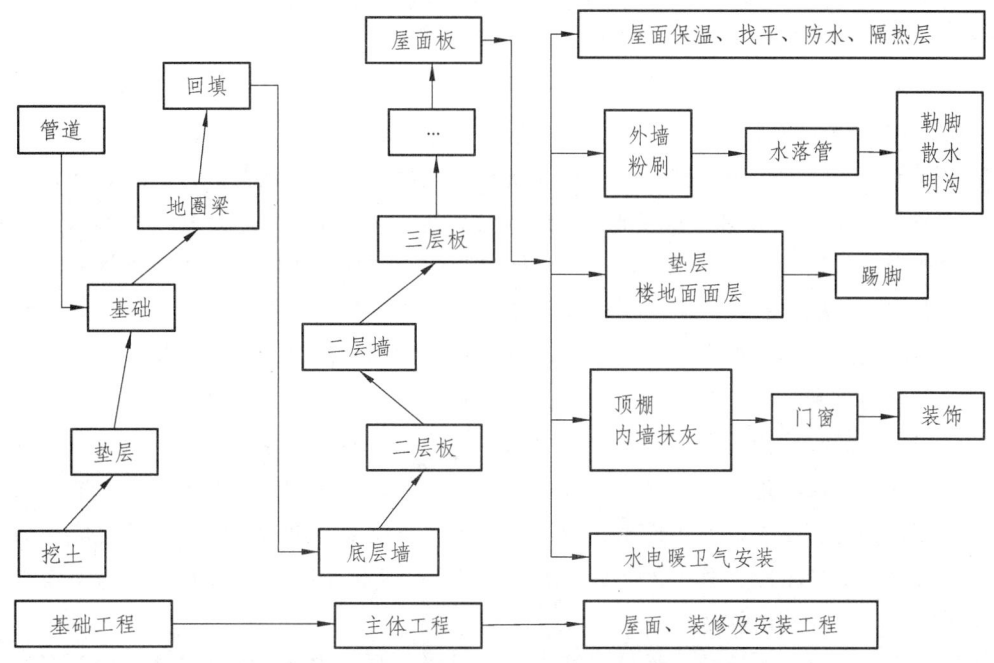

图7.2 砖混结构住宅建筑施工顺序示意图

（1）基础阶段的施工顺序。这个阶段的施工过程与施工顺序一般是：挖土→垫层→基础→防潮层→回填土。如有桩基础，则应另列桩基工程。如有地下室，则往垫层完成后进行地下室底板、墙身施工，再做防水层，安装地下室顶板，最后回填土。

挖土与垫层施工搭接应紧凑（或合并为一个施工过程），间隔时间不宜太长，以防下雨后基槽（坑）内积水，影响地基的承载能力。还应注意垫层施工后的技术间歇时间，使之具有一定的强度后，再进行后道工序的施工。各种管沟的挖土、铺设等应尽可能与基础施工配合，平行搭接进行。回填土一般在基础完工后一次分层夯填完毕，以便为后道工序施工创造条件，但应注意基础本身的承受力。当工程量较大且工期较紧时，也可将填土分段与主体结构搭接进行，或安排在室内装修施工前进行（如室内填土）。

（2）主体阶段的施工顺序。这个阶段的施工过程包括：搭设垂直运输机械及脚手架、墙体砌筑、现浇圈梁和雨篷、安装楼板等。

这一阶段，应以墙体砌筑为主进行流水施工，根据每个施工段砌墙工程量、工人人数、垂直运输量及吊装机械效率等计算确定流水节拍的大小，而其他施工过程则应配合砌墙的流水，搭接进行。如：脚手架搭设及楼板铺设应配合砌墙进度逐段逐层进行；其他现浇构件的支模、绑钢筋可安排在墙体砌筑的最后一步插入，与现浇圈梁同时进行；预制楼梯段的安装必须与墙体砌筑和楼板安装紧密配合，一般应同时或相继完成。当采用现浇楼梯时，更应注意与楼层施工紧密配合，否则由于混凝土养护的需要，后道工序将不能如期进行，从而延长工期。

（3）屋面、装修、房屋设备安装阶段的施工顺序。这个阶段的特点：是施工内容多，繁而杂；有的工程量大而集中，有的则小而分散；劳动消耗量大，手工操作多，工期较长。

屋面保温层、找平层、防水层施工应依次进行。刚性防水屋面的现浇钢筋混凝土防水层、分格缝施工应在主体结构完成后开始并尽快完成，以便为顺利进行室内装修创造条件。一般情况下，它可以和装修工程搭接或仟行施工。

装修工程可分为室外装修（外墙抹灰、勒脚、散水、台阶、明沟、落水管及道路等）和室内装修（天棚、墙面、地面抹灰、门窗扇安装、五金及各种木装修、踢脚线、楼梯踏步抹灰等）。要安排好立体交叉平行搭接施工，合理确定其施工顺序。通常有先内后外，先外后内，内外同时进行这三种顺序。如果是水磨石楼面，为防止楼面施工时渗漏水对外墙面的影响，应先完成水磨石的施工；如果为了加速脚手架周转或要赶在冬雨期到来之前完成外装修，则应采取先外后内的顺序；如果抹灰工太少，则不宜采用内外同时施工。一般说来，采用先外后内的顺序较为有利。

室内抹灰在同一层内的顺序有两种：地面→天棚→墙面；天棚→墙面→地面。前一种顺序便于清理地面基层，地面质量易于保证，而且便于利用墙面和天棚的落地灰，节约材料。但地面需要养护时间及采取保护措施，否则后道工序不能及时进行。后一种顺序应在做地面面层时将落地灰清扫干净，否则会影响地面的质量（产生起壳现象），而且地面施工用水的渗漏可能影响墙面、天棚的抹灰质量。

底层地坪一般是在各层装修做好后施工。为保证质量，楼梯间和踏步抹灰往往安排在各层装修基本完成后进行。门窗扇的安装可在抹灰之前或之后进行,主要视气候和施工条件而定,宜先油漆门窗扇,后安装玻璃。

房屋设备安装工程的施工可与土建有关分部分项工程交叉施工,紧密配合。例如:基础阶段,应先将相应的管沟埋设好,再进行回填土;主体结构阶段,应在砌墙或现浇楼板的同时预留电线、水管等的孔洞或预埋木砖和其他预埋件;装修阶段,应安装各种管道和附墙暗管、接线盒等。水暖煤电卫等设备安装最好在楼地面和墙面抹灰之前或之后穿插施工。室外上下水管道等的施工可安排在土建工程之前或与土建工程同时进行。

3) 单层装配式厂房的施工顺序

单层装配式厂房的施工,一般可分为基础、构件预制,吊装,围护结构,屋面,装修及设备安装等分部工程,或分为基础,预制,吊装,围护及屋面,装修,设备安装等施工阶段。各施工阶段的施工顺序,见图 7.3 所示。

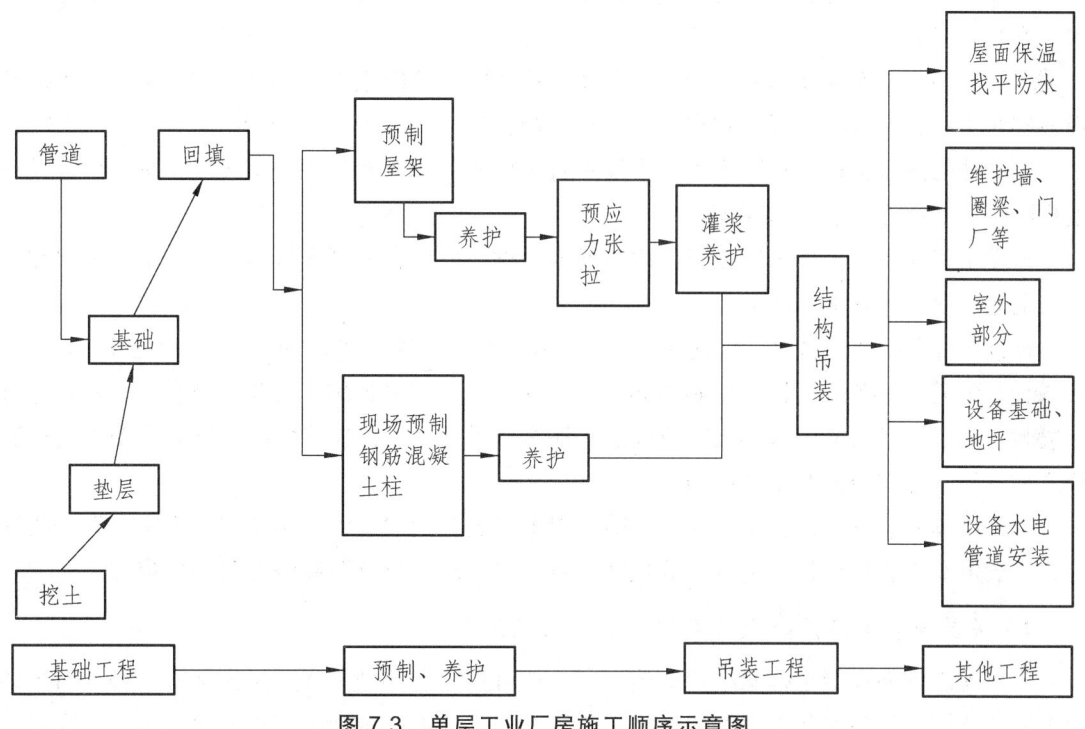

图 7.3 单层工业厂房施工顺序示意图

(1)基础阶段的施工顺序。这个阶段的施工过程和顺序是:挖土→垫层→杯形基础(也可分为扎筋、支模、浇混凝土等)→回填土。如采用桩基础,可另列一个施工阶段。打桩工程也可安排在准备阶段进行。若桩基、土方和基础工程分别为不同单位分包,则可分为三个单独的施工过程,分别组织施工。

对厂房内的设备基础,应根据不同情况,采用封闭式或敞开式施工。封闭式,即厂房柱基础先施工,设备基础在结构安装后施工。这适用于设备基础不大、不深(不超过桩基础深度)、不靠近桩基的情况。敞开式,即厂房柱基础与设备基础同时施工。这适用于设备基础较大较深、靠近柱基的情况，施工时应遵循先深后浅的要求来安排设备基础的先后顺序。

（2）预制阶段的施工顺序。这个阶段主要包括一些重量较大、运输不便的大型构件，如柱、屋架、吊车梁等的现场预制。可采用先柱后屋架或柱、屋架依次分批预制的顺序，这取决于结构吊装方法。现场后张法预应力屋架的施工顺序是：场地平整夯实→支模（地胎模或多节脱模）→扎筋（有时先扎筋后支模）→预留孔道→浇筑混凝土→养护→拆模→预应力钢筋张拉→锚固→灌浆。

（3）吊装阶段的施工顺序。这个阶段的施工顺序取决于吊装方法。采用分件吊装法时，其顺序一般是：第一次开行吊装柱，并进行其校正固定；第二次开行安装吊车梁、联系梁、基础梁等；第三次开行吊装屋盖构件。采用综合吊装法时的施工顺序一般是：先吊装一、二个节间的4~6根柱，再吊装该节间内的吊车梁等构件，最后吊装该节间内的屋盖构件，如此逐间依次进行，直至全部厂房吊装完毕。抗风柱的吊装，可采用两种顺序：一是在吊装柱的同时先安装同跨一端抗风柱，另一端则在屋盖吊装完毕后进行；二是全部抗风柱的吊装均待屋盖吊装完毕后进行。

（4）围护、屋面及装修阶段的施工顺序。这个阶段总的施工顺序是：围护结构→屋面工程→装修工程，但有时也可互相交叉，平行搭接施工。

围护结构的施工过程和顺序为：搭设垂直运输机具（井架等）→砌砖墙（脚手架搭设与之相配合）→现浇门框、雨篷等。

屋面工程在屋盖构件吊装完毕，垂直运输机械搭好后，就可安排施工，其施工过程和顺序与前述砖混结构基本相同。

装修工程包括室内装修（包括地面、门窗扇、玻璃安装、油漆、刷白等）和室外装修（包括勾缝、抹灰、勒脚、散水等），两者可平行施工，也可与其他施工过程穿插进行。室外抹灰一般自上而下；室内地面施工前应将前通工序全部做完；刷白应在墙面干燥和大型屋面板灌缝之后进行，并在油漆开始之前结束。

（5）设备安装阶段的施工顺序。水暖煤卫电安装与前述砖混结构相同。而生产设备的安装，一般由专业公司承担，由于专业性强、技术要求高，应遵照有关专门顺序进行。

4）多层现浇钢筋混凝土框架结构的施工顺序

多层现浇钢筋混凝土框架结构的施工，一般可划分为基础工程、主体结构工程、围护结构工程和装饰及设备安装工程等四个施工阶段。如图7.4所示为某多层框架结构工程房屋的施工顺序示意图。

（1）基础阶段的施工顺序。和砖混结构与单层工业厂房的基础施工顺序基本相同，挖土→混凝土垫层→基础混凝土浇筑（也可分为扎筋、支模、浇筑等）→回填土。

（2）主体阶段的施工顺序。这个阶段的施工内容主要包括，钢筋工程、模板工程、混凝土工程、脚手架工程。顺序一般为测量放线→柱钢筋绑扎→安装预埋及验收→墙柱支模→复验合格→梁板支模→梁板钢筋绑扎→安装预埋→墙柱梁板混凝土浇捣。

① 钢筋工程包括以下内容：

钢筋制作：钢材下料严格按图纸施工，要根据不同钢筋长短搭配，统筹排料，减少接头，如需钢筋代换，必须经设计院同意方可。钢筋焊接：钢筋焊接前首先进行可焊性试验，试验合格后方可成批焊接。并且按规定抽样送检，柱主筋采用电渣压力焊，梁筋采用闪光对焊，板筋采用电弧焊。钢筋绑扎：钢筋绑扎严格按规范要求施工，严禁漏扎，绑扎接头的搭接长度，接头的布置必须符合设计要求。钢筋保护层：基础保护层，有垫时是40 mm，无垫层时是50 mm，柱梁的保护层均为25 mm，板的保护层为15 mm。在工程开工时，预先制作一部分与混凝土同强度等级的砂浆垫块，垫块厚分成25 mm和15 mm，中间预埋1个扎丝，以便柱梁钢筋施工时使用。

② 模板工程的主要施工内容为先期的模板支撑和后期的模板拆除。模板支设后要达到以下几点要求：要保证结构和构件各部位形状尺寸和相互间位置的正确性，要具有足够的稳定性和牢固性，要接缝严密，不易漏浆，要节约材料，便于拆模。

③ 混凝土工程的主要施工内容为混凝土搅拌、混凝土浇筑和混凝土养护。如果是商品混凝土，则不再自拌混凝土。

（3）维护与其他工程的施工内容和顺序和砖混结构与单层工业厂房的基础施工顺序基本相同，不再赘述。

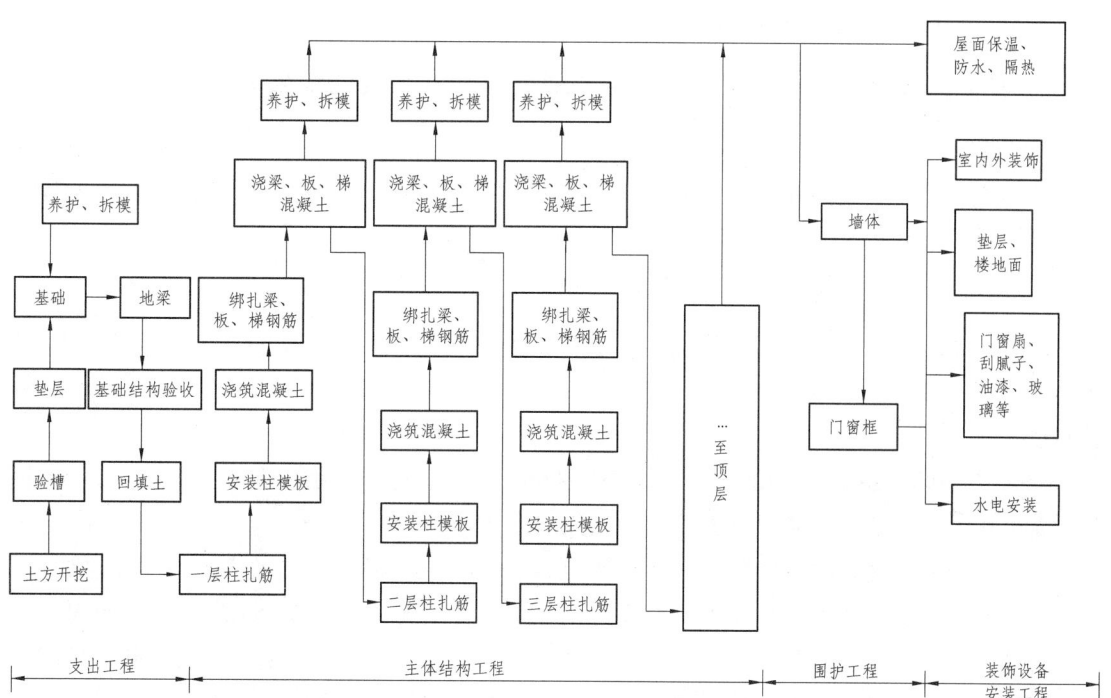

图7.4 多层全现浇框架结构施工顺序示意图

4. 施工方法、施工机械的选择

单位工程各主要施工过程的施工，一般有几种不同的施工方法（或机械）可供选择。这时，应根据建筑结构特点，平面形状、尺寸和高度，工程量大小及工期长短，劳动力及资源供应情况，气候及地质情况，现场及周围环境，施工单位技术、管理水平和施工习惯等，进行综合分析考虑，选择合理的、切实可行的施工方法。正确地选择施工方法和施工机械也是施工组织中的关键部分,它直接影响施工进度、施工质量和安全以及工程成本。

在拟定施工方法时,应突出重点。凡新技术、新工艺和对本工程质量起关键作用的分部分项工程以及工人在操作上还不够熟悉的分项工程,应拟定详细而具体的施工方法;对常规做法和工人熟悉的分项工程,则不必详细拟定,可只提具体要求。

在拟定施工方法时必然涉及施工机械的选择问题,因此施工机械的选择是拟定施工方法的中心环节,在选择时应着重考虑以下几点。

(1)首先选择主导工程的施工机械,如地下工程的施工机械、主体结构工程的垂直和水平运输机械、结构吊装工程的起重机械等。

(2)各种辅助机械或运输工具应与主导机械的生产能力协调匹配,以充分发挥主导机械的效率。如土方工程在采用汽车运土时,汽车的载重量应为挖土机斗容量的整数倍数,汽车的数量应保证挖土机连续工作。

(3)在同一工地上,应力求建筑机械的种类和型号尽可能少一些,以利于机械管理;尽量使机械少,而配件多,一机多能,提高机械使用率。

(4)机械选择应考虑充分发挥施工单位现有机械的能力,当本单位的机械能力不能满足工程需要时,则应购置或租赁所需新型机械或多用机械。

5. 实例:某六层现浇框架结构教学楼桩基础工程的施工方案

1)施工顺序

测量定位→人工挖桩孔→挖土方→截桩头→混凝土垫层→做混凝土桩承台、混凝土基础梁→砖基础→回填土。

2)确定分项工程施工方法、施工机械及技术措施

(1)定位放线: 依据建筑物测量控制网资料和桩基础平面图,测定桩位控制网和高程基准点,确定好桩位中心。以桩位中心为圆心,以桩身半径加护壁厚度为半径画出桩位开挖线。

定桩位:采用 50×50×300 的小木桩插入桩中心做桩位标识,并在每个桩位上砌筑砖圈,用水泥砂浆粉顶压光,将桩号及桩位定位墨线标上去。

确定深度:根据高程确定每个桩顶标高和桩底标高,确保桩顶、桩底各在同一个平面上。

(2)开挖桩孔土方:开挖桩孔应从上到下逐层进行,先挖中间部分土方,然后向周边扩挖,严格控制桩孔底截面尺寸。开挖时应根据土质条件底设计规定确定每节底高度,每挖完一节,必须根据桩孔口上底轴线吊直、修边,使孔壁圆弧保持上下顺直一致。

(3)安放钢筋笼:钢筋笼按设计要求配置,采用汽车吊运输及吊装。

运输及吊装时应防止钢筋笼扭转弯曲变形。钢筋笼放入前应在四周绑好砂浆垫块,作为定位垫块。吊放钢筋笼时,要对准孔位,直吊扶稳,缓慢下沉,避免碰撞孔壁。钢筋笼吊至设计位置时,应立即固定。

(4)灌注混凝土:本工程拟采用混凝土泵送车布料机浇注。

浇注混凝土时应连续进行,分层振捣密实。第一步浇注至扩底部位的顶面,然后浇注上

部混凝土。分层振捣厚度不宜大于 1.5 m。

3) 土方开挖

土方开挖前应进行场地平整,绘制基坑土方开挖图,确定开挖路线、顺序、基底标高、边坡坡度及土方堆放地点。

本工程采用人工挖土,放坡开挖,坡度系数为 0.33。从①轴开始,自东向西进行。由于施工现场场地小,挖出的土,要立即用翻斗车、单轮手推车将土方随挖随运至指定地点,待室内回填土时运回。挖土时应从上而下逐层挖掘,并随时注意土壁变动情况,如发现有裂缝或部分塌落现象,要及时进行支撑或改缓放坡。

为加快工程进度,集中人力组织施工、放线,测量人员应配合抄出距基础底 50 cm 平线,以保证基底标高准确,对基坑(槽)挖至图纸设计标高后,必须经设计单位验收合格后,方可进行下道工序施工。在土方挖好整平后,应立即支模浇筑混凝土垫层,以防止雨水浸泡基坑和塌方。

C10 混凝土垫层:垫层采用商品混凝土。场外混凝土运输采用混凝土搅拌车,现场采用 HBT60A 型拖式混凝土高压输送泵。施工时沿基底自东向西浇筑,采用平板振动机械振实。

4) 混凝土桩承台、基础梁

(1) 模板采用普通组合钢模板和木模板。施工时应控制好模板的位置和稳定性。

(2) 钢筋采用加工,现场配备钢筋切断机、钢筋弯曲机、对焊机、电弧焊机及冷拉卷扬机各一台,进行现场加工。纵向钢筋采用绑扎和电弧焊接头。绑扎钢筋时,应注意控制保护层的厚度及底板钢筋位置和柱的插筋,桩承台钢筋绑扎前先在垫层上弹好钢筋的分档位置线,按弹好的位置线摆放好钢筋并进行绑扎好。桩头进入承台尺寸为 50 mm。

(3) 混凝土采用插入式振动机械。捣实时应特别注意角、边等处的密实性,分台阶浇筑和捣实。基础梁原槽浇筑。

5) 砖基础

砌砖基础采用一顺一丁组砌形式、等高式大放脚。基础砌筑应检查垫层的水平度和控制基础的轴线、边线位置,注意退台的砌筑要求,采用小皮数杆控制砖层水平和灰缝的厚度。

6) 基槽及室内回填土

基础回填土应在基础拆模及外围基础墙砌好后,后立即进行,以便外架子的搭设。室内回填土可在一层楼板模板及支撑拆除、基础墙砌筑完毕后进行,并用蛙式打夯机压实至设计标高。回填时应按类别有规则地分层铺填,严格控制每层铺土厚度,严禁汽车直接向基坑内倒土,并禁止用浇水、水掩法使土下沉,代替夯实。管沟下部、机械夯压不到部位的填土,应有一段自然沉实的时间,测定沉降变化,稳定后再进行下道工序的施工。

土方回填土时选用回填土料,控制含水率、夯实遍数。回填土应连续进行,尽快完成。施工时应有防雨措施,要防止地面水流入基坑内,以免边坡塌方或基土遭到破坏。

7.4 施工进度计划

单位工程施工进度计划是在确定的施工方案的基础上,根据要求工期和技术资源供应条件,遵循工程的施工顺序,用图表形式表示各施工项目(各分部分项工程)搭接关系及工程开竣工时间的一种计划安排。

1. 施工进度计划的作用及分类

(1)单位工程施工进度计划是施工组织设计的重要内容,是控制各分部分项工程施工进度的主要依据,也是编制季度、月度施工作业计划及各项资源需用量计划的依据。它的主要作用是:确定各分部分项工程的施工时间及其相互之间的衔接、配合关系;安排施工进度和施工任务的如期完成;确定所需的劳动力、机械、材料等资源数量;具体指导现场的施工安排。

(2)单位工程施工进度计划根据施工项目划分的粗细程度,可分为控制性和指导性进度计划两类。控制性进度计划按分部工程来划分施工项目,控制各分部工程的施工时间及其相互搭接配合关系。它主要适用于工程结构较复杂、规模较大、工期较长而需跨年度施工的工程(如体育场、火车站等公共建筑以及大型工业厂房等,还适用于工程规模不大或结构不复杂但各种资源(劳动力、机械、材料等)不落实的情况,以及由于建筑结构等可能变化的情况。指导性进度计划按分项工程或施工过程来划分施工项目,具体确定各施工过程的施工时间及其相互搭接、配合关系。它适用于任务具体而明确、施工条件基本落实、各项资源供应正常、施工工期不太长的工程。编制控制性施工进度计划的单位工程,当各分部工程的施工条件基本落实后,在施工之前还应编制指导性的分部工程施工进度计划。

2. 施工进度计划的编制依据和程序

单位工程施工进度计划的编制,主要依据以下资料:

(1)有关设计图纸,如建筑结构施工图、工艺设备布置图及设备基础图。
(2)施工组织总设计对本工程的要求及施工总进度计划。
(3)要求的开工及竣工时间。
(4)施工方案与施工方法。
(5)施工条件,如劳动力、机械、材料、构件等供应情况。
(6)定额资料,如劳动定额、机械台班定额、施工定额等。
(7)施工合同。

单位工程施工进度计划的编制程序,如图 7.5 所示。

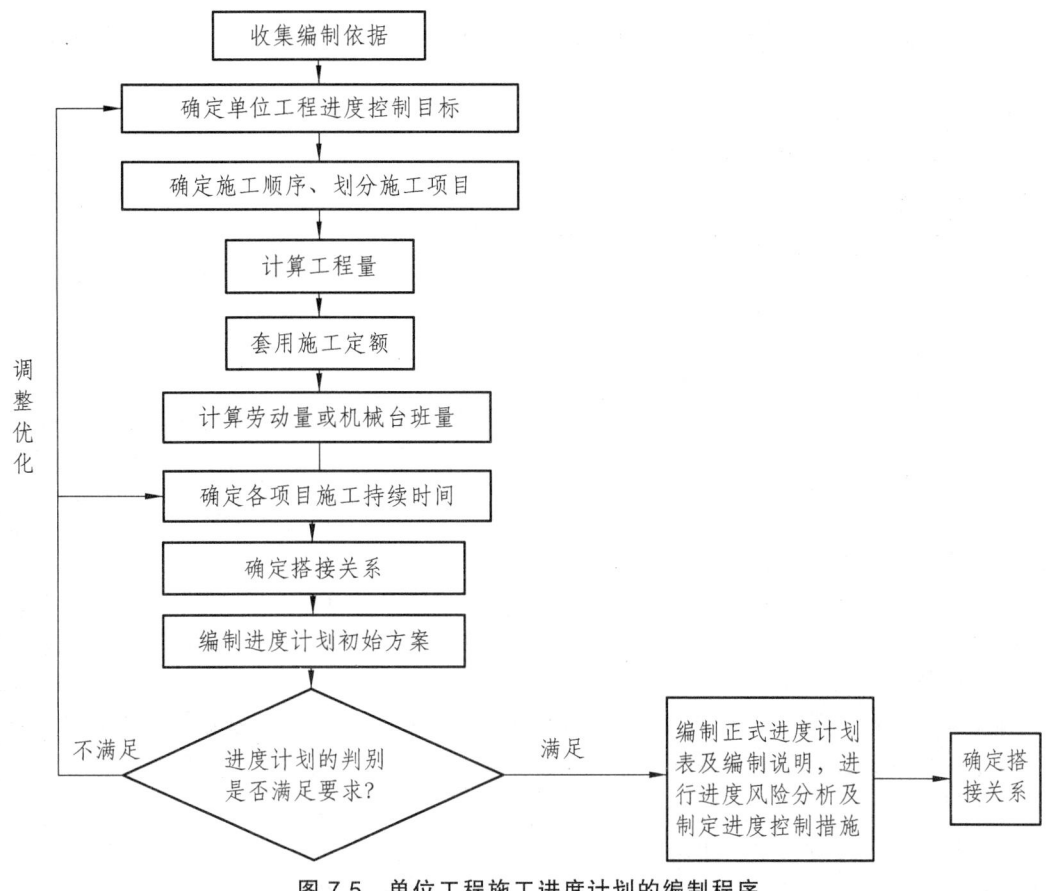

图 7.5 单位工程施工进度计划的编制程序

3. 施工进度计划的编制方法与步骤

根据施工进度计划的编制程序，现将其主要步骤和方法叙述如下。

1）施工项目的划分

施工项目是包括一定工作内容的施工过程，是进度计划的基本组成单元。施工项目划分的一般要求和方法如下：

（1）明确施工项目划分的内容。

应根据施工图纸、施工方案与施工方法，确定拟建工程可划分成哪些分部分项工程，明确其划分的范围和内容。如单层厂房的设备基础是否包括在厂房基础的施工项目之内；又如室内回填土是否包括在基础回填土的施工项目之内。

（2）掌握施工项目划分的粗细。

一般对于控制性施工进度计划，其施工项目可以粗一些，如划分为施工前准备、打桩工程、基础工程、主体结构工程等。对于指导性施工进度计划，其施工项目的划分可细一些，特别是其中的主导施工过程均应详细列出，以便于掌握施工进度，起到指导施工的作用。

（3）某些施工项目应单独列项。

凡工程量大、用工多、工期长、施工复杂的项目，均应单独列项，如结构吊装等。影响下一道工序施工的项目（如回填土）和穿插配合施工的项目（如框架的支模、扎筋等），也应单独列项。

（4）将施工项目适当合并。

为了使计划简明清晰、突出重点，一些次要的施工过程应合并到主要施工过程中去，如基础防潮层可合并在基础墙砌筑内；有些虽然重要但工程量不大的施工过程也可与相邻施工过程合并，如基础挖土可与垫层合并为一项，组织混合班组施工；同一期间由同一工种施工的可合并在一起，如各种油漆施工，包括钢木门窗、铁栏杆等油漆均可并为一项；有些关系比较密切，不容易分出先后的施工过程也可合并，例如玻璃和油漆，散水、勒脚和明沟等均可合并为一项。

对于次要的、零星的施工过程，可合并为"其他工程"一项，在计算劳动量时给予适当的考虑即可。

（5）现浇钢筋混凝土工程的列项。

根据施工组织和结构特点，一般可划分为支模、扎筋、浇筑混凝土等施工过程。现浇框架结构分项可细一些，如分为绑扎柱钢筋、安装柱模板、浇筑柱混凝土、安装梁板模板、绑扎梁板钢筋、浇筑梁板混凝土、养护、拆模等施工项目。但在砖混结构工程中，现浇工程量不大的钢筋混凝土工程一般不再细分，可合并为一项，由施工班组的各工种互相配合施工。

（6）抹灰工程的列项。

外墙抹灰一般只列一项，如有瓷砖贴面等装饰，可分别列项。室内的各种抹灰应分别列项，如地面抹灰、天棚及墙面抹灰、楼梯面及踏步抹灰等，以便组织施工和安排进度。

（7）设备安装应单独列项。

土建施工进度计划列出的水暖煤电卫通讯和生产设备安装等施工项目，只要表明其与土建施工的配合关系，一般不必细分，可由安装单位单独编制其施工进度计划。

（8）项目划分应考虑施工方案。

施工项目的划分，应考虑采用的施工方案。如厂房基础采用敞开式施工方案时，柱基础和设备基础可划分为一个施工项目；而采用封闭式施工方案时，则必须分别列出柱基础、设备基础这两个施工项目。又如结构吊装工程，采用分件吊装法时，应列出柱吊装、梁吊装、屋架扶直就位、屋盖吊装等施工项目；而采用综合吊装法时，则只要列出结构吊装一项即可。

（9）项目划分应考虑流水施工安排。

在组织楼层结构流水施工时，相应施工项目数目应小于或等于每层的施工段数目。如砖混结构每层划分为两个施工段时，施工项目可分为：砌砖墙（包括脚手架、门窗过梁、楼梯安装等）与现浇、吊装钢筋混凝上梁板（包括现浇圈梁、雨篷和安装大梁、楼板等）两项；比如划分为三个施工段时，则可将现浇圈梁、雨篷和吊装大梁、楼板划分开来，即砌砖墙、现浇圈梁和雨篷、吊装大梁和楼板等三项。

（10）区分直接施工与间接施工。

直接在拟建工程的工作面上施工的项目，经过适当合并后均应列出。不在现场施工而在拟建工程工作面之外完成的项目，如各种构件在场外预制及其运输过程，一般可不必列项，只要在使用前运入施工现场即可。

施工项目划分和确定之后，应大体按施工顺序排列，依次填入施工进度计划表的"施工项目"一栏内。

2)划分施工段

施工段划分详见第 3 章。

3)计算工程量

工程量应根据施工图纸、有关计算规则及相应的施工方法进行计算,计算时应注意以下几个问题。

(1)注意工程量的计量单位。

施工定额中某些项目的工程量计量单位与预算定额有所不同。因此计算时,应使每个项目的工程量计量单位与采用的施工定额一致,以便计算劳动量及材料需要量时可直接套用定额,不再进行换算。

(2)注意所采用的施工方法。

计算工程量时,应注意与所采用的施工方法一致,以便计算所得工程量与施工实际情况相符合。例如:挖土时是否放坡,是否加工作面,坡度和工作面尺寸是多少;开挖方式是单独开挖、条形开挖、还是整片开挖,都直接影响到工程量。

(3)注意结合施工组织的要求。

组织流水施工时的项目应按施工层、施工段划分,列出分层、分段的工程量。如每层、每段的工程量相等或出入不大时,可计算一层、一段的工程量,再分别乘层数、段数,即得该项目的总工程量;或根据总工程量分别除层数、段数,可得每层、每段的工程量。

(4)正确取用预算文件中的工程量。

如已编制预算文件,则施工进度计划中的工程量可根据施工项目包括的内容从预算工程量的相应项目内抄出并汇总。例如,为确定进度计划中砌筑砖墙项目的工程量,可首先分析它包括哪些内容,然后按其所包含内容从预算工程量中全部摘抄出来,再进行汇总后求得。当进度计划中的施工项目与预算项目不同或有出入时(如计量单位、计算规则、采用定额不同等),则应根据施工实际情况加以修改、调整或重新计算。

4)套用施工定额

根据所划分的施工项目、工程量和施工方法,即可套用施工定额(当地实际采用的劳动定额及机械台班定额),以确定劳动量和机械台班量。

施工定额一般有两种形式:即时间定额和产量定额。时间定额是指某种专业、某种技术等级工人小组或个人在合理的技术组织条件下,完成单位合格产品所必需的工作时间。一般用符号 H_i 表示,它的单位有:工日$/m^3$、工日$/m^2$、工日$/m$、工日$/t$ 等。因为时间定额以劳动工日数为单位,便于综合计算,故在劳动量统计中用得比较普遍。产量定额是指在合理的技术组织条件下,某种专业、某种技术等级工人小组或个人在单位时间内所应完成的合格产品数量。一般用符号 S_i 表示,它的单位有:m^3/工日、m^2/工日、m/工日、t/工日等。因为产量定额是以产品数量来表示,具有形象化的特点,故在分配任务时用得比较普遍。

时间定额和产量定额是互为倒数的关系,即

$$H_i=1/S_i$$

或

$$S_i=1/H_i \tag{7.1}$$

套用国家或当地颁发的定额,必须注意结合本单位工人的技术等级、实际施工技术操作水平、施工机械情况和施工现场条件等因素,确定完成定额的实际水平,使计算出来的劳动量、台班量符合实际需要,为准确编制施工进度计划打下基础。

有些采用新技术、新材料、新工艺或特殊施工方法的项目,定额中尚未编入,这时可参考类似项目的定额、经验资料,按实际情况确定。

5)劳动量和机械台班量的确定

根据计算的工程量和实际采用的定额水平,即可计算出各施工项目的劳动量和机械台班量。

(1)劳动量的确定。

凡是以手工操作为主完成的施工项目,其劳动量可按式(7.2)计算。

$$P_i = Q_i/S_i = Q_i \cdot H_i \tag{7.2}$$

式中　P_i——某施工项目所需劳动量(工日);

Q_i——该施工项目的工程量(m^3、m^2、m、t 等);

S_i——该施工项目采用的产量定额(m^3/工日、m^2/工日、m/工日、t/工日等);

H_i——该施工项目采用的时间定额(工日/m^3、工日/m^2、工日/m、工日/t 等)。

【例 7.1】某工程一砖外墙砌筑(塔吊配合),其工程量为 855 m^3,经研究确定平均时间定额为 0.83 工日/m^3。试计算完成砌墙任务所需劳动量。

【解】$855 \times 0.83 = 709.65$(工日),取 710 个工日。

当施工项目由两个或两个以上的施工过程或内容合并组成时,其总劳动量可按式(7.3)计算。

$$P_总 = \sum P_i = P_1 + P_2 + \cdots + P_n \tag{7.3}$$

【例 7.2】某厂房杯形基础施工,其支模板、扎钢筋、浇筑混凝土三个施工过程的工程量分别为 719.6 m^2、6.284 t、287.3 m^3,经研究确定其时间定额分别为 0.253 工日/m^2、7.28 工日/t、0.833 工日/m^3,试计算完成杯形基础所需总劳动量。

【解】　$P_模 = 719.6 \times 0.253 \approx 182$(工日)

$P_筋 = 6.284 \times 7.28 \approx 33$(工日)

$P_{混凝土} = 287.3 \times 0.833 \approx 239$(工日)

$P_{杯基} = P_模 + P_筋 + P_{混凝土} = 182 + 33 + 239 = 454$(工日)

(2)机械台班量的确定。

凡是以施工机械为主完成的施工项目,应按式(7.4)计算其机械台班量:

$$D_i = Q'_i/S'_i = Q' \cdot h'_i \tag{7.4}$$

式中　D_i——某施工项目所需机械台班量(台班);

Q'_i——机械完成的工程量(m^3、t、件等);

S'_i——该机械的产量定额(m^3/台班、t/台班、件/台班等);

h'_i——该机械的时间定额(台班/m^3、台班/t、台班/件等)。

【例 7.3】某宿舍工程采用井架摇头把杆吊运楼板等,每个施工段安装楼板 165 块,采用产量定额为 85 块/台班,试求吊完一个施工段楼板所需的台班量。

【解】$D_{井架} = Q'_i / S'_i = 165/85 = 1.94$（台班）

取整数用 2 个台班即可吊完。

对于"其他工程"一项所需的劳动量,可根据其内容和数量,结合工地具体情况,以总劳动量的一定百分比计算确定。一般约占总劳动量的 10%~20%。

因为水暖煤电卫通信等建筑设备及生产设备等安装工程项目,由专业安装队施工。所以,在编制施工进度计划时,不计算其劳动量和机械台班量,仅安排与一般土建工程配合的施工进度。

6）施工项目工作持续时间计算

施工项目工作持续时间的计算方法一般有经验估计法、定额计算法和倒排计划法。

（1）经验估计法。

这种方法就是根据过去的经验进行估计,一般适用于采用新工艺材料等无定额可循的工程。为了提高其准确程度,可采用"三时估计法"。若该施工项目的最乐观时间为 A、最悲观时间为 B 和最可能时间为 C,即按式（7.5）确定该施工项目的工作持续时间。

$$T = (A+4C+B)/6 \tag{7.5}$$

（2）定额计算法。

这种方法就是根据施工项目需要的劳动量或机械台班量,以及配备的劳动人数或机械台数,来确定其工作持续时间。

当施工项目所需劳动量或机械台班量确定后,可按式（7.6）和式（7.7）计算确定其完成施工任务的持续时间。

$$T_i = P_i / (R_i \cdot z) \tag{7.6}$$

$$T'_i = D_i / (G_i \cdot z) \tag{7.7}$$

式中 T_i——某手工操作为主的施工项目持续时间（天）;

P_i——该施工项目所需的劳动量（工日）;

R_i——该施工项目所配备的施工班组人数（人）;

b_i——每天采用的工作班制（1~3 班制）;

T'_i——某机械施工为主的施工项目持续时间（天）;

D_i——该施工项目所需的机械工程量（台班）;

G_i——某机械项目所配备的机械台数（台）;

z——某专业班组或机械的工作班次。

在组织分段流水施工时,也可用上式确定每个施工段的流水节拍数。

（3）倒排计划法。

这种方法是根据流水施工方式及总工期要求,先确定施工时间和工作班制,再确定施工班组人数或机械台数。其计算方法及步骤如下:

① 根据合同工期或定额工期要求确定各分部工程工期 T_L（即流水组工期）;

② 计算主导施工过程的流水节拍 t;

③ 根据 $R_i = \dfrac{P_i}{t_i b_i}$ 或 $G_i = \dfrac{D_i}{t_i b_i}$ 确定班组人数或机械台数;

④ 确定其他施工过程的流水节拍 t_i ($t_i \leq t$) 及班组人数或机械台数。

如果计算需要的施工人数或机械台数超过了本单位现有的数量,除了要求上级单位调度、支援外,应从技术上、组织上采取措施。如组织平行立体交叉流水施工,某些项目采用多班制施工,提高混凝土早期强度等。如果计算得出的施工人数或机械台数对施工项目来说是过多或过少了,应根据施工现场条件、施工工作面大小、最小劳动组合、可能得到的人数和机械等因素合理确定。如果工期太紧,施工时间不能延长,则可考虑组织多班组、多班制的施工。

7)施工进度计划的检查和调整

施工进度计划可采用横道图或网络图形式。采用网络计划时,最好先排横道图,分清各过程在组织和工艺上的必然联系。然后再根据网络图的绘图原则、步骤、要求进行绘图。

在排一般双代号网络计划时,应特别注意各工作(以下将施工过程项目简称工作)的逻辑联系,尤其是个节点有多个箭头和箭尾时,可能会将无逻辑联系的工作连接起来,此时必须用需箭线切断或连接工作之间的联系。

施工进度计划初步方案编出后,应根据上级要求、合同规定、经济效益及施工条件等,先检查各施工项目之间的施工顺序是否合理、工期是否满足要求、劳动力等资源需用量是否均衡;然后进行调整,直至满足要求;最后编制正式施工进度计划。

(1)施工顺序的检查和调整。

施工进度计划安排的施工顺序应符合建筑施工的客观规律。应从技术上、工艺上、组织上检查各个施工项目的安排是否正确合理,如屋面工程中的第一个施工项目应在主体结构屋面板安装与灌缝完成之后开始。应从质量上、安全上检查平行搭接施工是否合理、技术组织间歇时间是否满足,如主体砌墙一般应从第一个施工段填土完成后开始;又如混凝土浇筑以后的拆模时间是否满足技术要求。总之,所有不当或错误之外,应予修改或调整。

(2)施工工期的检查和调整。

施工进度计划安排的计划工期首先应满足上级规定或施工合同的要求,其次应具有较好的经济效益,即安排工期要合理,但并不是越短越好。一般评价指标有以下两种:

① 提前工期:即计划安排的工期比上级要求或合同规定的工期提前的天数。
② 节约工期:即与定额工期相比,计划工期少用的天数。

当工期不符合要求,即没有提前工期或节约工期时,应进行必要的调整。检查时主要看各施工项目的持续时间、起止时间是否合理,特别应注意对工期起控制作用的施工项目,即首先要缩短这些施工项目的时间,并注意施工人数、机械台数的重新确定。

(3)资源消耗均衡性的检查与调整。

施工进度计划的劳动力、材料、机械等供应与使用,应避免过分集中,尽量做到均衡。这里主要讨论劳动力消耗的均衡问题。劳动力消耗的均衡与否,可通过劳动力消耗动态图来反映。

劳动力消耗的均衡性可用不均衡系数来表示,用式(7.8)计算:

$$K = R_{\max} / R_{\mathrm{m}} \tag{7.8}$$

式中　K——劳动力不均衡系数；

　　　R_{max}——高峰人数；

　　　R_m——平均人数，即为施工总工日数除总工期所得人数。

K 一般应接近于 1，超过 2 则不正常。如果出现劳动力不均衡的情况，可通过调整次要施工项目的施工人数、施工时间和起止时间以及重新安排搭接等方法来实现均衡。

应当指出，施工进度计划并不是一成不变的，在执行过程中，往往由于人力、物资供应等情况的变化，打破了原来的计划。因此，在执行中应随时掌握施工动态，并经常不断地检查和调整施工进度计划。

4. 多层现浇框架结构基础工程进度计划的编制

某六层教学楼工程施工期限为 8 个月，按每月施工天数为 27.5 d 考虑，总天数约为 205 d。考虑施工准备工作为 15 天，因此，安排进度计划时以 180 d 作为工期要求。

为便于计划安排和按期完成施工任务，以基础、主体、装修三大分部工程的施工进度来控制单位工程的工期。基础工程工期一般占总工期的 20%~22%（含桩基础），本工程取 22%，则其控制工期为：180 d × 20% = 36 d；主体工程工期一般占总工期的 43%~50%，本工程取 48%，则其控制工期为：180 d × 48% = 86 d；装修工程的控制工期则为：180 d × (1 - 20% - 48%) = 78 d。各部分施工天数以调整到控制工期的 ±2 d 为宜。

1) 基础工程施工进度计划

（1）施工项目的划分。

某六层现浇框架结构教学楼工程基础施工阶段的主要施工过程包括：桩基础、挖土方、截桩头、混凝土垫层、做混凝土桩承台、混凝土基础梁、砖基础、回填土等。根据工程的特点及工程量的大小，将挖土方、截桩头、混凝土垫层合并为一个项目；混凝土桩承台、混凝土基础梁一个施工项目。这样基础部分的施工项目共有 5 个，其施工顺序为：桩基础→挖土及垫层→承台及基础梁→砖基础→回填土。

（2）计算工程量，确定劳动工日数（见表 7.2）。

表 7.2　某六层现浇框架结构教学楼基础与主体劳动工日数

序号	分项工程名称	劳动量/工日	序号	分项工程名称	劳动量/工日
	基础工程		6	砌砖基础	79
1	桩基础	455	7	回填土	258
2	人工挖土方			主体工程	
3	截桩头	232	8	柱筋	345
4	混凝土垫层		9	柱、梁、板模板（含楼梯）	3 468
3	绑扎基础钢筋（含构造柱筋）	86	10	柱混凝土	298
4	承台、基础梁模板	137	11	梁、板筋（含楼梯）	1 080
5	浇混凝土基础	39	12	梁、板混凝土（含楼梯）	756

(3)计算各施工项目的持续时间。

根据施工的特点,桩基础不分段,故组入流水的施工项目有四个,即:挖土及垫层、承台及基础梁、砖基础和回填土,其主导施工过程为桩承台及基础梁。现划分两段组织流水施工如下:

① 确定流水组工期:桩基础劳动劳动量为 455 工日,安排 30 人,持续时间为 455÷30 = 15(d)。基础流水组工期为 36 – 15 = 21(d)

② 计算主导施工过程的持续时间:

$$t = \frac{T_L}{m+n-1} = \frac{21}{2+4-1} = 4.2\ (取\ 5d)$$

主导施工过程桩承台及基础梁的流水节拍值为 5 d,也就是承台及基础梁支模板、扎钢筋、浇混凝土的节拍和为 5 d。分别取支模板、扎钢筋、浇混凝土的流水节拍为 2 d、2 d 和 1 d,则其班组人数为:

$$R_{模板} = \frac{P_i}{t_i m} = \frac{137}{2\times 2} = 35(人);\ R_{筋} = (人)\frac{86}{2\times 2} = 25;\ R_{混凝土} = \frac{39}{1\times 2} = 20(人)$$

③ 其他施工过程的持续时间:

其他施工过程的持续时间应不超过主导施工过程的持续时间,否则,将不能满足流水组工期要求。

取挖土施工过程的流水节拍为 5 d,则班组人数为 25 人;砖基础及回填土的流水节拍各为 2 d,其班组人数分别为 20 人和 30 人。

④ 编制施工进度计划表如下图 7.6。

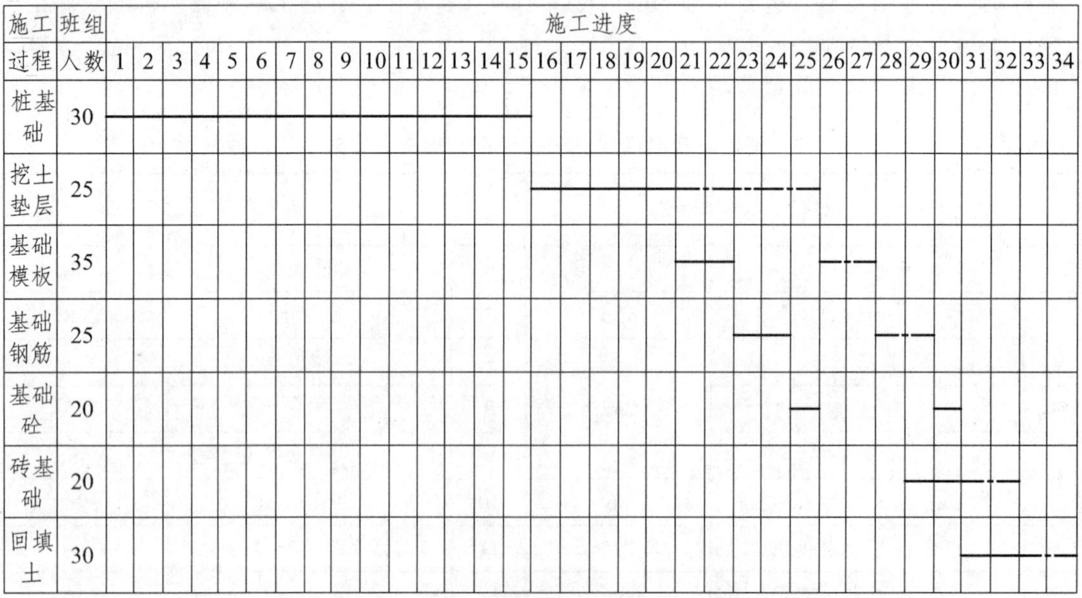

施工过程	班组人数	施工进度 1-34
桩基础	30	1–15
挖土垫层	25	16–20, 23–27
基础模板	35	21–22, 26–27
基础钢筋	25	23–24, 28–29
基础砼	20	25, 30
砖基础	20	28–29, 31–32
回填土	30	30–31, 33–34

图 7.6 基础工程施工进度计划横道图

图中，计划工期为 34 d，不超过 36 d。符合合同工期的要求。实际工程还考虑到混凝土养护、拆模等，实际工期应延长，但应控制在 ±2 d 内。

2）完成主体工程施工进度计划（略）

将基础工程、主体工程、装修工程等三部分施工进度计划进行合理搭接，并在基础工程与主体工程之间，加上搭脚手架的工序。在主体工程与装修工程之间，以围护工程作为过渡连接。最后把室外工程和其他扫尾工程考虑进去形成单位工程的施工进度计划。

7.5 施工准备工作及各项资源需用量计划

单位工程施工进度计划编出后，即可着手编制施工准备工作计划和各项资源需用量计划。这些计划也是施工组织设计的重要组成部分，是施工单位安排施工准备及资源供应的主要依据之一。

1. 施工准备工作计划

单位工程施工前，应编制施工准备工作计划。施工准备工作计划主要反映开工前、施工中必须做的有关准备工作，内容一般包括技术准备、现场准备、资源准备及其他准备，其计划表格形式见表 7.3 所示。

表 7.3 施工准备工作计划表

序号	施工准备工作项目	工程量		负责人	进　度													
		单位	数量		×× 月							×× 月						
					1	2	3	4	5	6	……	1	2	3	4	5	6	……

2. 各种资源需用量计划

根据施工进度计划编制的各种资源需用量计划，是做好各种资源的供应、调度、平衡、落实的依据，一般包括劳动力、施工机具、主要材料、预制构件等需用量计划。

1）劳动力需用量计划

这种计划是根据施工预算、劳动定额和进度计划编制的，主要反映工程施工所需各种技工、普工人数，它是控制劳动力平衡、调配的主要依据。其编制方法是：将施工进度计划表上每天施工的项目所需工人按工种分别统计，得出每天所需工种及其人数，再按时间进度要求汇总。劳动力需用量计划的表格形式，见表 7.4 所示。

表 7.4 劳动力需用量计划

序号	工种名称	需用总工日数	需用人数及时间															备注
			×月			×月			×月			×月			×月			
			上	中	下	上	中	下	上	中	下	上	中	下	上	中	下	

2）施工机具需用量计划

这种计划是根据施工方案，施工方法及施工进度计划编制的，主要反映施工所需的各种机械和器具的名称、规格、型号、数量及使用时间，可作为落实机具来源、组织机具进场的依据，其计划表格形式见表 7.5 所示。

表 7.5 施工机具需用量计划

序号	机具名称	规格	单位	需用数量	使用起止时间	备注

3）预制构件需用量计划

这种计划是根据施工图、施工方案、施工方法及施工进度计划要求编制的，主要反映施工中各种预制构件的需用量及供应日期，作为落实加工单位、按所需规格数量和使用时间组织构件加工和进场的依据。一般按钢构件、木构件、钢筋混凝土构件等不同种类分别编制，提出构件名称、规格、数量及使用时间等，其计划表格形式见表 7.6 所示。

表 7.6 预制构件需用量计划

序号	构件、加工半成品名称	图号和型号	规格尺寸/mm	单位	数量	要求供应起止日期	备注

4）主要材料需用量计划

这种计划是根据施工预算、材料消耗定额和施工进度计划编制的，主要反映施工中各种主要材料的需用量，作为备料、供料和确定仓库、堆场面积及运输量的依据。编制时应提出材料的名称、规格、数量、使用时间等要求，其计划表格形式见表 7.7 所示。

表 7.7 主要材料需用量计划

序号	材料名称	规格	需用量		需用时间												备注
			单位	数量	×月			×月			×月			×月			
					上	中	下	上	中	下	上	中	下	上	中	下	

5)运输计划

如果由施工单位组织运输材料和构件,则应编制运输计划。它以施工进度计划及上述各种资源需用量计划为编制依据,所反映的内容见表 7.8 所示。这种计划可作为组织运输力量、保证资源按时进场的依据。

表 7.8　工程运输计划

序号	需运项目	单位	数量	货源	运距/km	运输量/(t·km)	所需运输工具			需用起止时间
							名称	吨位	台班	

7.6　施工平面图

单位工程施工平面图是对拟建工程的施工现场所做的平面规划和布置,是施工组织设计的重要内容,是现场文明施工的基本保证。它是根据拟建工程的规模、施工方案及施工生产中的需要,结合现场的具体情况和条件,对施工现场所做出的规划、部署和具体安排,不同的工程性质和不同的施工阶段,各有不同的施工特点和要求,对现场所需的各种施工设备,也各有不同的施工特点和要求。因此,不同的施工阶段就有不同的现场施工平面图设计。

1. 施工平面图的设计内容与依据

1)单位工程施工平面图的设计内容

(1)建筑总平面图的有关内容(如已建和拟建的建筑物及其他设施的位置和尺寸等)。

(2)起重及垂直运输机械的位置。

(3)搅拌站、加工棚、仓库,材料、构配件堆场。

(4)运输道路。

(5)临时设施。

(6)水电线路及安全防火设施等的布置,包括其位置和尺寸。

2)单位工程施工平面图的设计依据

单位工程施工平面图的设计依据是:施工图纸,现场地形图,水源、电源情况,施工场地情况,可利用的房屋及设施情况,施工组织总设计(如施工总平面图等),本单位工程的施工方案与施工方法、施工进度计划及各种资源需用量计划等。

2. 施工平面图的设计原则与步骤

施工平面图的设计原则是:在满足施工安全、保证现场施工顺利进行的条件下,要布置紧凑,占地省,不占或少占农田;要做到短运输、少搬运,尽量避免二次搬运;要尽量减少临时设施的搭设；应符合劳动保护、安全生产、消防、环保、市容等要求。

施工平面图的设计步骤一般是：确定起重运输机械的位置→确定搅拌站、加工棚、仓库、材料及构件堆场的尺寸和位置→布置运输道路→布置临时设施→布置水电管线→布置安全消防设施→调整优化。

以上步骤在实际设计时，往往互相牵连，互相影响。因此，要多次反复进行。除研究在平面上布置是否合理外，还必须考虑它们的空间条件是否可能和合理，特别要注意安全问题。

3. 起重运输机械位置的确定

起重运输机械位置，直接影响仓库、材料、构配件、道路、搅拌站、水电线路的布置，应首先予以考虑。一般工业与民用建筑工程施工的起重运输机械，主要有塔式起重机、龙门架（或井架）等。

1）塔吊的布置

对轨道式塔吊的布置要求如下：

（1）塔吊的平面位置。

塔吊的平面位置主要取决于建筑物的平面形状和四周场地条件，一般应在场地较宽的一面沿建筑物的长度方向布置，以便于材料运输及充分发挥效率。塔吊一般单侧布置（如图 7.7），有时还有双侧布置或跨内布置。

（2）塔吊的起重参数。

塔吊一般有三个起重参数：起重量（Q）、起重高度（H）和回转半径（R），如图 7.7（b）所示。有些塔吊还设起重力矩（起重量与回转半径的乘积）参数。

塔吊的平面位置确定后，应使其所有参数均满足吊装要求。塔吊高度取决于建筑高度及起重高度。单侧布置时，塔吊的回转半径应满足式（7.9）要求。

$$R \geqslant B + D \tag{7.9}$$

式中　R——塔吊的最大回转半径（m）；

　　　B——建筑物平面的最大宽度（m）；

　　　D——轨道中心线与外墙边线的距离（m）。

轨道中心线与外墙边线的距离 D 取决于凸出墙面的雨篷、阳台以及脚手架的尺寸，还取决于塔吊的型号、性能、轨距及构件重量和位置，这与现场地形及施工用地范围大小有关系。如式（7.9）得不到满足，则可适应减少 D 的尺寸。如 D 已经是最小安全距离时，则应采取其他技术措施，如采用双侧布置、结合井架布置等。除了单侧布置外，塔吊还有双侧布置和跨内布置等布置方式。

（3）塔吊的服务范围。

以塔吊轨道两端有效行驶端点的轨距中点为圆心，最大回转半径为半径划出两个半圆形，再连接两个半圆，即为塔吊服务范围，如图 7.8 所示。

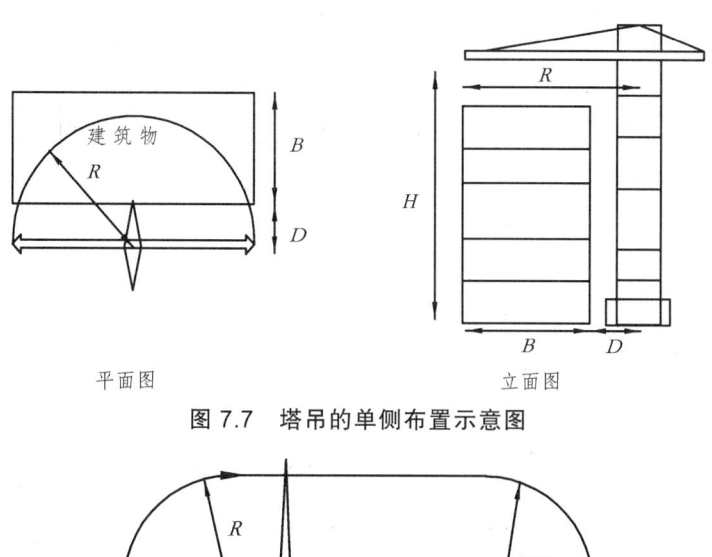

图 7.7　塔吊的单侧布置示意图

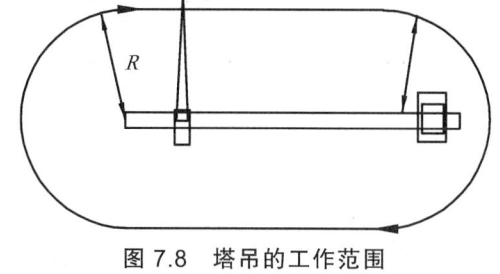

图 7.8　塔吊的工作范围

2）龙门架的布置

龙门架主要用作垂直运输,其吊篮尺寸较大,可用于提升材料、楼板等。龙门架的布置位置取决上建筑物平面形状和大小、房屋的高低分界、施工段的划分及四周场地大小等因素。当建筑物呈长条形,层数、高度相同时,一般应布置在施工段的分界处,靠现场较宽的一面,以便在井架或龙门架附近堆放材料和构件,缩短运距。卷扬机的位置不能离井架或龙门架太近,一般应在 15 m 以外,以便卷扬机操作工能判断吊盘升降时所处的位置。

3）自行式起重机

对履带吊、汽车吊等,一般只要考虑其行走路线即可。行走路线根据吊装、构件重量、堆放场地、吊装方法及建筑物的平面形状和高度因素确定。

4. 搅拌站、加工棚、仓库及材料堆场的布置

布置这些内容时,总的要求是：既要使它们尽量靠近使用地点或将它们布置在起重机服务范围内,又要便于运输、装卸。

1）搅拌站的布置

单位工程是否需要设砂浆和混凝土搅拌机,以及搅拌机采用什么型号、规格、数量等,一般在选择施工方案与施工方法时确定。搅拌站的布置要求如下：

（1）搅拌站应有后台上料的场地,尤其是混凝土搅拌机,要与砂石堆场、水泥库一起考虑布置,既要互相靠近,又要便于这些大宗材料的运输和装卸。

（2）搅拌站应尽可能布置在垂直运输机械附近,以减少混凝土及砂浆的水平运距。当采用塔吊方案时,混凝土搅拌机的位置应使吊斗能从其出料口直接卸料并挂钩起吊。

（3）搅拌站应设应在施工道路近旁，使小车、翻斗车运输方便。

（4）搅拌站场地四周应设置排水沟，以有利于清洗机械和排除污水，避免造成现场积水。

（5）混凝土搅拌台所需面积约 25 m²，砂浆搅拌台约 15 m²，冬期施工还应考虑保温与供热设施等，相应增加其面积。

2）加工棚的布置

木材、钢筋、水电等加工棚宜设置在建筑物四周稍远处，并有相应的材料及成品堆场。

石灰及淋灰池可根据情况布转置在砂浆搅拌机附近。沥青灶应选择较空的场地，远离易燃品仓库和堆场，并布置在下风向。

现场作业棚面积参照表 7.9 进行确定。

表 7.9　现场作业棚所需面积参考指标

序号	名称	面积	堆场占地面积	序号	名称	面积	堆场占地面积
1	木作业棚	2 m²/人	棚的 3～4 倍	8	电工房	15 m²	
2	电锯房	40～80 m²		9	钢筋对焊	15～24 m²	棚的 3～4 倍
3	钢筋作业棚	3 m²/人	棚的 3～4 倍	10	油漆工房	20 m²	
4	搅拌棚	10～18 m²/台		11	机钳工修理	20 m²	
5	卷扬机棚	6～12 m²/台		12	立式锅炉房	5～10 m²/台	
6	烘炉房	30～40 m²		13	发电机房	0.2～0.3 m²/kW	
7	焊工房	20～40 m²		14	水泵房	3～8 m²/台	

3）仓库及堆场的布置

仓库及堆场的面积应先通过计算，然后根据各个施工阶段的需要及材料使用的先后来进行布置。同一场地可供多种材料或构件堆放，如先堆砖石、再堆门窗扇等。仓库及堆场的布置要求如下：

（1）材料仓库或露天堆场的布置。

水泥仓库应选择地势较高、排水方便、靠近搅拌机的地方。各种易爆、易燃品仓库的布置应符合防火、防爆安全距离的要求。木材、钢筋及水电器材等仓库，应与加工棚结合布置，以便就近取材加工。

各种材料仓库及堆场面积可按下式计算：

$$A = \frac{K_1 T_1 Q}{K_2 T q} \tag{7.9}$$

式中　A——按材料储备量计算的仓库或堆场面积 m²；

K_1——材料使用不均匀系数，见表 7.10；

K_2——仓库或堆场面积利用系数，见表 7.10；

T_1——某种材料的储备期（d），见表 7.10；

T——某施工项目的施工持续时间（d）；

Q——某施工项目的材料需用量（m^2，t 等）；
q——每 m^2 面积能存放材料的数量，见表 7.10。

表 7.10 常用材料按储备期计算面积参数

材料名称	单位	K_1	K_2	T_i	q	仓库类别
水泥	t	1.2~1.4	0.65	40~50	2	库
钢筋	t	1.2~1.4	0.6	60~70	0.6	棚
砂子		1.2~1.4	0.7	25~35	1.2	露天
碎石、卵石		1.2~1.4	0.7	25~35	1.2	露天
红砖	千块	1.4~1.8	0.6	25~30	0.8	露天
木材	m^3	1.4~1.4	0.45	70~80	1.4	露天
石灰		1.2~1.4	0.7	30~35	1.5	棚
五金	t	1.2~1.5	0.5~0.6	30	2.2	库
油漆料	桶/t	1.2	0.6	30~40	0.7	库
电线电缆	t	1.5	0.4	50	0.5	库或棚
玻璃	箱	1.2~1.4	0.6	50~55	8	棚或库
卷材	卷	1.3~1.5	0.7~0.8	50~60	15~24	库
沥青	t	1.5~1.7	0.7	55~60	0.6~1	露天
木门窗扇	m^2	1.2	0.6	30	15~20	棚
钢门窗	t	1.3~1.5	0.6	30~40	1~1.2	棚

（2）预制构件的布置。

装配式单层厂房的各种构件应根据吊装方案及方法，先画出平面布置图，再依此进行布置。多层装配式房屋的构件应布置在起重机服务范围内（塔吊）或回转半径内（履带吊、汽车吊等），以便直接挂钩起吊，避免二次转运。砖混结构的梁、板等构件，采用塔吊方案时应尽可能布置在其服务范围内；采用井架方案时应尽可能靠近井架布置。其他小型构件视现场情况，可以比大梁、楼板等离开垂直运输机械远一些，因为小构件搬运比较方便。

现场构件堆放数量应视施工进度及运输能力和条件等因素考虑，最好根据每层楼或每个施工段的施工进度，实行分期分批配套进场，吊完一层楼（或一个施工段）再进场一批构件，以节省堆放面积。

各种钢、木门窗及钢、木构件，一般不宜露天堆放，其堆放场地及面积可根据现场具体情况安排，也可放在已建主体结构底层室内或搭棚堆存。

（3）材料堆场的布置。

各种主要材料，应根据其用量的大小、使用时间的长短、供应与运输情况等研究确定。凡用量较大、使用时间较长、供应与运输比较方便者，在保证施工进度与连续施工的情况下,均应考虑分期分批进场,以减小堆场或仓库所需面积,达到降低损耗、节约施工费用的目的。

应考虑先用先堆,后用后堆,有时在同一地方,可以先后堆放不同的材料。

钢模板、脚手架等周转材料,应选择在装卸、取用、整理方便和靠近拟建工程的地方布置。

基础及底层用砖,可根据场地情况,沿拟建工程四周分堆布置,并距基坑、槽边不小于0.5 m,以防止塌方。底层以上的用砖,采用井架运输时应布置在垂直运输设备的附近,采用塔吊运输时可布置在其服务范围内。

砂石应尽可能布置在搅拌机后台附近,石子的堆场应更靠近搅拌机一些,并按石子不同粒径分别设置。

5. 运输道路的布置

施工运输道路应按材料和构件运输的需要,沿其仓库和堆场进行布置,使之畅通无阻。

1)施工道路的技术要求

(1)道路的最小宽度、最小转弯半径。

道路的最小宽度和转弯半径见表 7.11、7.12。架空线及管道下面的道路,其通行空间宽度应比道路宽度大 0.5 m,空间高度应大于 4.5 m。

表 7.11 施工现场道路最小宽度

序 号	车辆类别及要求	道路宽度/m
1	汽车单行道	不小于3.0
2	汽车双行道	不小于6.0
3	平板拖车单行道	不小于4.0
4	平板拖车双行道	不小于8.0

表 7.12 施工现场道路最小转弯半径

车辆类型	路面内侧的最小曲线半径/m		
	无拖车	有一辆拖车	有二辆拖车
小客车、三轮汽车	6		
一般二轴载重汽车	单车道9	12	15
	双车道7		
三轴载重汽车	12	15	18
重型载重汽车			
起重型载重汽车	15	18	21

(2)道路的做法。

一般沙质土可采用碾压土路办法。当土质粘或泥泞、翻浆时,可采用加骨料碾压路面的方法,骨料应尽量就地取材,如碎砖、炉渣、卵石、碎石及大石块等。

为了排除路面积水、保证正常运输，道路路面应高出自然地面 0.1~0.2 m，雨量较大的地区应高出 0.5 m 左右，道路两侧设置排水沟，一般沟深和底宽不小于 0.4 m。

2）施工道路的布置要求

（1）应满足材料、构件等运输要求，使道路通到各个仓库及堆场，并距离其装卸凶越近越好，以便装卸。

（2）应满足消防的要求，使道路靠近建筑物、木料场等易发生火灾的地点，以便车辆能直接开到消防栓处。消防车道宽度不小于 3.5 m。

（3）为提高车辆的行驶速度和通行能力，应尽量将道路布置成环形路。如不能设置环形路，应在路端设置倒车场地。

（4）应尽量利用已有道路或永久性道路。根据建筑总平面图上永久性道路位置，先修筑路基，作为临时道路。工程结束后，再修筑路面。这样可节约施工时间和费用。

（5）施工道路应避开拟建工程和地下管道等地方。否则，这些工程后期施工时，将切断临时道路，给施工带来困难。

6. 临时设施的布置

单位工程的临时设施分生产性和生活性两类。生产性临时设施主要包括各种料具仓库、加工棚等，其布置要求前已述及；生活性临时设施主要包括行政管理、文化、生活、福利用房等。布置生活性临时设施时，应遵循使用方便、有利施工、合并搭建、保证安全的原则。

如果拟建单位工程属建设项目中的一个，则一般大型临时设施在施工组织总设计中已解决，本工程只需根据实际情况考虑再添设一些小型设施。如果是一个独立的单位工程，则可能要考虑得全面一些。但在某些工厂或企事业单位中施工时，许多临时设施可与建设单位协商，租用解决。

临时设施应尽可能采用活动式、装拆式结构，或就地取材设置。门卫、收发室等应设在现场出入口处。办公室应靠近施工现场。工人休息室应设在工作地点附近。生活性与生产性临时设施应有所区分，不要互相干扰。

7. 临时供水、供电设施的布置

关于临时供水，应先进行用水量、管径等计算，然后进行布置。单位工程的临时供水管网，一般采用枝状布置方式。供水管径可通过计算或查表选用，一般 5 000~10 000 m² 的建筑物，其施工用水主管直径为 50 mm，支管直径为 17~25 mm。单位工程供水管的布置，除应满足计算要求以外，还应将供水管分别接至各用水点（如砖堆、石灰池、搅拌站等）附近，分别接出水龙头，以满足现场施工的用水需要。此外，在保证供水的前提下，应使管线越短越好，以节约施工费用。管线可暗铺，也可明铺。

在临时供电方面，也应先进行用电始、导线等计算，然后进行布置。单位工程的临时供电线路，一般也采用枝状布置，其要求如下：

（1）尽量利用原有的高压电网及已有的变压器。

（2）变压器应布置在现场边缘高压线接入处，离地应大于 3 m，四周设有高度大于 1.7 m 的铁丝网防护栏，并设有明显的标志。不要把变压器布置在交通道口处。

(3）线路应架设在道路一侧，距建筑物应大于 1.5 m，垂直距离应在 2 m 以上，木杆间距一般为 25~40 m，分支线及引入线均应由杆上横担处连接。

（4）线路应布置在起重机械的回转半径之外。否则必须搭设防护栏，其高度要超过线路 2 m，机械运转时还应采取相应的措施，以确保安全。现场机械较多时，可采用埋地电缆代替架空线，以减少互相干扰。

（5）供电线路跨过材料、构件堆场时，应有足够的安全架空距离。

（6）各种用电设备的闸刀开关应单机单闸，不允许一闸多机使用，闸刀开关的安装位置应便于操作。

（7）配电箱等在室外时，应有防雨措施，严防漏电、短路及触电事故。

8. 案例：施工平面图的绘制

绘制要求施工平面图是施工的重要技术文件之一，是施工组织设计的重要组成部分。因此要求精心设计，认真绘制，比例准确；要标明主要位置尺寸；要按图例或编号注明布置的内容、名称；线条应粗细分明；字迹工整清晰；图面清楚美观。

（1）六层教学楼工程主体施工阶段的平面布置

本工程采用商品混凝土，主体施工阶段现场不需要设混凝土搅拌机及砂石堆场。

起重运输机械位置的确定：基础回填土进行完毕，即可在建筑物的东侧安装一台 QTZ-40 型固定式塔吊。

（2）各种作业棚、工具棚的布置

① 钢筋棚及堆场。

每个钢筋工需作业棚 3 m²，堆场面积为其 2 倍，因此，按高峰时钢筋工人数 25 人计算，需钢筋棚 $3 \times 25 = 75$ m²，堆场 $75 \times 2 = 150$ m²。

② 木工棚及堆场。

每个木工需作业棚 2 m，堆场面积为其 3 倍，按高峰时木工 10 人计算，另加一台圆锯所需面积 40 m²，则木工棚为 $2 \times 10 + 40 = 60$ m²，堆场为 60 m²。

（3）临时设施。

① 办公室：按 10 名管理人员考虑，每人 3 m²，则办公室面积为 $3 \times 10 = 30$ m²。

② 工人宿舍：主体施工阶段最高峰人数为 105 名，由于建设单位已提供了 60 个床位的工人宿舍，因此现场还需搭设 55 名工人宿舍。每人 3 m²，则工人宿舍面积为 $33 \times 55 = 165$ m²。

③ 食堂及茶炉房总面积 30 m²。

④ 厕所面积 10 m²。

（4）临时道路。

利用原有道路及将来建成后的永久性道路位置作为临时道路，工程结束后再修筑。

（5）临时供水、供电。

供水：供水线路按枝状布置，根据现场总用水量要求，总管直径为 100 mm，枝管直径取 40 mm。

供电：直接利用建筑物附近建设单位的变压器。现场设一配电箱，通向塔吊的电缆线埋地设置。

主体阶段施工平面图详见图 7.9。

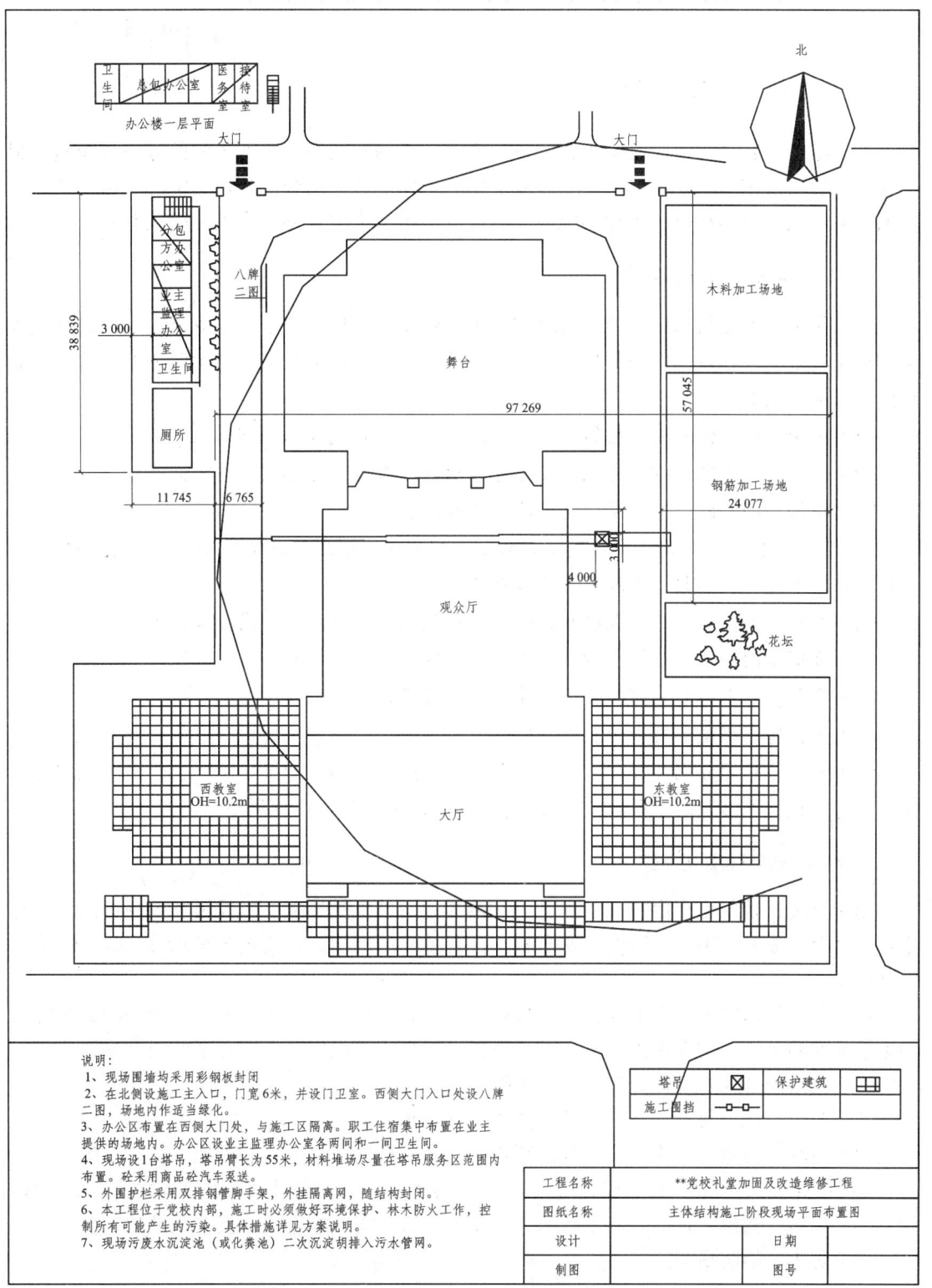

图 7.9 某六层教学楼主体施工阶段施工平面图

7.7 拟定技术组织措施与主要技术经济指标

7.7.1 技术组织措施

技术组织措施是方面对保证工程质量、安全、节约和文明施工所采取的方法与措施。拟定这些方法和措施时，要针对单位工程施工中的主要缓解，结合工程具体情况和施工条件，依据有关规范、规程和以往工程的经验教训进行。施工中常做的技术组织措施有：

1. 保证工程质量的措施

工程质量的关键是从全面质量管理的角度，建立质量保证体系，采取切实可行的有效措施，从材料采购、订货、运输、堆放、施工、验收等各方面去保证质量。保证质量的措施应从以下几个方面考虑。

（1）确保工程定位放线、轴线尺寸、标高测量等准确无误的措施。

（2）对复杂地基的处理，应采取保证地基承载力符合设计要求的技术措施。

（3）确保各种基础、地下结构施工质量的措施。

（4）确保主体承重结构各主要施工过程的质量要求，各种预制承重构件检查验收的措施，各种材料、半成品、砂浆、混凝土等检验及使用要求。

（5）对新结构、新工艺、新材料、新技术的施工操作提出质量措施或要求。

（6）确保屋面防水、装饰工程的施工质量措施。

（7）季节性施工的质量措施，消除质量通病及其预防措施。

（8）执行施工质量的检查、验收制度。

（9）坚持"验评分离，强化验收，完美手段，过程控制"的指导思想，严格按照现行国家标准《建筑工程施工质量验收统一标准》（GB 50300）保证工程质量。

2. 施工安全保证措施

建筑安装工程的生产由于其工程量大，施工工期长，受环境、气候影响大等特点，稍有不慎，就会造成安全事故。因此，安全施工占有重要的地位，编制施工组织设计时，应给予足够重视。

施工安全技术措施应贯彻安全操作规程，预测施工过程中可能发生的安全问题，有针对性地提出预防措施，切实加以落实，以保证施工安全。一般应从以下几个方面考虑：

（1）提出安全施工宣传、教育的具体措施。

（2）提出易燃、易爆品严格管理及使用的安全技术措施。

（3）高温、有毒、有尘、有害气体环境下操作人员的安全要求和措施。如脚手架。

（4）防止高空坠落、机具伤害、触电事故、物体打击和土方塌落等工伤事故的安全措施。

（5）狂风、暴雨。雷电等各种特殊天气发生前后的安全检查措施及安全维护制度。

（6）防火、消防措施。

3. 降低工程成本措施

合理利用资源，在有限的资源条件下，保证施工质量和安全的同时，使工程造价最大限度地降低，是编制单位工程施工组织设计的目的之一。降低成本措施是施工组织设计的重要内容，促使施工企业加强"两算"对比，提高经济效益。降低成本的措施应从以下几个方面考虑：

（1）有精心施工的领导班子来合理组织施工，采用先进的施工技术。
（2）有合理的劳动组织，以保证劳动生产率的提高，减少总用工数。
（3）物资管理的计划性，从采购、运输、现场管理及材料回收等方面，最大限度地降低原材料和成品、半成品的成本。
（4）采用新技术、新工艺，以提高工效，降低材料消耗量，节约施工总费用。
（5）保证工程质量，减少返工损失；保证安全生产，减少事故频率，避免意外工伤事故带来的损失。
（6）采用机械化施工，提高机械利用率，减少机械费用的开支。
（7）增收节支，减少施工管理费的支出。
（8）利用原有建筑物，减少临时设施费用。
（9）采用流水施工，缩短工期，以节省各项费用开支。

4. 现场文明施工措施

现场文明施工措施主要包括以下几个方面：

（1）施工现场的围挡与标牌，出入口与交通安全，道路畅通，场地平整。
（2）临时设施的规划与搭设，办公室、更衣室、食堂、厕所的安排与环境卫生。
（3）各种材料、半成品、构件的堆放与管理。
（4）散碎材料、施工垃圾以及各种环境污染，如搅拌机冲洗废水、油漆废液、灰浆水等施工废水污染，运输土方与垃圾、白灰堆放、散装材料运输等粉尘污染，熬制沥青、熟化石灰等废气污染，打桩、搅拌混凝土、振捣混凝土、电刨、电锯施工等噪声污染。
（5）合理组织施工，加强成品保护。
（6）施工机械保养与安全使用，施工用电安全、消防措施。
（7）其他文明措施。

拟定各项措施，应具有针对性，具体明确，切实可行，并确定专人负责。

7.7.2 主要技术经济指标

单位工程施工组织设计的优劣应从技术和经济的角度进行评价。

1. 单位工程施工组织设计中的技术经济评价指标

（1）工期指标（与相应国家工期定额比较）。
（2）质量指标，用优良品率表示。
（3）安全指标，用工伤事故频率表示。
（4）劳动生产率指标，如用工量，劳动力不均衡系数。

（5）降低成本率指标，即成本降低额与预算成本的比率。

（6）主要工种机械化程度，主要三大材料节约指标。

2. 单位工程施工组织设计的技术经济评价侧重点

对于单位工程施工组织设计，不同的结构类型设计内容，应有不同的技术经济评价侧重点。但总的原则是在质量能达到优良的前提下，工期合理，成本节约，施工安全。

（1）基础工程应以土方工程，现浇混凝土，桩基、排水和地下防水、运输进度与工期为重点。

（2）主体结构工程应以垂直运输机械的选择、流水段的划分、劳动组织、现浇钢筋混凝土支模板、绑扎钢筋、混凝土浇筑运输、脚手架选择、特殊分项工程施工方案和各项技术组织措施为重点。

（3）装饰工程应以施工顺序、质量保证措施、劳动组织、分工协作配合、节约材料及技术组织措施为重点。

3. 单位工程施工组织设计的技术经济评价的主要内容

主要包括：工期、质量、成本、劳动力的使用，场地的占用和利用，临进设施，协作配合，节约材料，新技术、新设备、新材料、新工艺的采用。

【思考题】

（1）单位工程施工组织设计的任务和作用是什么？论述单位工作施工组织设计编制的依据和程序。

（2）单位工程施工组织设计包括哪些内容？单位工程的工程概况包括哪些内容？

（3）简述几种不同结构类型工程的施工特点。单位工程施工方案的选择应包括哪些内容？

（4）试分别叙述常见的多层砖结构、多层全现浇钢筋混凝土框架结构房屋的施工顺序？

（5）什么叫单位工程的施工程序、施工起点和流向？

（6）单位工程施工机械的选择应着重考虑哪些问题？

（7）单位工程施工进度计划有何作用？叙述单位工程施工进度计划的编制步骤？

（8）如何确定一个施工过程的劳动量或机械台班量、施工天数？

（9）何谓最小劳动组合？如何确定砌砖工程的班组劳动人数？

（10）资源需要量计划有哪些？有何作用？

（11）单位工程施工平面图的内容有哪些？试述施工平面图的一般设计步骤。

（12）什么叫塔吊的服务范围、"死角"？

（13）龙门架如何布置？

（14）搅拌站的布置有哪些要求？各种堆场的布置有哪些注意事项？

（15）试述施工道路的布置有什么要求。

（16）试述各种技术组织措施的主要内容。评价单位工程施工组织设计的技术经济指标有哪些？

8 施工组织总设计与管理

【学习要点】

（1）施工组织总设计的编制依据、程序和内容；
（2）施工部署；
（3）施工总进度计划；
（4）资源需要量和施工准备工作计划；
（5）施工总平面图的设计方法等。

8.1 施工组织总设计概述

1. 施工组织总设计的概念

施工组织总设计是以一个建设项目或建筑群为对象，根据初步设计或扩大初步设计图纸及其他有关资料和现场施工条件编制，用以指导整个施工现场各项施工准备和组织施工活动的技术经济文件。

一般由建设总承包单位或工程项目经理部的总工程师编制。

施工组织总设计的主要作用：

（1）为建设项目或建筑群的施工工作出全局性的战略部署；
（2）为施工准备工作、保证资源供应提供依据；
（3）为建设单位编制工程建设计划提供依据；
（4）为施工单位编制施工组织设计和单位工程施工组织设计提供依据；
（5）为组织整个施工作业提供科学方案和实施步骤；
（6）为确定设计方案的施工可行性和经济合理性提供依据。

2. 施工组织总设计编制内容

根据工程性质，规模，建筑结构的特点，施工的复杂程度，工期要求及施工条件不同而不同。通常包括下列内容：

（1）建设项目的工程概况。

主要包括项目总工程基本信息、合同描述、特点、建设地点特征和施工条件等内容。

（2）施工部署及主要建筑物或构筑物的施工方案。

施工部署包括施工阶段的区划安排、施工流程（顺序）、进度计划，工力（种）、材料、机械设备、运输计划。施工方案是建设项目主要的建筑物或构筑物的实施方案。

（3）全场性施工准备工作计划。

包括现场测量情况，土地征用与拆迁情况，施工场地基本生活生产建设情况，材料、成品、半成品和构件的采购计划，技术培训准备情况，冬雨季施工准备等。

（4）施工总进度计划。

通过对各单项工程的分部、分项工程的计算，明确工程量，进而计算出劳动力、主要材料、施工技术装备的需要量，定出各建筑物、设备、技术装备的开工顺序和施工期，建筑与安装衔接时间，用进度表反映出来，作为控制施工进度的指导性文件之一。其主要内容包括：单项工程（尚可细分为分部分项工程）、建筑安装工程内容、总劳动量（即工日）、年、季、月度计划。

（5）各项资源需要量计划。

主要包括劳动力、施工机具、主要材料、预制构件等的需要量计划。

（6）全场性施工总平面图设计。

包括各个单位工程的施工平面图和施工总平面图，主要包括起重运输机械位置的确定，搅拌站、加工棚、仓库及材料堆放场地的布置，运输道路的布置，临时设施及供水、供电管线的布置，还要包括施工办公场地，生活区布置等内容。

（7）主要技术组织措施。

（8）各项技术经济指标。

主要包括工期指标、质量和安全指标、降低成本和节约材料指标等。

（9）结束语。

3. 施工组织总设计编制依据

1）建设项目基础文件

（1）建设项目可行性研究报告及其批准文件。

（2）建设项目规划红线范围和用地批准文件。

（3）建设项目勘察设计任务书、图纸和说明书。

（4）建设项目初步设计或技术设计批准文件，以及设计图纸和说明书。

（5）建设项目总概算、修正总概算或设计总概算。

（6）建设项目施工招标文件和工程承包合同文件。

2）工程建设政策、法规和规范资料

（1）关于工程建设报建程序有关规定。

（2）关于动迁工作有关规定。

（3）关于工程项目实行建设监理有关规定。

（4）关于工程建设管理机构资质管理有关规定。

（5）关于工程造价管理有关规定。

（6）关于工程设计、施工和验收有关规定。

3）建设地区原始调查资料

（1）地区气象资料。
（2）工程地形、工程地质和水文地质资料。
（3）地区交通运输能力和价格资料。
（4）地区建筑材料、构配件和半成品供应状况资料。
（5）地区进口设备和材料到货口岸及其转运方式资料。
（6）地区供水、供电、电讯和供热能力和价格资料。
（7）地区土建和安装施工企业状况资料。

4）类似施工项目经验资料

（1）类似施工项目成本控制资料。
（2）类似施工项目工期控制资料。
（3）类似施工项目质量控制资料。
（4）类似施工项目安全、环保控制资料。
（5）类似施工项目技术新成果资料。
（6）类似施工项目管理新经验资料。

4. 施工组织总设计编制程序

施工组织总设计编制程序，如下图 8.1 所示。

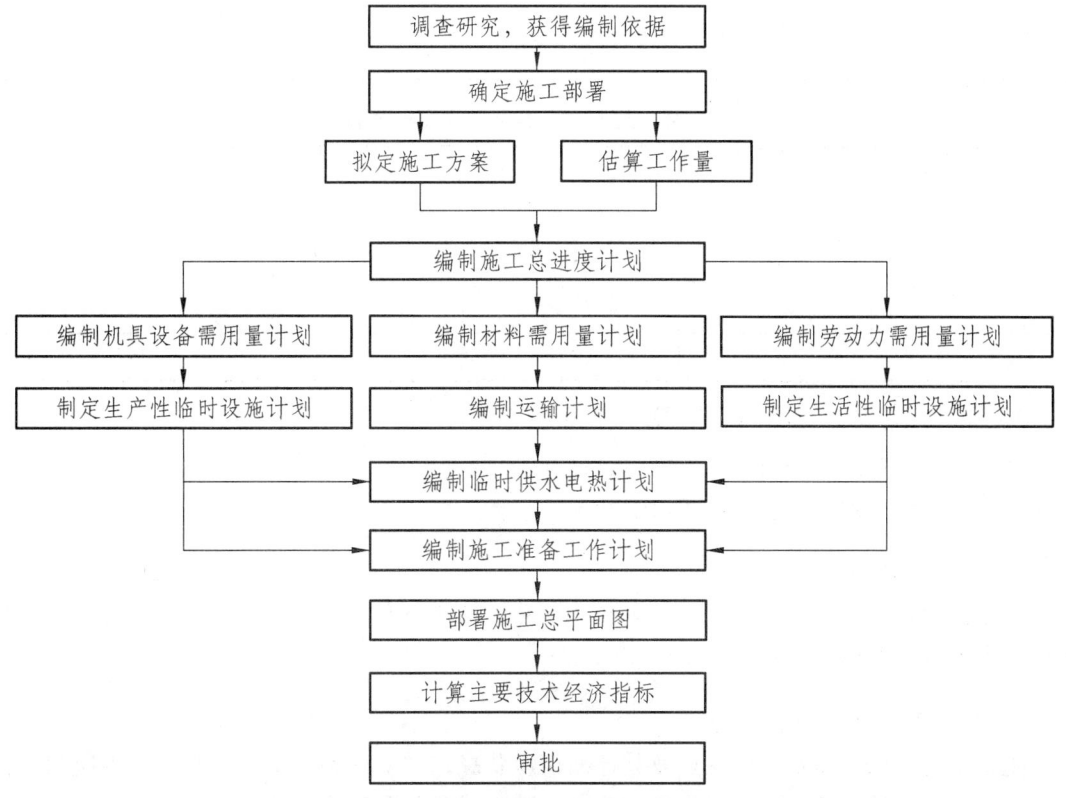

图 8.1 施工组织总设计编制程序

8.2 工程概况及特点分析

它是对整个建设项目的总说明和总分析,是对拟建项目或建筑群所做的一个简明扼要、重点突出的文字介绍。有时为了补充文字介绍的不足,还可以附有建设项目总平面图,主要建筑的平面、立面、剖面示意图及辅助表格。

8.2.1 建设项目主要情况

1)项目构成状况

主要说明:建设项目名称、性质和建设地点;占地总面积和建设总规模;建安工作量和设备安装总吨数;生产工艺流程及其特点;以及每个单项工程占地面积、建筑面积、建筑层数、建筑体积、结构类型和复杂程度。通常以表格形式表达,如表 8.1 和表 8.2 所示。

表 8.1 建筑安装工程项目一览表

序号	工程名称	建筑面积 /m²	建筑层数	结构类型	建安工作量 /万元		设备安装工程量 /t
					土建	安装	
1	…	…	…	…	…	…	…
…							
	合计						

表 8.2 主要建筑物和构筑物一览表

序号	工程名称	建筑结构构造类型			占地面积 /m²	建筑面积 /m²	建筑层数	建筑体积 /m³
		基础	主体	屋面				

2)建设项目的建设、设计、承包单位和建设监理单位

主要说明:建设项目的建设、勘察、设计、总承包和分包单位名称,以及建设单位委托的建设监理单位名称及其监理班子组织状况。

3)建设地区自然条件状况

主要说明:气象及其变化状况;工程地形和工程地质及其变化状况;工程水文地质及其变化状况;以及地震级别及其危害程度。

4)建设地区技术经济状况

主要说明:地方建筑生产企业及其产品供应状况;主要材料和生产工艺设备供应状况;地方建筑材料品种及其供应状况;地方交通运输方式及其服务能力状况;地方供水、供电、

供热和电讯服务能力状况；社会劳动力和生活服务设施状况；以及承包单位信誉、能力、素质和经济效益状况。

5）施工项目施工条件

主要说明：主要包括：项目建设地点的气象状况；施工区域地形和工程水文地质状况；项目区域地上、地下管线及相邻的地上、地下建（构）筑物情况；与项目施工相关的道路、河流等状况；建设地区的劳动力、建筑材料、设备供应和交通运输等服务能力状况；当地供水、供电、其他动力供应条件和通信能力以及土地征用、居民搬迁、建设地区周边环境等与建设项目施工有关的主要情况；主要材料、特殊材料和生产工艺设备供应条件；项目施工图纸供应的阶段划分和时间安排；以及提供施工现场的标准和时间安排。

8.2.2 案例：某工程施工组织总设计——项目概况

第一章 工程简况

第一节 总体简介

工程名称：××省××县建设工程交易中心

××县商务演出影视会展中心

工程地址：位于××县××路8号

建设单位：××县政务服务中心

设计单位：×××建筑设计事务所

业主要求质量标准：达到现行国家施工质量验收合格标准

工期要求：300日历天，计划开工日期为2009年3月，计划完工日期为2010年4月

1. ××省××县建设工程交易中心总建筑面积13 742.76 m^2，建筑层数：地上8F，地下1F，建筑高度为33.9 m。建筑结构体系：框架结构，使用年限为五十年，房屋抗震设防类别为丙类，抗震设防烈度为六度。本工程建筑设计等级为二级，其耐火等级为一级。

2. ××县商务演出影视会展中心总建筑面积6 653.29 m^2，建筑层数：地上2F，地下1F，建筑高度为23.9 m。建筑结构体系：框架结构，使用年限为五十年，房屋抗震设防类别为丙类，抗震设防烈度为六度。本工程建筑设计等级为二级，其耐火等级为一级。

3. 招标范围：本次招标仅限于土建和一般装饰工程部分，不包含的主要内容有：内外所有门窗、幕墙、天棚吊顶、内外墙面块（涂）料（涉及门窗、幕墙及有关外装工程由专业厂家进行设计和施工）。

第二节 设计简况

一、建筑主要概况

本工程两个子项工程装饰档次和室内外装饰做法及所采用的装饰材料均相同，主要初装饰简况如下：

1. 楼地面：水泥砂浆楼地面。
2. 墙　面：水泥砂浆墙面抹灰。
3. 天　棚：水泥砂浆抹灰。
4. 油　漆：灰黑色混水漆、银灰色金属漆、调和漆。

5. 屋　　面：屋面防水等级为Ⅱ级，二道设防，卷材选用 3 厚 SBS 改性沥青防水卷材，其做法如下：

（1）屋面一：防水、保温、上人屋面（从上到下）。

① 地砖面层，20 厚 1∶3 干硬性水泥砂浆黏合层，上洒 1~2 厚干水泥并洒清水适量。

① 40 厚 20 细石混凝土层，提浆抹平，内配 $\phi 4$ 钢筋双向@200，分隔缝 3 m×3 m，缝宽 20，缝下填沥青麻丝，上部填嵌缝油膏，油膏厚度≥25。

③ 铺聚酯无纺布一层。

④ 50 厚挤塑聚苯板保温隔热层。

⑤ 3 厚 SBS 改性沥青防水卷材。

⑥ 15 厚 1∶2.5 水泥砂浆保护层。

⑦ 1.5 厚丙烯酸防水涂膜。

⑧ 20 厚 1∶2.5 水泥砂浆找平层。

⑨ 陶粒混凝土找坡层，最薄处 20 厚。

⑩ 钢筋混凝土楼板（结构层，清洗干净）。

（2）屋面二：防水、保温、不上人（从上到下）。

① 20 厚 1∶2.5 水泥砂浆保护层（按结构板开间及进深尺寸分缝，缝宽 20，防水油膏嵌缝）。

② 铺聚酯无纺布一层。

③ 50 厚挤塑聚苯板保温隔热层。

④ 3 厚 SBS 改性沥青防水卷材。

⑤ 15 厚 1∶2.5 水泥砂浆保护层。

⑥ 1.5 厚丙烯酸酯防水涂膜。

⑦ 20 厚 1∶2.5 水泥砂浆找平层。

⑧ 陶粒混凝土找坡层，最薄处 20 厚。

⑨ 钢筋混凝土楼板（结构层）。

（3）网架屋面防水：

网架屋面做法由甲方另行委托专业厂家设计。

6. 卫生间做防水层，阴阳角做成 $R>50$ 的园角，墙做法由里至外：

① 20 厚 1∶2.5 水泥砂浆粉刷。

② 1.5 厚丙烯酸酯防水涂膜防水层遇墙上翻 1 800。

③ 15 厚 1∶3 水泥砂浆保护层。

④ 面层详室内二次装修。

7. 地下室防水

地下室防水等级为二级。地下室钢筋混凝土墙身除结构要满足钢筋混凝土自防水的要求外，还采用 4 厚 SBS 高聚物改性沥青防水卷材外防水。混凝土抗渗等级 S6 级。

8. 外墙装饰

① 丙烯酸外墙涂料饰面作法详西南 04J516-64-5315。外墙面砖饰面作法详西南 04J516-68-5407。外墙局部使用挤塑板作为保温隔热层时，外墙面砖饰面作法详西南 05J103-40。外墙饰面砖施工时，应严格遵照"外墙饰面砖工程施工及验收规程"（适当位置应设立面伸缩缝）。花岗岩石材饰面做法详西南 04J516-41。

（2）为避免外墙雨水渗漏，外墙抹灰中加3%～5%防水剂，严格控制含泥量小于3%，并应保证砌筑墙体时砂浆饱满；垂直和水平缝中不得有漏浆现象。

9. 墙体

（1）外墙为200厚加气混凝土砌块墙，内墙为200，100厚加气混凝土砌块墙，卫生间四周墙体除门洞外，均应做高度大于120的C20混凝土翻边，厚度同墙厚。女儿墙为200厚烧结页岩多孔砖墙。

（2）位于室内地坪以下的墙体采用MU10烧结页岩砖M5水泥砂浆砌筑。

（3）所有砌体管道井内壁均用20厚1：2.5水泥砂浆抹面，无法抹灰的管井内均用砌体砂浆随砌随抹光。

（4）填充隔墙均砌至梁底或板底。

（5）所有钢筋混凝土墙柱梁与填充墙连接处均铺400宽0.7厚通长菱形钢板网，固定后再抹灰，规格为节间25，固定后再抹灰。

10. 室外工程：室外车道、散水、暗沟等。

二、结构简况

1. 基础工程

冲孔灌注桩基础桩端支承于卵石土层，根据桩基规范桩端土极限端阻力值取 q_{pa}=3 000 kPa。

2. 主体结构工程

本工程两子项工程结构均为框架剪力墙结构，其采用材料为：

（1）混凝土强度等级：C15、C20、C30，C35，C40。

（2）钢筋采用HPB235级、HRB335级、HRB400级。

（3）焊条：E43xx用于焊接型钢、钢板及HPB235钢筋；E50xx用于焊接HRB335级钢筋。手工焊接用焊条的质量，应符合现行国家标准《碳钢焊条》（GB 5117）或《低合金钢炭钢焊条》（GB 5118）的规定。

（4）砌筑砂浆

采用水泥砂浆；地坪以下砌体采用M7.5水泥砂浆（有防水要求底应采用防水水泥砂浆），地坪以上采用M5混合砂浆。

（5）砌体：地下室框架隔墙及货梯隔墙可采用标准机制砖（MU10）。其余框架隔墙均采用200厚加气混凝土，其干容重≤800 kg/m³，强度不低于2.5 MPa。

8.3 施工部署

施工部署是对整个建设项目全局做出的统筹规划和全面安排，主要解决影响建设项目全局的重大施工问题。

施工部署由于建设项目的性质、规模和施工条件等不同，其内容主要包括：确定工程开展程序、拟订主要工程项目的施工方案、明确施工任务划分与组织安排、编制施工准备工作计划等。

8.3.1 施工部署工作的内容

1. 施工总目标

根据建设项目施工合同要求的目标，确定出项目施工总目标；该目标必须满足或高于合同要求目标，并作为编制施工进度、质量和成本计划的依据。它可分为：施工控制总工期、总质量等级和总成本，以及每个单项工程的控制工期、控制质量等级和控制成本。如表 8.3 所示。

表 8.3 施工控制目标表

序号	工程名称	建筑面积 /m²	控制工期 /月	控制成本 /万元	控制质量等级（合格）
	合计				

2. 施工任务划分与管理组织安排

（1）确定施工管理目标，根据施工总目标，确定施工管理组织的目标，建立健全项目管理组织机构。确定施工管理工作内容

（2）根据施工管理目标，确定施工管理工作内容，作为确定项目组织机构和依据。通常管理工作内容可按：进度控制、质量控制、成本控制、合同管理、信息管理和组织协调六方面划分。

（3）安排划分各参与施工单位的工作任务，明确总包与分包的关系，建立施工现场统一的组织领导机构及职能部门，明确各单位之间分工与协作的关系，划分施工段，确定各施工单位分期分批的主导施工项目和穿插施工项目，按任务或职位制定好一套合适的职位结构，以使项目人员能为实现项目目标而有效的工作。

（4）确定施工现场管理组织机构

① 确定组织结构形式，根据项目规模、性质和复杂程度，合理确定组织结构形式；通常有：直线制、职能制或直线职能制组织结构形式。

② 确定合理管理层次，按照组织结构形式不同，合理确定管理层次；一般设有：决策层、控制层和作业层。

③ 制定岗位职责，管理组织内部的岗位职务和职责必须明确，责权必须一致，并形成规章制度。

④ 选派管理人员，按照岗位职责需要，选派称职的管理人员，组成精炼高效的项目管理班子，并以表格列出，如表 8.4 所示。

表 8.4　管理人员明细表

序号	姓名	职务	职称	工作职责

（5）制定施工管理工作程序、制度和考核标准，为了提高施工管理工作效率，要按照管理客观性规律，制定出管理工作程序、制度和相应考核标准。

3. 工程开展程序

确定建设项目中各项工程的合理开展程序是关系到整个建设项目能否尽快投产使用的关键。对于一些大中型工业建设项目，根据工程建设项目总目标的要求，采用分期，分批建设，对于实现均衡施工，减少暂设工程量和降低投资具有主要意义。

在统筹安排各类项目施工时，要保证重点，兼顾其他，其中应优先安排工程量大、施工难度大、工期长的项目；供施工、生活使用的项目及临时设施；按生产工艺要求，先期投入生产或起主导作用的工程项目等。

在确定施工开展程序时，应主要考虑以下几点：

（1）确定项目施工总目标，制定项目实施的工期、质量、安全目标和文明施工、消防、环境保护等方面的管理目标。

（2）在保证工期的前提下，实行分期分批建设，确定项目分阶段交付的计划。这样，既可以使每一具体项目迅速建成，尽早投入使用，又可在全局上取得施工的连续性和均衡性，以减少暂设工程数量，降低工程成本，充分发挥项目建设投资的效果。

（3）确定项目分阶段施工的合理顺序及空间组织。遵守"先地下，后地上""先深后浅""先干线，后支线""先土建，后设备""先主体，后维护""先结构，后装饰"的原则，具体单位工程的施工安排可参见本教材第 7 章。

4. 确定主要施工项目的施工方案

施工组织总设计中要拟定一些主要工程项目的施工方案，与单位工程施工组织设计中的施工方案所要求的内容和深度不同。拟定主要工程项目施工方案的主要目的是为了技术和资源的准备工作，同时也为了施工顺利进行和现场的合理布局。它的内容包括施工方法、施工工艺流程、施工机械设备等。

对于施工方法的确定要考虑技术工艺的先进性和经济上的合理性；对施工机械的选择，应使主导机械的性能既满足工程的需要，又能发挥其效能，对于辅助机械，其性能应与主导施工机相适应，以便发挥主导施工机械的工作效率。

主要项目施工方案的内容如下：

（1）施工方法，要求兼顾技术的先进性和经济的合理性。

（2）工程量，对资源的合理安排。

（3）施工工艺流程，要求兼顾各工种各施工段的合理搭接。

（4）施工机械设备，能使主导机械满足工程需要，又能发挥其效能。使各大型机械在各工程上进行综合流水作业，减少装、拆、运的次数，对辅助配套机械的性能，应与主导机械相适应。

其中，施工方法和施工机械设备应重点组织安排。

5. 施工准备计划

根据施工项目的施工部署、施工总进度计划、施工资源计划和施工总平面布置的要求，编制施工准备工作计划。其表格形式，如表8.5所示。具体内容包括：

（1）按照建筑总平面图要求，做好现场控制网测量；
（2）认真做好土地征用、居民迁移和现场障碍物拆除工作；
（3）组织项目采用的新结构、新材料、新技术试制和实验工作；
（4）按照施工项目施工设施计划要求，优先落实大型施工设施工程，同时做好现场"四通一平"工作，以及铁路货场和水运码头等工作；
（5）根据施工资源计划要求，落实建筑材料、构配件、加工品、施工机具和工艺设备加工或订货工作；
（6）认真做好工人上岗前的技术培训工作。

表8.5 施工准备工作计划表

序号	准备工作名称	准备工作内容	主办单位	协办单位	完成日期	负责人

6. 全场临时设施的规划

根据工程开展程序和施工项目施工方案的要求，对施工现场临时设施进行规划，主要内容包括：安排生产和生活性临时设施的建设；安排原材料、成品、半成品、构件的运输和储存方式；安排场地平整方案和全场排水设施；安排场内外道路、水、电、气引入方案；安排场区内的测量标志等。

8.3.2 案例：某工程施工组织总设计——施工部署

第二章 施工部署

第一节 工程目标

1. 质量目标：实现对业主的质量承诺，以领先行业水平为目标，严格按照合同条款要求及现行规范标准组织施工，工程一次验收合格率达100%，分部工程优良率达到80%以上。观感质量得分率90%以上。结构工程质量优良。

2. 安全目标：
（1）无人身重伤及以上伤亡事故；

（2）无交通死亡事故；
（3）无重大行车事故；
（4）无等级火灾事故。

3．工期目标：300日历天，计划开工日期：2009年3月，计划完工日期：2010年4月。

4．现场管理目标：创建市文明安全工地。

本工程在施工现场管理中运用计算机应用及信息技术管理：

（1）边坡及周围建筑物采用计算机变形检测、信息处理技术；业主、监理、施工单位之间计算机局域联网信息共享技术；微机成本分析、网络计划、资料管理等，将技术交底、施工日志等技术、施工资料通过信息管理系统发布，使之传递迅速、及时。

（2）施工现场闭路监视系统；在施工现场各个部位设摄像探头，对所有施工工序进行全程电视监控，通过现代化管理手段，将图像集中于各主管部门，便于集中管理。

（3）电视闭路监视系统组成：系统由前端摄像设备、中间信息传输线和控制中心组成。

① 前端设备：由彩色低照度CCD摄像机，各种规格的镜头，云台，解码器，防护罩等组成。

② 控制中心的设备组成：控制中心有中心控制图像切换矩阵，各种规格的监视器，画面分割器，长时间录像机，交流稳压电源等组成。

③ 主控室设在项目经理办公室，甲方现场领导办公室，监理现场领导办公室，现场派出所设分控。

第二节　管理组织机构

1．组织机构：本工程按项目法组织施工，项目经理选派承担过大型工程项目管理，并具备丰富施工管理经验的国家一级项目经理担任；项目总工选派具有较高技术业务素质和技术管理水平、并有创长城杯管理经验的工程技术人员担任。项目经理部对本项目的人、财、物按照项目法施工管理的要求实行统一组织、协调、管理，严格执行ISO9002质量标准，确保本项目质量体系持续、有效地运行。确保实现合同规定的工期，工程质量达到优良、创北京市文明安全工地的预定目标。

项目部班子主要成员及各主要组室的职责：

（1）领导班子：由项目经理、项目副经理、项目总工程师组成，对施工项目进行成本、安全、质量、进度和创优及文明施工等管理。

（2）技术组：负责编制工程实施性施工组织设计，对特殊过程编制作业指导书，对关键工序编制施工方案，对分项工程进行技术交底，组织技术培训，办理工程变更，及时收集整理工程技术档案，组织材料检验、试验、施工试验和施工测量，检查监督工序质量，调整工序设计，并及时解决施工中出现的一切技术问题。

（3）施工组：负责组织施工实施，安全文明施工及劳动组织安排，工程质量的管理；负责各劳务分包和工程分包的协调管理。

（4）安质组：负责施工现场安全防护、文明施工、工序质量日常监督检查工作。

（5）物资组：负责工程材料及施工材料和工具的购置、运输，监督控制现场各种材料和工具的使用情况等。

（6）机械组：负责施工机械调配、进场安装及维修、保养等日常管理工作，确保机械处于良好运行状态。

（7）核算组：负责工程款的回收，工程成本核算，工程资金管理，编制工程预算、决算、验收及统计等工作。

（8）综合办公室：负责文件管理，劳资管理，后勤供应及与地方政府管理部门的对外工作联系及接待工作。

（9）公安派出所：负责施工现场治安保卫、防火消防和成品保护工作。

以上各组在经理部领导班子的领导下，统一协调，各尽其责，及时解决施工过程中出现的各种问题，确保优质、高效地完成施工任务。

2．管理体系：管理机制采用项目法施工管理。质量体系经认证并符合 GB/T 19002—2008 和 ISO9001：2008 标准。

3．主要施工技术工人配备：

木工——40人；钢筋工——50人；架子工——15人；瓦工——30人；

混凝土工——15人；电工——15人；水暖工——15人；

总计——180人；高峰期——300人。

第三节 施工部署

1．项目经理部下设作业队及分工

（1）结构施工队：负责主体结构工程的施工。

（2）瓦工作业队：负责砌筑工程、内外墙抹灰、内外墙面砖、楼地面工程的施工。

（3）油工作业队：负责油漆、粉刷工程的施工。

（4）木工作业队：负责内外门窗安装和吊顶工程的施工。

（5）防水作业队：负责地下室外防水、屋面防水、厕浴间防水工程的施工。

（6）电气工程作业队：负责管道预埋、管线敷设、电气设备安装调试工作。

（7）水、暖、通风工程作业队：负责水暖安装、配件预埋，空洞预留及管线敷设、水暖及通风设备的安装调试工作。

2．施工段划分

整个工程按后浇带划分为二个流水段，分为会展中心部分和交易中心部分：

3．垂直运输

由于本工程平面面积大，设计复杂，因而将一台垂直运输设备MC60臂固定式塔吊（塔臂45m）设在东侧中部，负责基础及主体结构模板、钢筋及零星混凝土的垂直运输；在建筑物西侧另设一台MC60臂固定式塔吊（塔臂45m）；装修期间，在建筑物东南侧设一座双笼电梯，负责砌筑、装修材料垂直运输。

4．混凝土浇筑

基础及主体结构混凝土主要采用商品混凝土，混凝土罐车运输到工地，地泵（地上三层以下结构施工时采用泵车）输送至浇筑部位。

5．本工程模板体系

剪力墙、独立柱、顶板、梁均采用防水竹胶合板，地下室外墙采用中型钢模。

6．脚手架工程

主体结构防护及外装修均采用双排钢管脚手架，外脚手架内侧挂绿色密目网。墙体砌筑及室内装修采用工具式脚手架。

7．中间验收

本工程拟分二次进行结构验收，第一次验收地下室，第二次验收地上一至五层。砌筑工程在顶板模板拆除且结构验收后及时插入施工，初装修在结构验收后分阶段、分层进行，初装修工程及水电管道安装采取交叉作业；精装修在屋面防水工程完成后从上往下进行。精装修大面积展开前先做样板间，验收合格后全面进行装修。

第四节　施工准备工作

1．技术准备工作

（1）项目总组织各专业技术人员认真学习设计图纸，领会设计意图，做好图纸会审。

（2）针对本工程特点进行质量策划，编制工程质量计划，制定特殊工序、关键工序、重点工序质量控制措施。

（3）依据施工组织设计，编制分部、分项工程施工技术措施，做好技术交底，指导工程施工。

（4）编制施工预算，提出主要材料用量计划。

2．劳动力及物质、设备准备工作

（1）组织施工力量，做好施工队伍的编制及其分工，做好进场三级教育和操作培训。

（2）落实各组室人员，制定相应的管理制度。

（3）根据预算提出材料供应计划，编制施工使用计划，落实主要材料，并根据施工进度控制计划安排，制定主要材料、半成品及设备进场时间计划。

（4）组织施工机械进场、安装、调试，做好开工前准备工作。

3．施工现场及管理准备工作

（1）做施工总平面布置（土建、水、电）并报有关部门审批。按现场平面布置要求，做好施工场地围挡和施工三类用房的施工，做好水、电、消防器材的布置和安装。

（2）按要求做好场区施工道路的路面硬化工作。

（3）抓紧与地方政府各有关部门接洽，疏通关系，办理开工前各项手续，保证施工顺利进行。

（4）完成合同签约，组织有关人员熟悉合同内容，按合同条款要求组织实施。

8.4　施工总进度计划

8.4.1　施工总进度计划的基本概念

1）施工总进度计划的定义

施工总进度计划指根据施工部署，通过对各单项工程的分部、分项工程的计算，明确工程量，进而计算出劳动力、主要材料、施工技术装备的需要量，定出各建筑物、设备、技术装备的开工顺序和施工期，建筑与安装衔接时间，用进度表反映出来，作为控制施工进度的指导性文件之一，是施工现场各项施工活动在时间上和空间上的体现。

编制施工总进度计划是根据施工部署中的施工方案和施工项目开展的程序，对整个工地的所有施工项目做出时间上和空间上的安排。

2）施工总进度计划的编制内容

（1）编制说明：编制依据、假设条件、指标说明、实施重点和难点、风险估计及应对措施等。

（2）施工总进度计划图：是进度计划的最主要内容，用来安排各单项工程和单位工程的计划开竣工日期、工期、搭接关系及其实施步骤。

（3）资源需要量及供应平衡表。

3）施工总进度计划的特点

施工总进度计划具有以下几个特点：

（1）综合性。

施工总进度计划是施工项目最高层次的进度计划,反映施工项目的总体施工安排和部署，满足施工项目的总进度目标要求，是各个分进度目标的有机结合，具有一定的内在规律。

（2）整体性与协调性。

施工总进度计划要反映下级计划的彼此联系，解决各单项工程、单位工程、各个分包合同之间的界面关系。如住宅小区中，住宅与文教、娱乐、商业服务设施及基础设施先后顺序、搭接关系必须在保证交付进度的前提下，进行合理安排；如工业建筑，必须按照生产工艺要求、分期分批施工，保证主要车间与附属设施、单项工程中的各个技术系统（如土建、生产设备安装、生产配套设施）的协调，才能使工程顺利投产、发挥效益。

（3）复杂性。

施工总进度计划不仅涉及施工项目内部的队伍组织、资源调配和专业配合，还涉及市场条件、社区、政府等的协调问题，并且满足自然条件的限制，因而牵涉面广、关系错综复杂。

4）施工总进度计划的作用

施工总进度计划是施工组织总设计中的主要内容，也是现场施工管理的中心工作，是施工现场各项施工活动在时间上的具体安排和具体体现。其作用在于确定各个建筑物及其主要工种、分项工程、准备工作和全工地性工程的施工期限及开工和竣工的日期，从而确定建筑施工现场上劳动力、原材料、成品、半成品、施工机械的需要数量和调配情况，以及现场临时设施的数量、水电供应数量和能源、交通的需要数量等。具体地讲，施工总进度计划的作用主要包括以下几点：

（1）确定各个施工项目及其主要工种工程、施工准备工作和全工地性工程的施工期限、开工和竣工的日期。

（2）确定建筑施工现场各种劳动力、材料、成品、半成品、施工机械的需要数量和调配情况。

（3）确定施工现场临时设施的数量，水、电供应数量，能源、交通的需要数量。

（4）确定附属生产企业的生产能力大小。

8.4.2 施工总进度计划的编制

正确地编制施工总进度计划，是保证各项工程至整个建设项目按期交付使用，充分发挥投资效果、降低工程成本的重要条件，编制施工总组织设计的基本要求是：保证拟建工程在规定的期限内完成，发挥投资效益、施工的连续性和均衡性，节约施工费用。

1）施工总进度计划的编制原则

（1）合理安排施工顺序，保证在劳动力、材料物资以及资金消耗量最少的情况下，按规定工期完成拟建工程施工任务，迅速发挥投资效益。

（2）采用合理的施工组织方法，使建设项目的施工保持连续、均衡、有节奏地进行。

（3）节约施工费用。

2）施工总进度计划的编制依据

（1）工程的初步设计或扩大初步设计。

（2）有关概（预）算指标、定额、资料和工期定额。

（3）合同规定的进度要求和施工组织规划设计。

（4）施工总方案（施工部署和施工方案）。

（5）建设地区调查资料。

3）施工总进度计划的编制步骤和方法

施工总进度计划的编制内容一般包括：划分工程项目并确定其施工顺序，估算各项目的工程量并确定其施工期限，搭接各施工项目并编制初步进度计划，调整初步进度计划并最终确定施工总进度计划。

（1）划分工程项目并确定其施工顺序。

首先根据建设项目的特点划分项目，然后确定其施工顺序。由于施工总进度计划主要起控制性作用，因此项目划分不宜过细，一般以主要单位工程及其分部工程为主进行划分，一些附属项目、辅助工程及临时设施可以合并列出。确定整个工程的施工顺序是编制施工总进度计划的主要工作之一。它对于工程是否能按期优质和成套地投入生产和交付使用，充分利用人力、物力，减少不必要的消耗，降低工程成本都有极其重要的作用。排定施工顺序时，一般是先进行准备工程，再进行全场性工程，最后安排单项工程的施工，并注意妥善安排分期分批工程的施工顺序。在具体安排各项目的施工顺序时，可按上述施工部署中确定施工程序的要求进行。

（2）估算各项目的工程量并确定其施工工期。

各项目的工程量可按初步设计或扩大初步设计图样，依据各种定额手册确定。各项工程（包括准备工程）的施工期限可根据工程规模、结构类型、建筑面积、层数等，查找有关工期定额确定。

表 8.6　工程项目工程量汇总表

工程项目分类	工程项目名称	结构类型	建筑面积/m²	幢(跨)数/个	概算投资/万元	主要实物工程量							
						场地平整/m²	土方工程/m²	桩基工程/m²	…	砖石工程/m²	钢筋混凝土工程/m²	…	装饰工程/m²	…
全工地性工程														
主体项目														
辅助项目														
永久建筑														
临时建筑														
合计														

（3）确定各单位工程的开工、竣工时间和相互搭接关系。

为了把各项工程合理地连接起来，组织全场性的流水作业，以保持均衡施工，一般从工程量较大的工种工程或大型机械施工的工种工程着手，组成全场性的流水作业。一般工业企业建筑的施工，土建部分可分别组成几条流水线，如挖土、桩基、构配件预制或现浇框架结构、吊装、砌砖等。厂区地下工程可组织平整场地、管道敷设、通路等工程的流水线，依次流水作业。民用建筑一般是砌筑、抹灰、吊装等以砌砖为主导工程组织流水施工。它们的工程量可根据扩大指标计算出来，然后根据工期确定每季（或月、旬）应完成的工程量，并使依次施工的各项目的主要工程量的总和大致与每季（或月、旬）应完成的工程量相符，这样，工程的流水施工就可以组织起来了，各项目之间的搭接关系也可以相应地确定下来。据此可以初步确定施工总进度计划。总进度计划可用横道图或网络图表示。

各单位工程的搭接设计原则要满足以下要求：

① 保证重点，兼顾一般；
② 满足连续、均衡施工要求；
③ 要满足生产工艺要求；
④ 使施工场地布置合理；
⑤ 全面考虑各种条件的限制。

（4）搭接各施工项目并编制初步进度计划。

① 施工总进度计划可采用横道图或网络图表达。
② 施工总进度计划只能起到控制性作用，而且施工条件复杂多变，因此不必考虑得过细。
③ 安排时应以工程量大、工期长的单项工程或单位工程为主导，组织若干条流水线，并

以此带动其他工程。

表 8.7　施工总进度计划表

序号	单项工程名称	建安指标		设备安装指标/t	造价/千元			施工进度					
		单位	数量		合计	建筑工程	设备安装	第一年				第二年	第三年
								I	II	III	IV		

表 8.8　主要分部工程施工进度计划表

序号	单项工程单位工程分部工程名称	工程量		机械			劳动力			施工天数	施工进度/月			
		单位	数量	机械名称	台班数量	机械台数	工种名称	总工日数	工人数		20××年			
											1	2	3	…

（5）调整初步进度计划并最终确定总进度计划。

初步施工总进度计划排定后，还得经过检查、调整，最后才能确定较合理的施工总进度计划。一般的检查方法是观察劳动力和物资需要量的变动曲线。这些动态曲线如果有较大的高峰出现时，则可用适当的移动穿插项目的时间或调整某些项目的工期等方法逐步加以改进，最终使施工趋于均衡。

4）编制要点

编制施工总进度计划是一项要求严格、量大面广、步骤烦琐的工作，其基本要求是：保证拟建工程项目在规定的期限内按时或提前完成；基本做到施工的连续性和均衡性；努力节省施工费用，降低工程造价。为编制出科学合理的施工总进度计划，应掌握以下几个要点：

（1）准确计算所有项目的工程量，并填入工程量汇总表。项目划分不宜过细过多，应突出主要项目，一些附属、辅助工程、民用建筑可予以合并。

（2）根据施工经验、企业机械化程度、建设规模、建筑物类型等，参考有关资料，确定建设总工期和单位工程工期。

（3）根据使用要求和施工条件，结合物资技术供应情况，以及施工准备工作的实际，分期分批地组织施工，并明确每个施工阶段的主要施工项目和开、竣工时间。

（4）同一时间开工的项目不宜过多，以免施工干扰较大，人力、材料和机械过于分散。但对于在生产（或使用）上有重大意义的主体工程，工程规模较施工难度较大、施工周期较长的项目，需要先期配套使用或可供施工使用的项目，以及对提高施工速度、减少暂设工程的项目，应尽量优先安排。

（5）尽量做到连续、均衡、有节奏地施工。

（6）在施工的安排上，一般要做到先地下后地上，先深后浅，先干线后支线，先地下管线后筑路。在场地平整的挖方区，应先平整场地后挖管线土方；在场地平整的填方区，应由远及近先做管线后平整场地。

（7）按照上述各条进行综合平衡，对不适当部分进行调整，编制施工总进度计划和主要分部（项）工程流水进度计划。

5）制订施工总进度保证措施

（1）组织保证措施。从组织上落实进度控制责任，建立进度控制协调制度。

（2）技术保证措施。编制施工进度计划实施细则；建立多级网络计划和施工作业周计划体系；强化事前、事中和事后进度控制。

（3）经济保证措施。确保按时供应资金；奖励工期提前有功者；经批准紧急工程可采用较高的计件单价；保证施工资源正常供应。

（4）合同保证措施。全面履行工程承包合同；及时协调分包单位施工进度；按时提取工程款；尽量减少业主提出工程进度索赔的机会。

8.4.3 案例：某工程施工组织总设计——施工进度计划

第九章 工期、进度计划及保证措施

一、工期及进度

1. 本工程包括交易中心和商演会展中心两个子项工程，工期要求为 300 日历天，计划开工时间为 2009 年 3 月，计划完工时间为 2010 年 4 月。具体以业主监理发出的开工报告为准。

2. 根据本标段各子项工程特点、工程量大小并结合本公司的技术优势和综合实力，我们确保在该标段各子项工程的目标工期内完成本工程。

二、施工进度计划完成的可行性分析

本工程总工期将被控制在 300 天内。

各个子项工程工期内，合理安排施工流程、工序穿插和搭接、劳动力组织、机械配备等前提下，完成本工程的施工任务。

为确保本工程能按期完成施工任务，我们将以工程量为依据，并以类似工程为比照，对整个施工总工期进行分析，简述如下。

在安排施工总进度计划时，我们对各阶段施工工期提出了明确的要求，只要我们能严格按计划完成每一个阶段的工作，那么整个计划一定能达到的。

如何加快施工进度，结构施工对安装及装修工作面的及时提供是非常关键的，故我们将请求质检监理部门对结构工程进行分段验收。及时提供下道工序，特别是下道分部工程的施工作业面是加快施工总体进度的关键所在。作为总承包单位我们将全面考虑各分部工程的穿插施工，及时提供或督促落实其他分包单位提供施工作业面。

安装工程要分层段完成,并及时进行各项试验,各层完成后立即交给装饰单位进行施工,并划分合理的施工流水段。

三、施工进度计划网络图

施工进度网络计划,见图8.2。

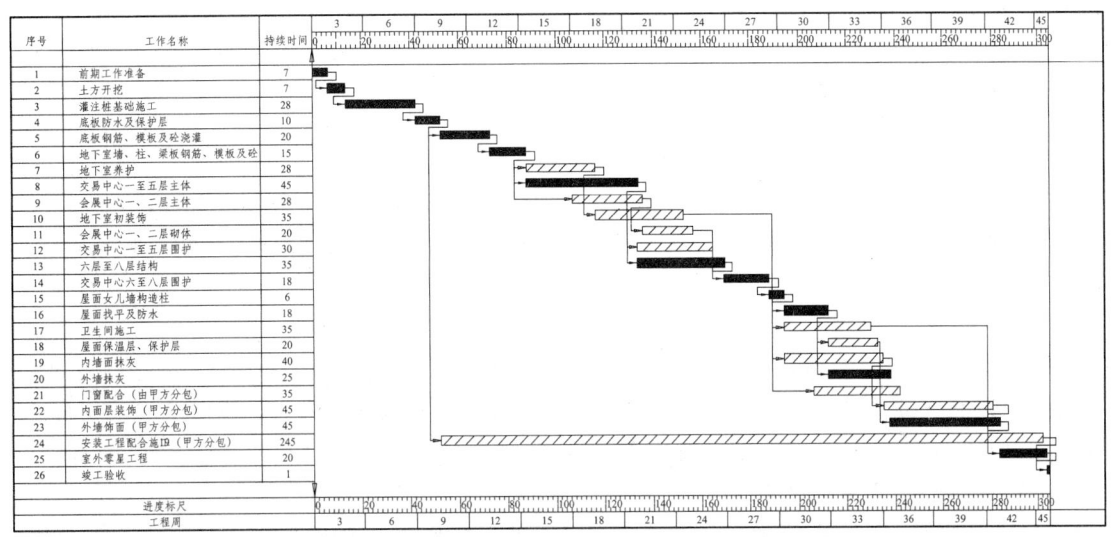

图8.2 施工进度总计划

四、工期保证措施

(一)充分做好前期准备工作

1. 提前准备施工人员、材料,了解施工现场的情况,向规划部门报批临建方案。

2. 及时与业主进行场地交接,包括现场标高、水准点的移交、复测,临水、临电、临设的施工。

3. 组织人员认真阅读图纸,充分理解设计意图,积极与业主配合组织设计院、监理公司及时进行图纸会审。

(二)制定各种施工配套计划

1. 图纸、方案计划

方案先行、样板引路是保证工期和质量的法宝,通过方案和样板制订出合理的工序、有效的施工方法和质量控制方法。方案编制计划表详见施工部署部分。

施工图纸的设计质量是保证施工进度、质量的重要因素,因此请业主单位敦促设计单位做好各专业及专业之间的图纸审查会审工作。

2. 分供方和专业施工队计划

由于本工程的工期较短,所以对各专业分包队伍必须限定最迟进场时间。在此计划中充分体现对各专业分包队伍协调配合。我们将编制各专业分包队伍管理计划。

3. 设备材料进场及机械进出场计划

为保证室外环境工程尽早插入，对塔吊等机械设施制定出最迟进退场计划，为保证此计划，进场后将编制细致的拆除方案，为现场施工创造良好的场地条件。详见主要机械设备表。

模板工程投入是影响结构施工工期的主要因素之一，在本工程结构施工中，根据流水段的划分，拟投入充足的模板架料配置。详见主要周转材料供应计划。

4. 编制阶段性、月度及周作业计划

总进度计划、阶段性进度计划、月度进度计划和周计划构成完善的施工进度计划管理体系。

施工开始后，根据工程进度计划系统，编制详细的阶段性、月度及周作业进度计划。

将总进度计划的进度分解成阶段性计划，月进度保阶段性计划，周计划的主要工序作业时间必须符合月进度计划的规定，如有变动，必须有详细说明和补救措施。

将周进度计划的工序划分成工种的小工序，规定每工种的作业位置、作业起止时间。

定期的协调会，应汇编和检查计划的执行情况，分析原因，进行协调调整，保持计划的持续性。

（三）人、机、财等资源保证措施

1. 为了能把本工程做得让业主完全满意，我公司准备派有同类工程施工经验，并由优秀的项目经理担任此工程的项目经理，而且在公司内调集一批技术力量好、责任心强、干劲足、能和项目经理配合好的优秀中青年管理人员进行施工管理，为工程项目最终实现工期目标、质量目标提供专业化施工管理保证。

2. 信誉良好、素质高的施工队伍是保证工程按期完成的基本条件之一，操作工人全部选用有同类工程施工经验的本公司在册职工及专业班组，可随时进行调配，组织进场，满足施工劳动力的要求，确保工程的质量和进度的要求。

3. 安排充足的劳动力资源，合理地组织施工流水，结合文明施工的要求，及时清理施工层现场，做到工完料清，材料堆放有序，减少因场地矛盾引起的停工、窝工。加强生活和后勤管理，尽可能改善职工生活，以稳定队伍。

4. 最大限度地提高机械化施工程度，以精良的装备保证工期目标的顺利完成。增配模板、钢管等周转材料，拉大作业层面，提高工效。加大材料采、运管理力度，抓紧、抓好机械设备的保养维护，避免发生缺料停机造成的停工、窝工。

5. 我公司具有良好的资金信誉和履约能力，资金状况良好、稳定。公司执行专款专用政策，我公司将充分合理地利用好合同约定支付的工程款项，做好阶段性的资金计划，从而保证在施项目资金需求，保证工程正常施工。

（四）加强质量管理，减少返工

强化施工过程的质量管理与监控，充分发挥ISO9001：2000质量认证的优势，整个施工过程严格按照质保手册、程序文件、作业指导书的要求进行施工，建立

质量管理监控点，实行重点管理。尽量避免任何性质的返工，避免因返工引起的工期延误。

（五）专门成立协调部

施工期间，会同业主、设计、监理和我司人员组成现场协调部，建立起稳定、和谐、高效和健康的合作关系。

同时加强与各专业分包的联系和管理，定期或不定期组织协调会，避免因施工秩序混乱而引起的返工和窝工。

8.5 各项资源及配置计划与施工成本计划

8.5.1 资源及配置计划

各项资源需要量计划是做好劳动力及物资的供应、平衡、调度、落实的依据,其内容包括以下方面:

1. 综合劳动力需求量计划

劳动力需要量计划是规划临时设施工程和组织劳动力进场的依据。

编制时,首先根据工程量汇总表中分别列出的各个建筑物的主要实物工程量,查预算定额或有关资料,便可得到各个建筑物主要工种的劳动量,再根据施工总进度计划表的各单位工程各工种的持续时间,即可得到某单位工程在某段时间里的平均劳动力数。按同样方法可计算出各个建筑物各主要工种在各个时期的平均工人数,见下表8.9。

将施工总进度计划表纵坐标方向上各单位工程同工种的人数叠加在一起并连成一条曲线,即为某工种的劳动力动态曲线图。本教材第三章流水施工中就有这样的曲线。

表 8.9 劳动力需要量计划

施工阶段（期）	工程类别	单项工程		劳动量/工日	专业工种		需要量计划								
							20××年（月）					20××年（季）			
		编码	名称		编码	名称	1	2	3	4	…	Ⅰ	Ⅱ	Ⅲ	Ⅳ
Ⅰ		…	…	…	…	…									
		…	…												
Ⅱ															
…	…														

2. 材料、构件及半成品需求量计划

材料、构件、半成品的需要量计划是组织材料和预制品加工、订货、运输、确定堆场和仓库的依据。

根据工程量汇总表中所列各建筑物的工程量,查预算定额或有关资料,便可得到各个建筑物所需材料、构件及半成品需求量。然后根据施工总进度计划表,大致算出某些建筑材料在某一时间内的需要量,从而编制出材料、构件及半成品需求量计划,见下表8.10。

表 8.10 主要材料和预制品需要量计划

施工阶段（期）	工程类别	单项工程		工程材料/预制品				需要量计划								
								20××年（月）					20××年（季）			
		编码	名称	编码	名称	种类	规格	1	2	3	4	…	Ⅰ	Ⅱ	Ⅲ	Ⅳ
Ⅰ	…	…	…	…	…	…	…									
		…	…	…	…	…	…									
	…															
	…	…														

3. 施工机具、施工设施需求量计划

施工机具和设备需要量计划是确定施工机具和设备进场、施工用电量和选择变压器的依据。它是根据施工总进度计划、主要建筑物施工方案和工程量，并套用机械产量定额求得，见下表 8.11。

表 8.11 主要材料和预制品需要量计划

施工阶段（期）	工程类别	单项工程		工程材料/预制品				需要量计划								
								20××年（月）					20××年（季）			
		编码	名称	编码	名称	种类	规格	1	2	3	4	…	Ⅰ	Ⅱ	Ⅲ	Ⅳ
Ⅰ	…	…	…	…	…	…	…									
		…	…	…	…	…	…									
	…															
	…	…														

8.5.2 施工总成本计划

施工总成本计划是以一个建设项目或建筑群为对象进行编制，用以控制其施工全过程各项施工活动成本额度的综合性技术文件。

1. 施工成本分类

（1）施工预算成本。

施工预算成本是根据项目施工图纸、工程预算定额和相应取费标准所确定的工程费用总和，也称建设预算成本。

(2) 施工计划成本。

施工计划成本是在预算成本基础上，经过充分挖掘潜力、采取有效技术组织措施和加强经济核算努力下，按企业内部定额，预先确定的工程项目计划施工费用总和，也称项目成本。

施工预算成本与施工计划成本差额，称为项目施工计划成本降低额。

(3) 施工实际成本。

施工实际成本是在项目施工过程中实际发生的，并按一定成本核算对象和成本项目归集的施工费用支出总和。施工预算成本与施工实际成本的差额，称为工程成本降低额；成本降低额与预算成本比率，称为成本降低率。该指标可以考核建设项目施工总成本降低水平或单项工程施工成本降低水平。

2. 施工成本构成

(1) 直接费。

它包括：人工费、材料费、施工机械使用费、其他直接费和现场经费五项。

(2) 间接费。

它包括：企业管理费和财务费用两项。

3. 编制施工总成本计划步骤

1) 确定单项工程施工成本计划

(1) 收集和审查有关编制依据。

它包括：上级主管部门要求的降低成本计划和其他有关指标；企业各项经营管理计划和技术组织措施方案；人工、材料和机械等消耗定额和各项费用开支标准；以及企业历年有关工程成本的计划、实际和分析资料。

(2) 做好单项工程施工成本预测。

通常先按量、本、利分析法，预测工程成本降低趋势，并确定出预期工程成本目标，然后采用因素分析法，逐项测算经营管理计划和技术组织措施方案的降低成本经济效果和总效果。当措施的经济总效果大于或等于预期工程成本目标时，就可开始编制单项工程施工成本计划。

(3) 编制单项工程施工成本计划。

首先由工程技术部门编制项目技术组织措施计划，然后由财务部门编制项目施工管理计划，最后由计划部门会同财务部门进行汇总，编制出单项工程施工成本计划，即项目成本计划表。该表内工程预算成本减去计划（降低）成本的差额，就是该项目工程计划成本指标。

2) 编制建设项目施工总成本计划

根据建设项目施工部署要求，其总成本计划编制也要划分施工阶段，首先要确定每个施工阶段的各个单项工程施工成本计划，并编制每个施工阶段组成的项目施工成本计划，再将各个施工阶段的施工成本计划汇总在一起，就成为建设项目施工总成本计划，同时也求得建设项目工程计划成本总指标。

3）制订建设项目施工总成本保证措施

（1）技术保证措施。精心优选材料、设备的质量和价格，合理确定其供货单位；优化施工部署和施工方案，合理开发技术措施费；按合理工期组织施工，尽量减少赶工费用。

（2）经济保证措施。经常对比计划费用与实际费用差额，分析其产生原因，并采取改善措施，及时奖励降低成本有功人员。

（3）组织保证措施。建立健全项目施工成本控制组织，完善其职责分工和有关控制制度，落实项目成本控制者的责任。

（4）合同保证措施。按项目承包合同条款支付工程款；全面履行合同，减少业主索赔条件和机会；正确处理施工中已发生的工程索赔事项，尽量减少或避免工程合同纠纷。

8.5.3 案例：某工程施工组织总设计——各项资源计划

第十章 资源配备计划

第一节 劳动力安排的组织措施

根据本工程特点，结合××省建筑安装工程劳动定额和施工工序的先后安排及各施工段工程量，确定本工程各施工阶段建筑、安装的劳动力配备。在劳动力配备上采取以下几条组织措施和原则。

1．劳务作业队进场前，由公司劳资处和项目共同进行综合评估，项目经理择优录取，与其签订合同，规定其工期、质量、安全要求，明确承包任务，工程量结算方式和奖惩的措施。项目经理部还对劳务队引入激励机制，推行优质优价管理方法。

2．本工程劳动力组织综合考虑用工特点，分阶段分批进出场施工。

（1）土方开挖

（2）基础、地下室结构施工阶段

（3）主体结构施工阶段

（4）装饰工程阶段

（5）竣工收尾施工阶段

第二节 劳动力安排计划图

表8.12 主要劳动力计划表

工　种	按工程施工阶段投入劳动力情况				
	土方开挖	基础、地下室	主体阶段	装饰装修	收尾阶段
力工	25	28	30	15	10
钢筋工	4	25	30	6	2
模板工	4	30	35	6	4
混凝土工	4	15	25	6	4
抹灰工	0	15	15	25	5

续表

工种	按工程施工阶段投入劳动力情况				
	土方开挖	基础、地下室	主体阶段	装饰装修	收尾阶段
架子工	10	15	15	15	8
电焊工	2	6	6	2	1
电工	4	8	10	4	2
砖工	10	20	20	4	6
油漆涂料工	4	5	5	10	5
机械工	4	6	6	4	2
其他	15	25	25	20	10

第十一章 施工机械配备

本工程材料转运、垂直运输工作量非常大，结合工程质量要求和施工进度计划安排，同时考虑机械设备使用效率及现场条件，我们对本工程施工机械设备进行了策划，编制了主要施工机械设备需用量计划，并确保各机械设备的进场和正常运转，确保设备需用量计划的落实。主要施工机械设备配置计划见表8.13。

表8.13 主要施工机械设备配备计划

序号	设备名称	型号规格	数量	国别产地	制造年份	额定功率/kW	生产能力	用于施工部位	备注
1	塔吊	FO/23B	2	徐州	2013	70	50 m 臂长	结构装饰	
2	液压挖掘机	W-1001	2	泸州	2014	140	最大挖掘半径11.5 m	土方开挖	
3	装载机	ZB-30	4	厦门	2015	81	2 m^3	土方装运	
4	拖式混凝土泵	HBT60	1	徐州	2014	32		混凝土施工	
5	布料机	HG38	1	四川	2012			混凝土施工	
6	混凝土汽车泵	进口	1	徐州	2013		48 m	混凝土施工	
7	钢筋弯曲机	GQ50	1	四川	2018	4	$\phi50$ mm	结构施工	
8	钢筋切断机	GW40-I	1	四川	2018	4	$\phi40$ mm	结构施工	
9	闪光对焊机	UN$_1$-100	1	四川	2013	100	$\phi40$ mm	结构施工	
10	埋弧压力焊机	MH-36-1	1	四川	2018	36	$\phi36$	钢筋施工	
11	交流电焊机	BX$_3$-500	1	四川	2015	38	500 A	钢筋施工	
12	滚压直螺纹机	/	1	四川	2014	5	$\phi36$ mm	钢筋施工	
13	卷扬机	JK-2.0	1	四川	2012	7.5	2.0 t	钢筋施工	

续表

序号	设备名称	型号规格	数量	国别产地	制造年份	额定功率/kW	生产能力	用于施工部位	备注
14	低压变压器	24V	1	山东	2013	24	/	全过程	
15	潜水泵	潜水泵	1	徐州	2013	5.5		全过程	
16	运输车	JS-1	6	四川	2012	1.4	/	全过程	
17	柴油发电机		1	山东	2013		201 kW	全过程	

8.6 施工安全与环保计划

1. 施工总安全计划

1）施工总安全计划内容

（1）项目概况。

（2）安全控制程序。

（3）安全控制目标。

（4）安全组织结构。

（5）安全资源配置。

（6）安全技术措施。

（7）安全检查评价和奖励。

2）编制施工总安全计划步骤

（1）项目概况。

它包括：建设项目组成状况及其建设阶段划分；每个建设阶段内独立交工系统的项目组成状况；每个独立承包项目的单项工程组织状况。

（2）明确安全控制程序。

它包括：确定施工安全目标；编制安全计划；安全计划实施；安全计划验证；安全持续改进和兑现合同承诺。

（3）确定安全控制目标。

它包括：建设项目施工总安全目标；独立交工系统施工安全目标；独立承包项目施工安全目标；以及每个单项工程、单位工程和分部工程施工安全目标。

（4）确定安全组织机构。

它包括：安全组织机构形式；安全组织管理层次；安全职责和权限；确定安全管理人员；以及建立健全安全管理规章制度。

（5）确保安全资源配置。

它包括：安全资源名称、规格、数量和使用部位，并列入资源总需要量计划。

（6）制订安全技术措施。

它包括：防火、防毒、防爆、防洪、防尘、防雷击、防坍塌、防物体打击、防溜车、防机械伤害、防高空坠落和防交通事故，以及防寒、防暑、防疫和防环境污染等项措施。

（7）落实安全检查评价和奖励。

它包括：确定安全检查日期；安全检查人员组成；安全检查内容；安全检查方法；安全检查记录要求；安全检查结果的评价；编写安全检查报告；以及兑现表彰安全施工优胜者的奖励制度。

2. 施工总环保计划

1）施工总环保计划内容

（1）环保目标。

（2）环保组织结构。

（3）环保事项内容和措施。

2）编制施工总环保计划步骤

（1）确定环保目标。

它包括：建设项目施工总环保目标；独立交工系统施工环保目标；独立承包项目施工环保目标；以及每个单项工程和单位工程施工环保目标。

（2）确定环保组织机构。

它包括：施工环保组织结构形式；环保组织管理层次；环保职责和权限；确定环保管理人员；以及建立健全环保管理规章制度。

（3）明确施工环保事项内容和措施。

它包括：现场泥浆、污水和排水；现场爆破危害防止；现场打桩震害防止；现场防尘和防噪声；现场地下旧有管线或文物保护；现场熔化沥青及其防护；现场及周边交通环境保护；以及现场卫生防疫和绿化工作。

8.7 施工总质量计划

施工总质量计划是以一个建设项目或建筑群为对象进行编制，用以控制其施工全过程各项施工活动质量标准的综合性技术文件。

1. 施工总质量计划内容

（1）工程设计质量要求和特点。

（2）工程施工质量总目标及其分解。

（3）确定施工质量控制点。

（4）制订施工质量保证措施。

（5）建立施工质量体系。

2. 施工总质量计划的制订步骤

（1）明确工程设计质量要求和特点。

通过熟悉施工图纸和工程承包合同，明确设计单位和建设单位对建设项目及其单项工程的施工质量要求；再经过项目质量影响因素分析，明确建设项目质量特点及其质量计划重点。

（2）确定施工质量总目标。

根据建设项目施工图纸和工程承包合同要求，以及国家建筑安装工程质量评定和验收标准，确定建设项目施工质量总目标：优良或合格。

（3）确定并分解单项工程施工质量目标。

根据建设项目施工质量总目标要求，确定每个单项工程施工质量目标，然后将该质量目标分解至单位工程质量目标和分部工程质量目标，即确定出每个分部工程施工质量等级：优良或合格。

（4）确定施工质量控制点。

根据单位工程和分部工程施工质量等级要求，以及国家建筑安装工程质量评定与验收标准、施工规范和规程有关要求，确定各个分部（项）工程质量标准和作业标准；对于影响分部（项）工程质量的关键部位或环节，要设置施工质量控制点，以便加强对其进行质量控制。表 8.14 所示为某现浇钢筋混凝土工程质量控制点表。

表 8.14 某现浇钢筋混凝土工程质量控制点表

工程名称	序号	分项工程名称	质量控制点	质量问题	保证措施	职责分工：责任者√ 关联者△				
						施工员	技术员	质检员	材料员	试验员
现浇混凝土	1	模板	模板、支架	支撑不牢	保证有足够刚度、强度和稳定性		√	√	△	
			模板接缝	缝隙过大	防止变形、胀模，操作要认真	△	√	√	△	
			中心线标高	出现偏差	按图施工，控制中心线和标高		√	√		
	2	钢筋	钢材材料	材料不合格钢筋型号易错	验收合格证。加强保管和复验工作，按图下料和制作		△ △	√ √		
			绑扎和焊接	缺扣、漏焊、钢筋错位	态度认真，端头对齐、先排后绑，控制搭接和弯钩长度	△	△	√		
			预埋件	识图错误，偏位过大	严格按图施工，控制偏差		√	√		
	3	浇混凝土	拌合料	水泥强度等级低，骨料含泥多	检查合格证，用前复检，冲洗骨料	△	△	√	√	√
			搅拌	配合比不合要求	严格配合比，搅拌要均匀	△	△	√		
			养护	养护条件差，养护时间不够	保证养护条件，充分养护					
			表面观感	露筋，不平整	控制保护层，模板刷隔离剂	√	√			

8.8 施工总平面图

施工总平面图是拟建项目施工场地的总平面布置图。它是按照施工方案和施工总进度计划的要求，将施工现场的交通道路、材料仓库、附属企业、临时房屋、临时水电管线等做出合理的规划布置，从而正确处理全工地施工期间所需各项临时设施和永久建筑以及拟建项目之间的空间关系。

8.8.1 施工总平面图的设计与绘制

1. 施工总平面图的设计内容

（1）建设项目建筑总平面图上一切地上、地下建筑物、构筑物以及其他设施的位置和尺寸。
（2）为全工地施工服务的所有临时设施的布置，包括：
① 施工用地范围，施工用的各种道路；
② 加工厂、搅拌站及有关机械的位置；
③ 各种建筑材料、构件、半成品的仓库和堆场的位置，取土弃土位置；
④ 行政管理用房、宿舍、文化生活和福利设施等；
⑤ 水源、电源、变压器位置，临时给排水和供电、动力设施；
⑥ 机械站、车库位置；
⑦ 安全、消防设施等。
（3）永久性测量及半永久性测量放线桩标桩位置。

2. 施工总平面图的设计原则

（1）在保证施工顺利进行的前提下，应紧凑布置。
（2）合理布置各种仓库，机械机工厂位置，减少场内运输距离，尽可能避免二次搬运，减少运输费用，并保证运输方便、通畅。
（3）施工区域的划分的地的确定，应能合施工流程度要求，尽量减少专业工种和各工种之间的干扰。
（4）充分利用已有的建筑物构筑物和各种管线，凡拟建永久性工程能提前完工，并为施工服务的，应尽量提前完工，并在施工中代替临时设施，临时建筑可采用拆移式结构。
（5）各种临时设施的布置应有利于生产和方便生活。
（6）应满足劳动保护、安全、防火要求。
（7）应注意环境保护。

3. 施工总平面图的设计依据

（1）各种测量设计资料和建设地区自然条件及技术、经济条件。
（2）建设项目的概况，施工部署和主要工程的施工方案，施工总进度计划。
（3）各种建筑材料、构件、半成品，施工机械和运输工具需要量一览表。

(4)各构件加工厂、仓库等临时建筑一览表。

(5)其他施工组织设计参考资料。

4. 施工总平面图的设计方法

引入场外交通道路→布置仓库→布置加工厂和砖搅拌站→布置内部运输通道→布置临时房屋→布置临时水、供电管网和其他动力设施→绘制正式施工总平面图。

(1)场外交通的列入。

场外交通主要有,铁路,水运,公路运输三种方式。组织场外运输时根据实际情况综合运用。

在设计施工总平面图时,必须从确定大宗材料、预制品和生产工艺设备运入施工现场的运输方式开始。当大宗施工物资由铁路运来时,必须解决如何引入铁路专用线问题;当大宗施工物资由公路运来时,必须解决好现场大型仓库、加工场与公路之间相互关系;当大宗施工物资由水路运来时,必须解决如何利用原有码头和要否增设新码头,以及大型仓库和加工场同码头关系问题。

(2)仓库的布置。

通常考虑设置在运输方便,位置适中,运距较短并且安全防火的地方,并应根据不同材料,设备和运输方式来设置。当采用铁路运输大宗施工物资时,中心仓库尽可能沿铁路专用线布置,并且在仓库前留有足够的装卸前线,否则要在铁路线附近设置转运仓库,而且该仓库要设置在工地同侧。当采用公路运输大宗施工物资时,中心仓库可布置在工地中心区或靠近使用地方,如不可能这样做时,也可将其布置在工地入口处。大宗地方材料的堆场或仓库,可布置在相应的搅拌站、预制场或加工场附近。当采用水路运输大宗施工物资时,要在码头附近设置转运仓库。

工业项目的重型工艺设备,尽可运至车间附近的设备组装场停放,普通工艺设备可放在车间外围或其他空地上。

(3)加工厂和搅拌站的布置。

方式有集中布置;分散布置;集中和分散布置相结合。当有混凝土专用运输设备时,可集中设置大型搅拌站,其位置可采用线性规划方法确定,否则就要分散设置小型搅拌站,它们的位置均应靠近使用地点或垂直运输设备。

各种加工场的布置均应以方便生产、安全防火、环境保护和运输费用少为原则。通常加工场宜集中布置在工地边缘处,并且将其与相应仓库或堆场布置在同一地区。

(4)场内运输道路的布置。

根据施工项目及其与堆场、仓库或加工场相应位置,认真研究它们之间物资转运路径和转运量,区分场内运输道路主次关系,优化确定场内运输道路主次和相互位置;要尽可能利用原有或拟建的永久道路;合理安排施工道路与场内地下管网间的施工顺序,保证场内运输道路时刻畅通;要科学确定场内运输道路宽度,合理选择运输道路的路面结构。

(5)行政与生活福利临时建筑的布置。

全工地性的行政管理用房屋宜设在工地入口处,以便加强对外联系,当然也可以布置在比较中心地带,这样便于加强工地管理。工人居住用房屋宜布置在工地外围或其边缘处。文化福利用房屋最好设置在工人集中地方,或者工人必经之路附近的地方。生活性施工设施尽可能利用建设单位生活基地或其他永久性建筑物,其不足部分再按计划建造。

(6)临时供电、供水的布置。

根据施工现场具体条件,首先要确定水源和电源类型和供应量,然后确定引人现场后的主干管(线)和支干管(线)供应量和平面布置形式。根据建设项目规模大小,还要设置消防站、消防通道和消火栓。

5. 施工总平面图的绘制

施工总平面图是施工组织总设计的主要内容,绘制步骤如下:

(1)确定图幅大小和绘图比例;图幅大小和绘图比例应根据建设项目的规模,工地大小及布置内容多少来确定;

(2)合理规划和设计图面;

(3)绘制建筑总平面图的有关内容;

(4)绘制工地需要的临时设施;

(5)形成总平面图。

8.8.2 案例:某工程施工组织总设计——施工布置

第八章 施工布置

按业主方的要求和既定的施工安排,施工现场尽量减少对周围环境的施工影响和场内的二次转运。同时达到建设部"安全施工标准化现场"的要求。

第一节 施工临设、机械的平面布置

一、施工围墙

进场后我们将采用彩钢板打围,并在场地入口处挂五牌一图和安全警示,具体位置见施工总平面布置图。

二、施工现场进入口

本工程施工现场设一个入口,宽 6.0 m。

三、施工机械平面布置

1. 地下室、主体结构施工阶段场内设 1 处搅拌点共 3 台 JDY350 型搅拌机,设 2 台 FO/23B 型塔机及木工机械 1 套、钢筋机械 1 套。

2. 装饰施工阶段场内机械为门架 1 台,搅拌机械 3 台及木工机械 1 套。机械平面位置见施工总平面布置图。

四、材料堆场、水泥、材料库房和钢筋木工房布置

本工程混凝土采用现场搅拌,现场搅拌站主要用于混凝土、砂浆搅拌。场内设钢筋、木工加工房各 1 套。

五、办公生活临设的布置

办公、民工宿舍、食堂等临设场内搭设。

六、水电

1. 场内排水沟沿硬化地坪外侧或施工便道单侧设置,场内所有生产污水均经三级沉淀排

入市政管网,场地入口位置水沟上加盖排水篦子。

2. 场内供水主管选择 DN100 的铸铁管,即可满足现场的消防、施工、机械、生活用水需要。供水支管选用 30~40 mm 的给水镀锌钢管,将施工用水接到各用水点。

3. 考虑停电因素,场内配备 1 台 200 kV·A 的柴油发电机组作为备用电源。

4. 临时用电按三个回路供电,生活用电一路,电焊机用电一路,其他施工机械用电一路,电缆线主要穿钢管埋地敷设。施工用电点各配一台配电箱。

第二节 施工临时用地表

表 8.15 施工临时用地表

用途	面积/m²	位置	需用时间
项目部办公室	90×2	斗潭路以西	开工至竣工
模板加工车间	54	建筑物以南	开工至竣工
钢筋加工车间	54	建筑物以南	开工至竣工
钢筋堆场	30	建筑物以南	开工至竣工
模板堆场	30	建筑物以南	开工至竣工
构件堆场	30	建筑物以南	开工至竣工
砌块堆场	30	建筑物以南	开工至竣工
厨房	60	建筑物以南	开工至竣工
厕所及盥洗室	45	建筑物以南	开工至竣工

第三节 施工总平面布置图

施工总平面布置图见图 8.3（CAD 图见教材封底二维码中的电子资源）：

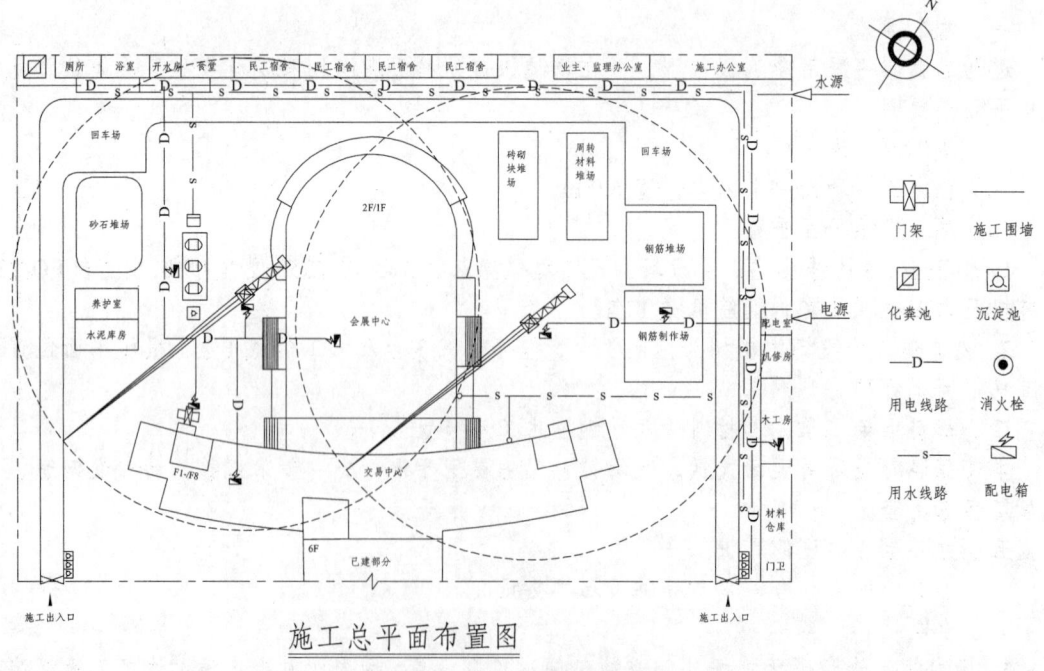

图 8.3 施工总平面布置图

8.9 技术经济指标

施工组织总设计编制完成后，还需对其技术经济分析评价，以便进行方案改进或多方案优选。一般常用指标有：

1）施工工期指标

施工工期是指建设项目从施工准备到竣工投产使用的持续时间。应计算的相关指标有：
（1）施工准备期，从施工准备开始到主要项目开工为止的全部时间；
（2）部分投产期，从主要项目开工到第一批项目投产使用的全部时间；
（3）单位工程期，指建设项目中各单位工程从开工到竣工的全部时间。

2）劳动生产率指标
（1）全员劳动生产率：

$$建安劳动生产率 = \frac{全年完成的建安工作量}{全部在册职工数 - 非生产人员平均数 + 合同临时工数}$$

（2）劳动力不均衡系数：

$$劳动力不均衡系数 = \frac{施工期高峰人数}{施工期平均人数}$$

3）临时工程费用比

$$c_1 = \frac{C}{Q}$$

式中　c_1——临时工程费用比；
　　　C——全部临时工程费；
　　　Q——全年建安工程量。

4）综合机械化程度

$$q_1 = \frac{Q_1}{Q}$$

式中　q_1——综合机械化程度；
　　　Q_1——机械化施工完成的全年建安工程量。

5）流水施工不均衡系数

$$k_1 = \frac{T_1}{T}$$

式中　k_1——流水施工时间不均衡系数；

T_1——流水施工固定工期；

T——总工期。

6）施工场地利用系数

$$场地利用系数 = 建筑系数 + \frac{通路、广场及人行道占地面积+铁路占地面积+管线及管廊占地面积}{占用地面积}$$

7）节约三大材料百分比

分别计算节约钢材、木材、水泥的百分比。

8.10 各类施工组织设计的比较

在教材第 2 章，介绍了施工组织设计的种类，按照不同的分类方法，有如下几种类型：

1）按编制目的不同分类

（1）投标性施工组织设计。

（2）实施性施工组织设计。

2）按编制对象范围不同分类

（1）施工组织总设计。

（2）单位工程施工组织设计。

本教材通过介绍，详细解释了各种施工组织设计文件的内容，现通过表 8.16，具体对各类施工组织的内容进行比较。

表 8.16 各类施工组织的内容比较

内 容	施工组织总设计	单位工程施工组织设计		施工方案
		投 标 用	施 工 用	
编制对象	特大型项目或群体工程	招标书载明的工程内容	合同承包的工程内容	分部分项工程
编制与审批	公司技术部门编制，总工程师审批	公司经营部门编制，无须审批	项目部编制，公司或项目总工程师审批	项目部编制，重点难点需专家评审
性 质	控制性	技术性	实施性	实施性
作 用	统筹规划重点控制	通过符合性评审使得分居前	指导和制约	具体指导其施工过程

续表

内容	施工组织总设计	单位工程施工组织设计		施工方案
		投标用	施工用	
核心内容	施工部署、总进度计划、施工准备与资源配置计划、总平面布置	按评标方法要求不得缺项	施工进度计划、主要施工方案、施工平面布置	施工方案、施工进度计划、施工平面布置
工程概况	项目主要情况和主要施工条件	工程主要情况、设计简介和施工条件	工程主要情况、各专业设计简介和主要施工条件	简述工程主要情况、设计简介和施工条件
施工部署	总体施工的宏观部署	承诺性的施工部署	工程施工的具体部署	简述施工安排
进度计划	粗线条、控制性宜用时标网络图	工期提前10%采用时标网络图	详细的、控制性宜用时标网络图	详细至日计划可用横道图
施工准备与资源配置	针对性控制性分阶段	可调整的施工准备与资源配置计划	实施用的施工准备与资源配置计划	详细的具体的准确的
施工方案	对主要单位工程和分部分项工程的施工方法作简要说明	通用性、模块式的施工方案不犯低级错误	包括主要分部分项工程的施工方案、须进行必要的施工验算和说明	施工方法和工艺要求
施工平面布置	按照项目分期（分批）施工计划进行布置	满足评标要求	按基础、主体结构、装修和安装三个阶段分别绘制	需要时编制
进度管理计划	应编制	应编制	应编制	可选
质量管理计划	应编制	应编制	应编制	可选
安全管理计划	应编制	应编制	应编制	应编制
环境管理计划	应编制	可选	可选	可选
成本管理计划	应编制	可选	可选	可选
其他管理计划	可选编合同管理计划、组织协调管理计划、创优质工程管理计划等	可选编绿色施工管理计划、创优质工程管理计划、质量保修管理计划和合理化建议等	可选	不编制

8.11 BIM 施工现场三维仿真布置

1. 软件介绍

广联达三维施工现场布置软件是用于建设项目全过程临建规划设计的 BIM 类场地建模软件，可以通过绘制或者导入 CAD 电子图纸、GCL 文件快速建立模型，内嵌了所有施工项目的临时设施的构件库，拖拽即实现绘制，节约绘制时间。所有模型均为矢量模型或者高清模型，且模型都是仿真建立，且提供贴图功能，使用者可任意设计直观、美观的三维模型。可自动计算临建工程量。使现场临设规划工作更加轻松、更形象直观、更合理、更加快速。

2. 案例工程操作

（1）软件操作步骤，如图 8.4 所示。

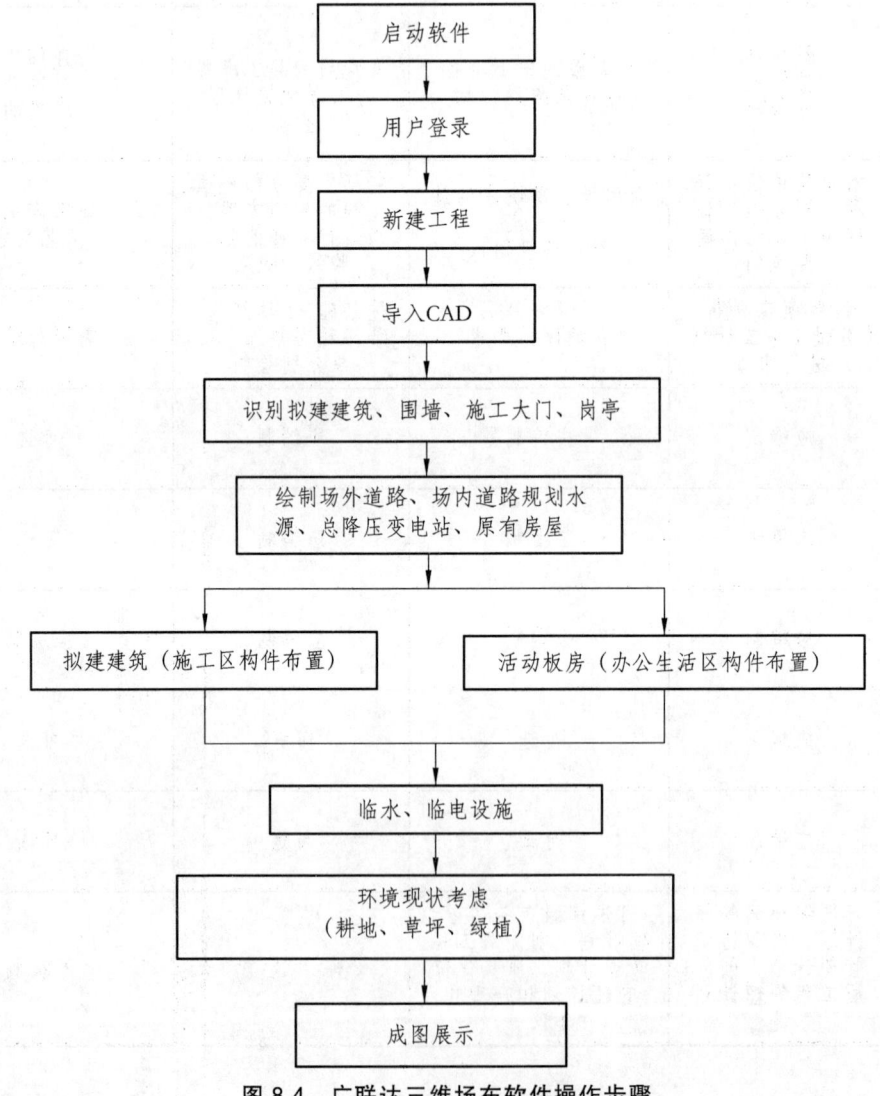

图 8.4 广联达三维场布软件操作步骤

（2）启动软件与登录，通过开始菜单或者快捷方式启动软件后，进入用户登录界面，输入正确的用户名及密码即可登录（最新版中如果使用加密狗则可以自动登录）。如果没有用户名和密码，也能使用，但是在项目中只能绘制 30 个构件。

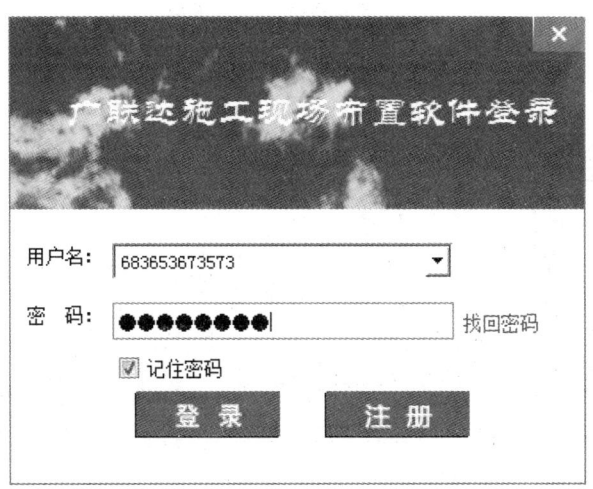

图 8.5　广联达三维场布软件登录界面

（3）新建工程。

点击【新建工程】即可新建一个空白工程。

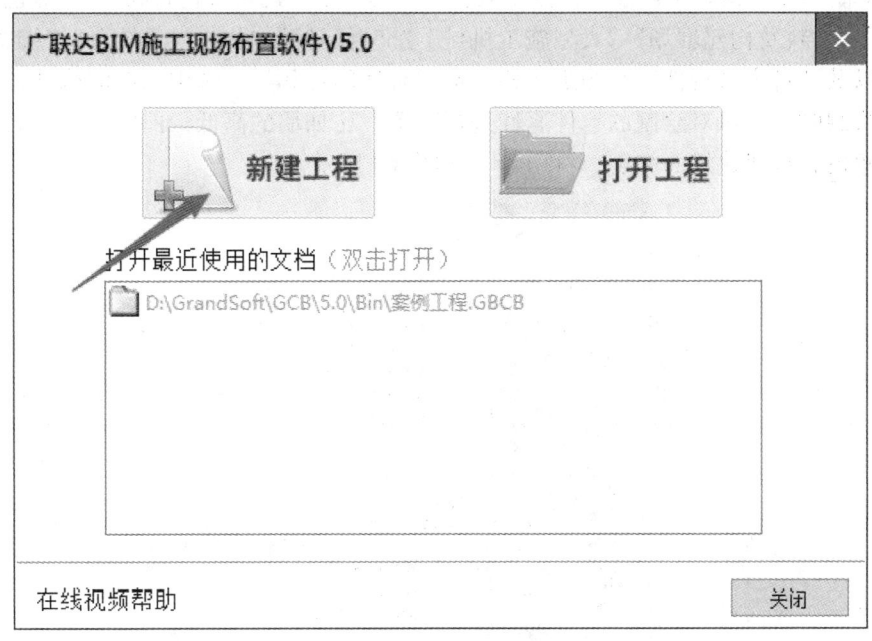

图 8.6　新建项目界面

（4）导入 CAD；CAD 图纸选择主要为设计图纸的总平面图，可以用来设计施工现场总体布局，如果没有总平面图，也可以在软件中自行绘制，点击"确定"按钮后，在界面合适的位置单击鼠标左键，即可插入图纸。如图 8.7 所示。

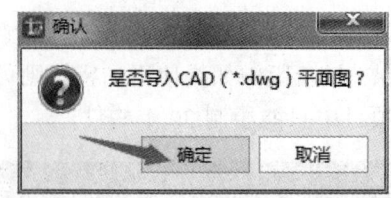

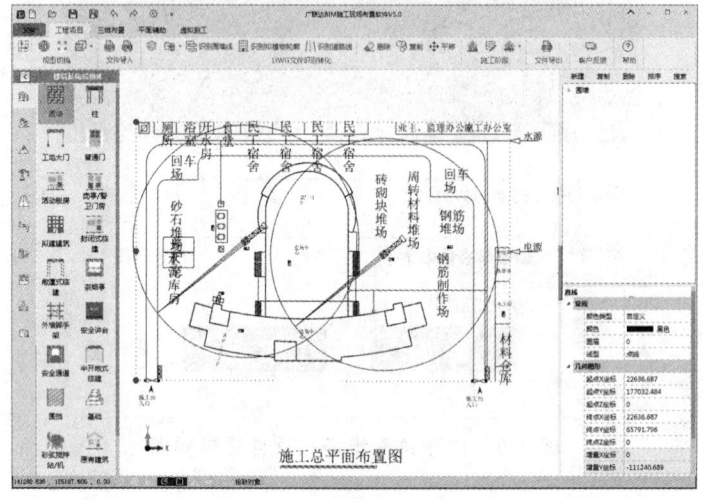

图 8.7　导入 CAD 图纸

（5）绘制场布元素；在软件的左侧工具栏中，提供了"建筑及构筑物库""绿色文明施工配套设施""材料及构建堆场""大型施工机械""交通运输""临水电系统""三维图元""其他图库"以及"自定义构件"绘图工具栏，选择合适的工具栏，选中相应的构件，即可进行绘制，在绘制时，可以对绘制的构件属性进行设置，比如墙的高低，门的大小、名称，堆场的大小、颜色，拟建建筑的高度、材质等，如图 8.8 所示。

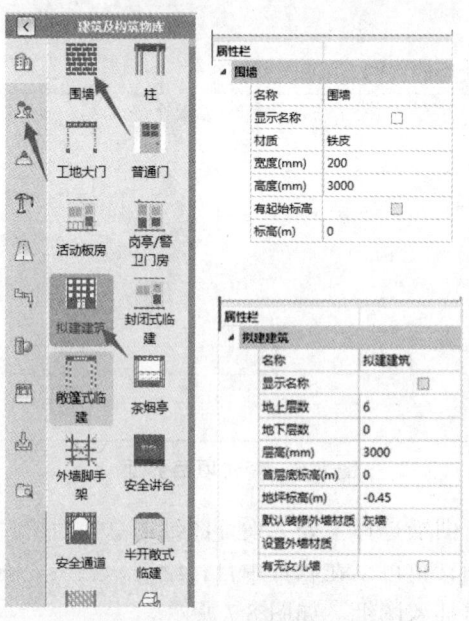

图 8.8　绘图构件与属性

（6）绘制中，可以通过三维观察的方式来对场地布置情况进行修正。选中菜单栏的"动态观察"，按中鼠标左键，上下左右拖动，或者选中"三维观察"中的特定投影位置，即可进行场地的三维观察，如图8.9所示。

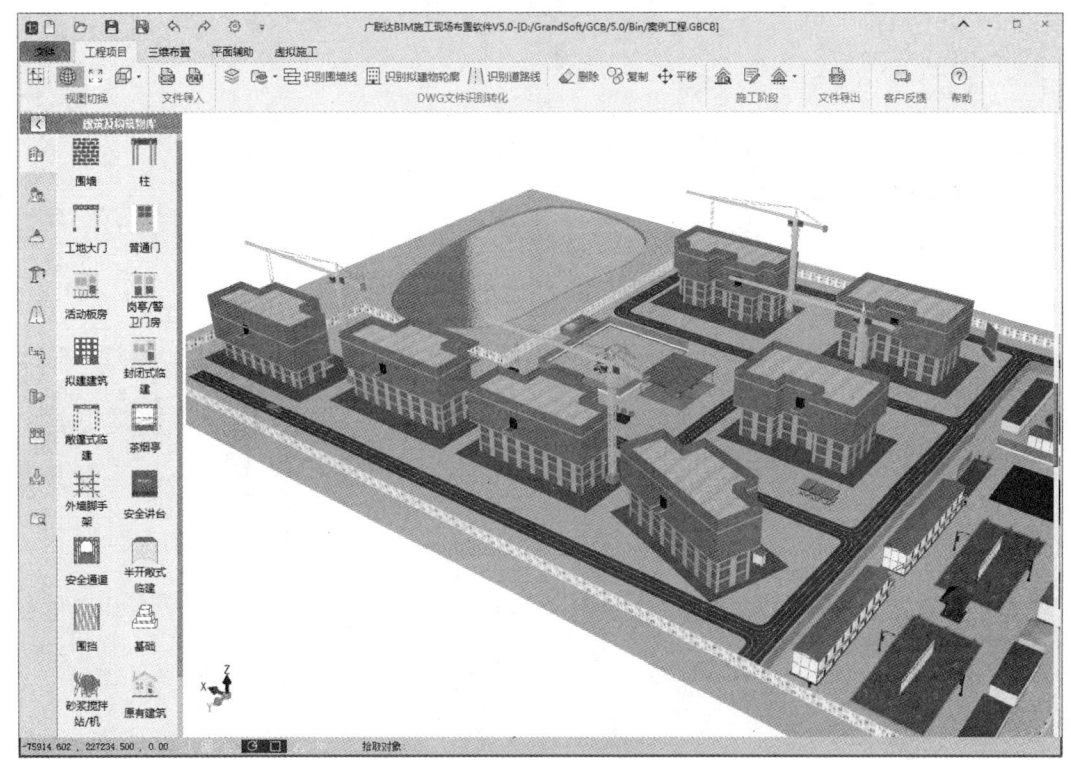

图8.9 场布三维显示

（7）绘制完毕后，即可进行保存，并进行导出和打印。

广联达三维场布设计软件还提供了其他延伸功能，比如虚拟施工，可以模拟施工机械、材料进场，规划"人、材、机"活动路线。导出场布工程量清单，提前规划好场地进度计划。让施工现场人员做到胸有成竹，避免二次返工。同时提供了三维模型的导入功能，可以结合现有的 VR 软件，进行 VR 仿真，为工程施工提供了便利。

【思考题】

（1）施工组织总设计的作用和编制依据。
（2）施工组织总设计的内容和编制程序。
（3）施工组织总设计中的工程概况包括哪些内容？
（4）在施工部署中应解决哪些问题？
（5）施工总进度计划的编制原则和内容。
（6）施工总进度计划的编制方法如何？
（7）施工总平面图设计应包括哪些内容？

9 综合实训：某框架多层住宅楼工程施工组织总设计

任务书

一、实训目的

建设项目组织与管理课程实训是该课程教学的一个重要组成部分，是巩固和深化理论知识与工程实践有机结合的重要环节；通过实训，学生能比较系统地掌握单位工程施工组织设计的基本内容、基本方法和设计步骤，提高学生施工组织和管理的能力，对于一般的土建单位工程施工，能运用所学的建筑施工组织知识编制工程概况、施工方案、明确施工顺序和各工序之间的逻辑关系，绘制横道图进度计划和网络图进度计划；为毕业综合实训及从事建筑施工技术和管理工作打下基础。

二、实训内容和要求

（一）主要内容

本工程采用《建设工程施工合同示范文本》的格式和内容，本工程的工程量已给出。施工组织总设计的内容应当包括以下内容：

1．项目概况

项目概况应包括：项目的建筑与结构特点、功能要求与设计标准；场地环境分析与施工条件；项目管理特点与总体要求等，并配以必要的平面图。

2．工作部署

工作部署应当包括：施工程序；项目管理工作总体安排项目的质量、进度、费用和安全目标；资源使用计划（包括劳务、材料、采购、资金流量计划等）；专业分包计划等；

3．施工方案

实施方案应当包括：施工项目的组织形式与实施要点；物资采购管理；施工方案及施工管理（包括施工部署，施工流向与施工程序，施工方法、工艺与选比，健康、安全、文明施工内容与监控，环境保护内容与方法等）。

施工项目的组织形式与实施要点中应当包括：

（1）施工项目经理部组织结构图；

（2）组织结构中各部门的人员素质要求及数量确定；

（3）项目经理和部门经理的岗位职责（按照质量、成本、进度、安全、合同、文明施工

（4）施工项目经理部组织结构及人员配置要体现精干和高效的原则。

4．进度计划，使用倒推法制定施工总进度计划，并绘制横道图和网络图。

5．质量计划

质量计划应当包括质量目标，质量体系，影响质量的因素分析，施工与采购质量控制，质量统计与分析。

6．资源需求计划

资源需求计划应当包括主要材料和周转材料需求计划，劳动力需求计划，预制品订货和需求计划，大型工具、器具需求计划，机电设备需求计划，采购计划等。

7．准备工作计划

准备工作应当包括技术准备，物资准备，劳动组织准备，施工准备，资金准备等。

8．项目现场总平面布置图

项目现场总平面布置图应当包括现场平面布置图及其说明等内容；施工现场的利用要充分，布局要合理；现场平面布置要充分考虑生产、生活设施的用地需要和水、电、交通运输等供应的便利；现场平面布置要满足安全文明施工的需要；临时设施和施工机械的设置要经过计算才能确定；绘图时要遵守制图标准的规定，图幅布局合理，图面主次分明、比例适当、尺寸齐全、清晰整洁，有必要的文字说明。

9．各项目标的控制措施

各项目标的控制措施应当包括：保证进度、质量、成本目标的措施，保证季节施工的措施，安全、健康与环境保护的措施，绿色文明施工措施等。

（二）要　求

（1）描述工程概况

（2）确定施工方案，选择分部分项工程施工方法和施工机械，结合工程实际，针对各主要分部分项工程说明施工技术组织措施。

（3）提出保证工程质量、进度、安全施工、降低成本和文明施工的技术组织措施。

（4）绘制横道图施工进度计划，作一张2号图。

（5）绘制一般双代号网络图，计算工序时间参数，要求逻辑关系正确，参数计算准确，置于文本说明书中。

（6）绘制双代号网络图施工进度计划，作一张2号图。

绘制横道图施工进度计划和双代号网络图施工进度计划，2号图纸二张，描图或铅笔图均可，描图要有较详细的底图，线型、文字、图幅要规范，布图合理，图面美观。

三、实训设计资料

1．工程概况

某住宅楼工程，共七层，建筑面积 4 180 m^2，屋面防水等级三级，耐火等级二级，结构类型框架结构，抗震设防烈度七度，层高 2.8 m，檐口标高 19.6 m。其平面图、立面图见图 9.1、图 9.2 所示。其完整的 CAD 图纸请见教材封底二维码中的电子资源。

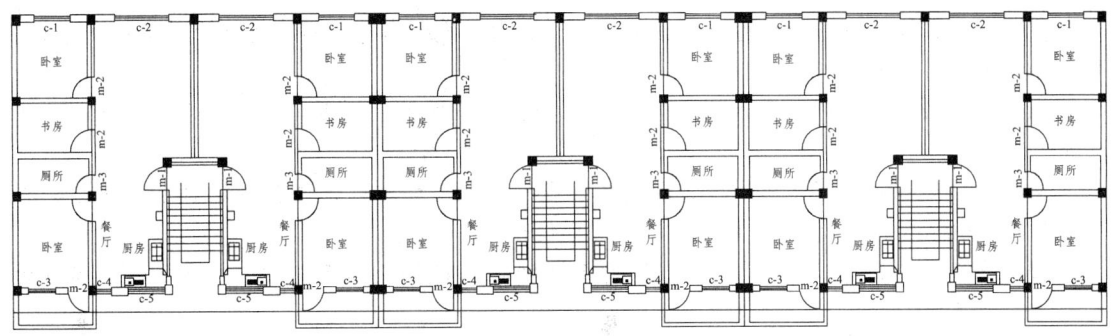

图 9.1 底层平面图

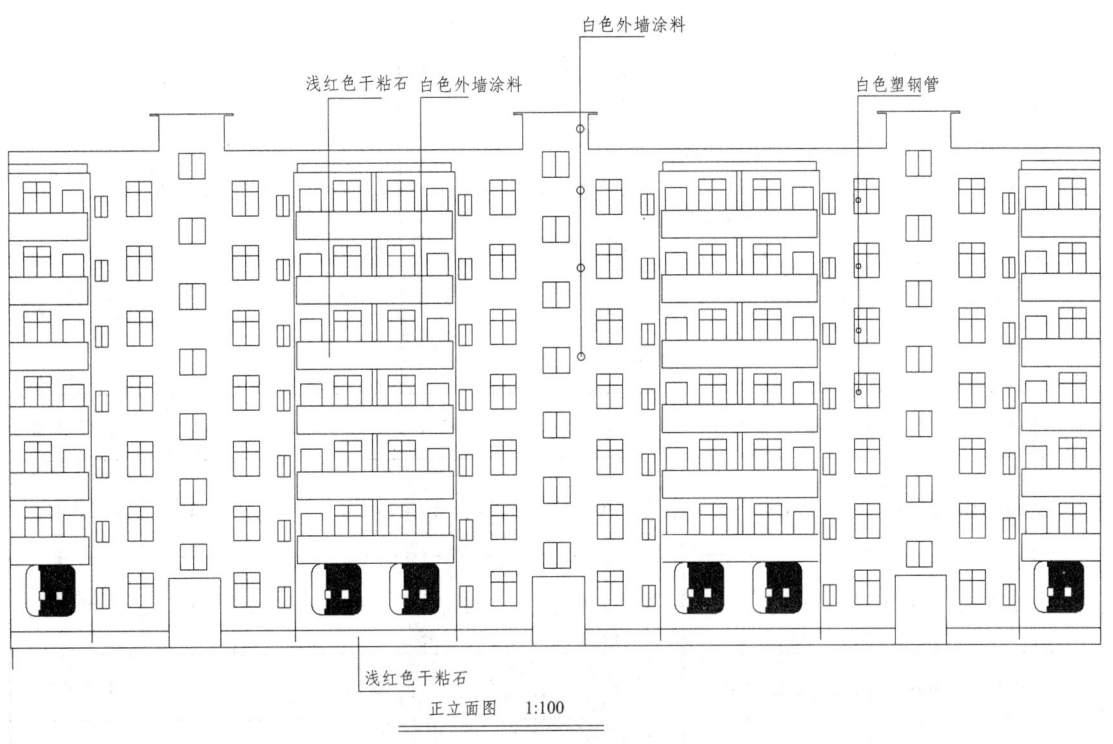

图 9.2 正立面图

现场地势较平,自然地坪绝对标高为 52.200 m,与室外地坪设计标高一致,根据地质勘察资料,建筑物所在地的地下水位较低,故施工时基底不会出现地下水,基底持力层为粉质黏土土层。

建筑物基础采用天然地基、砖砌条形基础,100 厚 C15 混凝土垫层,基底标高 -2.400 m,-0.960 m 处设有一道钢筋混凝土基础圈梁,建筑物按六度抗震设防裂度设计,主体结构为砖墙承重,内外墙厚均为 240,单元四个大角,楼梯间四角,均设钢筋混凝土构造柱。在基础、第二、四层楼面及屋面设有钢筋圈梁。楼板为预应力圆孔空心板,屋面防水等级为Ⅱ级。

室内墙面、顶棚均为瓷性涂料,水泥砂浆楼地面,厨、厕内墙 200×300 瓷砖到顶,地面采用防滑地板砖,所有门窗均为木门、铝合金窗,外墙的檐口及窗台线、楼梯口的墙面上的做深蓝色面砖，其余外墙面均为白色面砖，所有的木门刷调和漆二遍，楼梯为现浇板式楼梯，楼梯栏杆为$\phi 14$钢筋焊接，钢管扶手。

水电卫设备：给水管、排水管均为UPVC管，陶瓷便器，暗敷电线及普通强、弱电设施安装。

本建筑位于城郊区，交通方便，场地已三通一平，东南面距离主要公路10 m，西面距离原有建筑12.0 m，北面为小区规划住宅区，可作为施工用地。

工程于5月3日开工，日历工期按现行工期定额提前10%～15%左右。估算总工期为180天左右。

工程施工期间，最低气温 5 ℃，最高气温约 35 ℃。施工开始后，气温逐日上升，八月初最高，以后开始下降，六月下旬至九月为雨季。

2. 主要准备工作概况

建设资金已落实，并已拨至建行；

施工合同已经签订，施工许可证已经办理；

施工现场"三通一平"工作已经就绪；

图纸会审和技术交底已经完成；

主要钢材、水泥的货源已落实，并各有一定数量的实物，预制构件均在预制厂制作，运距5 km。建设地点采用现场搅拌混凝土；

施工方已做好开工前的各项准备工作。

3. 工程量一览表

表 9.1 工程量一览表

序号	项目编码	项目名称	项目特征描述	计量单位	工程数量
3	010103001001	回填土	1. 密实度要求：夯填 2. 填方材料品种：素土 3. 填方来源：原挖方土	m³	4220.450
4	010401004001	标准层砖砌体	1. 砖品种：KP1型多空黏土砖 2. 墙体类型：240墙 3. 砂浆强度等级：M5	m³	179.480
5	010501003001	独立基础混凝土	1. 混凝土种类：商品混凝土 2. 混凝土强度等级：C30	m³	122.925
6	010502001001	柱混凝土	1. 混凝土种类：商品混凝土 2. 混凝土强度等级：C30	m³	159.000
7	010505001001	梁混凝土	1. 混凝土种类：商品混凝土 2. 混凝土强度等级：C30	m³	370.500
8	010505001002	板混凝土	1. 混凝土种类：商品混凝土 2. 混凝土强度等级：C30	m³	379.700
9	010902001001	屋面防水卷材	1. 卷材品种、规格、厚度：4厚SBS改性沥青防水卷材 2. 防水层数：一层	m²	563.100
10	011101001001	水泥砂浆楼地面	面层厚度、砂浆配合比： 25厚1:2水泥砂浆	m²	2 689.650
11	011101001002	水泥砂浆楼地面	1. 找平层厚度、砂浆配合比： 20厚1:3水泥砂浆找平层 2. 在填充材料上	m²	1 251.900

续表

序号	项目编码	项目名称	项目特征描述	计量单位	工程数量
12	011101001003	水泥砂浆楼地面	1. 找平层厚度、砂浆配合比：20厚1:3水泥砂浆找平层 2. 在混凝土及硬基层上	m²	520.663
13	011102003001	块料楼地面	1. 结合层厚度、砂浆配合比：20厚1:3干硬性水泥砂浆 2. 面层材料品种：彩釉瓷砖	m²	210.647
14	011105001001	水泥砂浆踢脚线	1. 踢脚线高度：120 2. 底层厚度、砂浆配合比：14厚1:2水泥砂浆 3. 面层厚度、砂浆配合比：6厚1:2水泥砂浆	m²	361.771
15	011201001001	墙面一般抹灰（内墙）	1. 墙体类型：240厚砖墙 2. 底层厚度、砂浆配合比：16厚1:1:6水泥石灰砂浆 3. 面层厚度、砂浆配合比：5厚1:0.3:2.5水泥石灰砂浆	m²	6 120.240
16	011201001002	墙面一般抹灰（外墙）	1. 墙体类型：240厚砖墙 2. 底层厚度、砂浆配合比：13厚1:3水泥砂浆 3. 面层厚度、砂浆配合比：7厚1:2水泥砂浆	m²	2 036.330
17	11301001001	天棚抹灰	1. 基层类型：钢筋混凝土 2. 抹灰厚度、材料种类：14水泥石灰砂浆	m²	3137.925
18	011702001001	基础模板	基础类型：独立基础	m²	244.200
19	011702002001	矩形柱模板		m²	1 718.500
20	010515001001	现浇构件钢筋	钢筋种类、规格：6光圆钢筋	t	0.043
21	010515001002	现浇构件钢筋	钢筋种类、规格：8光圆钢筋	t	20.579
22	010515001003	现浇构件钢筋	钢筋种类、规格：10光圆钢筋	t	43.707
23	010515001004	现浇构件钢筋	钢筋种类、规格：12光圆钢筋	t	0.479
24	010515001005	现浇构件钢筋	钢筋种类、规格：12螺纹钢筋	t	3.863
25	010515001006	现浇构件钢筋	钢筋种类、规格：14螺纹钢筋	t	0.605
26	010515001007	现浇构件钢筋	钢筋种类、规格：16螺纹钢筋	t	13.103
27	010515001008	现浇构件钢筋	钢筋种类、规格：18螺纹钢筋	t	26.656
28	010515001009	现浇构件钢筋	钢筋种类、规格：20螺纹钢筋	t	7.821
29	010515001010	现浇构件钢筋	钢筋种类、规格：22螺纹钢筋	t	2.930

四、实训考核评分标准

表 9.2 实训考核评分标准

考核项目	考核内容	分值	评分标准	备注
平时考核	出 勤	10	满勤 10 分,缺席一次扣 1 分,两次迟到折算一次缺席,最高扣 30 分	有特殊情况办理请假手续的视为出勤
	工作作风	10	根据辅导交流、提问,考核学生积极思考、独立学习与作业习惯,计 5~10 分	
	职业道德	10	根据辅导交流,考核学生的执业态度、职业道德,计 5~10 分	
	小 计	30		
成果格式考核	编制工程概况、施工方案、施工进度计划编制计算资料、技术组织措施、装订成册	10	各项内容齐全计基本分 5 分。工程概况、施工方案、施工进度计划编制计算资料、技术组织措施、装订成册等内容完整美观,漏 1 项扣 1 分,扣至基本分为止	
	图面质量	10	图面质量计基本分 5 分。图面质量每一项不合格扣 1 分,扣至基本分为止	
	小 计	20		
成果内容考核	工程概况	4	工程特点 1 分,设计概况 1 分,地点特征 1 分,施工特点分析 1 分,错一项扣该项得分	抄袭项按零分计
	施工方案	12	施工顺序 2 分,施工起点及流向 2 分,施工段划分 2 分,分部分项工程施工顺序 2 分,施工方法与施工机械选择 2 分,分部分项工程施工技术措施 2 分,错一项扣该项得分	
	技术组织措施	5	质量措施 1 分,进度措施 1 分,安全施工措施 1 分,降低成本措施 1 分,文明施工措施 1 分,错一项扣该项得分	
	横道图进度计划	12	分部分项工程列项正确 2 分,参数计算正确 2 分,基础分部安排合理 2 分,主体分部安排合理 2 分,屋面分部安排合理 1 分,装饰分部安排合理 2 分,劳动力消耗动态曲线 1 分,错一项扣该项得分	
	双代号网络图计算时间参数、标注关键线路、网络图进度计划绘制	16	逻辑关系正确 5 分,错一处扣 1 分扣完为止;时间参数正确 5 分,错一处扣 1 分扣完为止;关键线路标注正确 2 分,网络图进度计划绘制 4 分	
	封面	1	封面 1 分	
	小 计	50		
合 计		100		

附录 1 施工组织总设计编制模板

工程项目名称

合 同 号：

施工组织设计名称：施工组织总设计

类别编号：01

编 制 人：

编制单位：

编制日期：

施工组织设计审批表

项目名称	
施工组织设计名称	施工组织总设计
项目包含的单位工程及主要结构形式	

项目经理		项目技术总工		施工组织设计类别编号	
审批	技术质量部门负责人审核意见： 签章：　　年　月　日				
	安全环保部门负责人审核意见： 签章：　　年　月　日				
	总承包单位技术负责人审批意见： 签字：　　年　月　日				

注：本表适用于施工组织总设计的内部审批。

目 次

1 编制依据 ·· 242
1.1 主要编制依据 ··· 242
1.2 拟采用的主要现行技术标准文件清单 ··· 242
1.3 拟执行的主要企业管理标准文件清单 ··· 242
2 工程概况 ·· 242
2.1 项目主要情况 ··· 242
2.2 项目主要施工条件 ··· 242
3 总体施工部署 ·· 243
3.1 项目总体施工宏观部署 ··· 243
3.2 项目施工的重点和难点简要分析 ·· 243
3.3 项目经理部组织机构 ·· 243
3.4 对新技术、新工艺的应用 ··· 243
3.5 对主要分包项目施工单位的资质和能力要求 ······································ 243
4 施工总进度计划 ··· 244
5 总体施工准备与主要资源配置计划 ·· 244
5.1 总体施工准备计划 ··· 244
5.2 主要资源配置计划 ··· 244
6 主要施工方法 ·· 244
7 施工总平面布置 ··· 245
8 主要施工管理计划 ·· 245
8.1 进度管理计划 ··· 245
8.2 质量管理计划 ··· 246
8.3 安全管理计划 ··· 247
8.4 环境管理计划 ··· 247
8.5 成本管理计划 ··· 248
8.6 其他管理计划 ··· 248
附录 A ×××××× ··· 249
附录 B ×××××× ··· 249
附录 C ×××××× ··· 249

××工程施工组织设计总设计

1 编制依据

1.1 主要编制依据

（1）与工程建设有关的法律、法规和文件；
（2）国家现行有关标准和技术经济指标；
（3）工程所在地区行政主管部门的批准文件，建设单位对施工的要求；
（4）工程施工合同或招标投标文件；
（5）工程设计文件；
（6）工程施工范围内的现场条件，工程地质及水文地质、气象等自然条件；
（7）与工程有关的资源供应情况；
（8）项目管理目标责任书；
（9）施工企业的生产能力、机具设备状况、技术水平等；
（10）与工程相关的其他资料。

1.2 拟采用的主要现行技术标准文件清单

应按照合同及设计文件的相关要求列出现行的施工及验收方面的技术标准、规范及规程。如采用企业标准，如工法、操作规程、作业指导书等亦应列出。

1.3 拟执行的主要企业管理标准文件清单

应列出在本文件中引用并不再赘述的企业相关管理文件，例如："四标一体"程序文件、相关的管理制度及办法等等。

2 工程概况

2.1 项目主要情况

1. 项目名称
2. 项目性质

项目性质可分为工业和民用两大类，应简要介绍项目的使用功能。

3. 地理位置
4. 建设规模

建设规模可包括项目的占地总面积、投资规模（产量）、分期分批建设范围等。

5. 建设、勘察、设计、监理等相关单位的情况
6. 项目设计概况

简要介绍项目的建筑面积、建筑高度、建筑层数、结构形式、建筑结构及装饰用料、建筑抗震设防烈度、安装工程和机电设备的配置等情况。

7. 项目承包范围和主要分包工程范围
8. 施工合同或招标文件对项目施工的重点要求

9. 其他应说明的情况

2.2 项目主要施工条件

1. 项目建设地点气象状况

简要介绍项目建设地点的气温、雨、雪、风和雷电等气象变化情况以及冬、雨期的期限和冬季土的冻结深度等情况。

2. 项目施工区域地形和工程水文地质状况

简要介绍项目施工区域地形变化和绝对标高,地质构造、土的性质和类别、地基土的承载力,河流流量和水质、最高洪水和枯水期的水位,地下水位的高低变化、含水层的厚度、流向、流量和水质等情况。

3. 项目施工区域地上、地下管线及相邻的地上、地下建(构)筑物情况

4. 与项目施工有关的道路、河流等状况

5. 当地建筑材料、设备供应和交通运输等服务能力状况

简要介绍建设项目的主要材料、特殊材料和生产工艺设备供应条件及交通运输条件。

6. 其他与施工有关的主要因素

根据当地供水、供电、供热和通讯情况,按照施工需求,描述相关资源提供能力及解决方案。

3 总体施工部署

3.1 项目总体施工宏观部署

1. 项目施工总目标

应按照合同和《项目管理目标责任书》的具体要求确定各项管理目标。

(1) 进度目标

(2) 质量目标

(3) 安全目标

(4) 环境目标

(5) 成本目标

2. 项目分阶段(期)交付计划

建设项目通常是由若干个相对独立的投产或交付使用的子系统组成;如大型工业项目有主体生产系统、辅助生产系统和附属生产系统之分,住宅小区有居住建筑、服务性建筑和附属性建筑之分;可以根据项目施工总目标的要求,将建设项目划分为分期(分批)投产或交付使用的独立交工系统;在保证工期的前提下,实行分期分批建设,既可使各具体项目迅速建成,尽早投入使用,又可在全局上实现施工的连续性和均衡性,减少暂设工程数量,降低工程成本。

3. 项目分阶段(期)施工的合理顺序及空间组织

根据确定的项目分阶段(期)交付计划,合理地确定每个单位工程的开竣工时间,划分各参与施工单位的工作任务,明确各单位之间分工与协作关系,确定综合的和专业化的施工组织,保证先后投产或交付使用的系统都能够正常运行。

3.2 项目施工的重点和难点简要分析

略

3.3 项目经理部组织机构

宜采用框图的形式明确项目管理组织机构形式。项目管理组织机构形式应根据施工项目的规模、复杂程度、专业特点、人员素质和地域范围确定，大中型项目宜设置事业部式项目管理组织，小型项目宜设置直线职能式项目管理组织。

3.4 对新技术、新工艺的应用

根据现有的施工技术水平和管理水平，对项目施工中开发和使用的新技术、新工艺应做出规划，并采取可行的技术、管理措施来满足工期和质量等要求。

3.5 对主要分包项目施工单位的资质和能力要求

对主要分包项目施工单位的资质和能力提出明确要求。

4 施工总进度计划

施工总进度计划应依据施工合同、施工进度目标、有关技术经济资料，并按照应按照项目总体施工部署确定的施工顺序和空间组织进行编制。

施工总进度计划的内容应包括：编制说明、施工总进度计划表（图），分期（分批）实施工程的开、竣工日期、工期一览表等。宜优先采用网络计划，也可采用横道图表示，并附必要的说明。

网络计划应按照国家现行标准《网络计划技术》（GB/T13400.1~3）及行业标准《工程网络计划技术规程》（JGJ/T121）的要求编制。

5 总体施工准备与主要资源配置计划

5.1 总体施工准备计划

应根据施工开展顺序和主要工程项目的施工方法，编制总体施工准备计划。总体施工准备应包括技术准备、现场准备和资金准备等，均应满足项目分阶段（期）施工的需要。

技术准备包括施工过程中所需技术资料的准备、施工组织设计编制计划、试验检验及设备调试工作计划等。

现场准备指现场生产、生活等临时设施的准备，如临时生产、生活用房，临时道路、材料堆放场，临时用水、用电和供热、供气等计划。

资金准备应根据施工总进度计划编制资金使用计划。

5.2 主要资源配置计划

1. 劳动力配置计划

应根据各工程项目工程量、总进度计划、概（预）算定额或者有关资料确定各施工阶段（期）的总用工量和劳动力配置计划。

目前施工企业在管理体制上已普遍实行管理层和劳务作业层的两层分离，合理的劳动力配置计划可减少劳务作业人员不必要的进、退场或避免窝工状态，进而节约施工成本。

2. 物资配置计划

（1）主要工程材料和设备的配置计划。

应根据施工总进度计划确定主要工程材料和设备的配置计划。

（2）主要施工周转材料和施工机具的配置计划。

应根据总体施工部署和施工总进度计划确定主要施工周转材料和施工机具的配置计划。

总之，物资配置计划应根据总体施工部署和施工总进度计划确定主要物资的计划总量及进、退场时间。物资配置计划是组织建筑工程施工所需各种物资进、退场的依据，科学合理的物资配置计划既可保证工程建设的顺利进行，又可降低工程成本。

6 主要施工方法

施工组织总设计应对项目涉及的单位（子单位）工程和主要分部（分项）工程所采用的施工方法进行简要说明，这些工程通常是建筑工程中工程量大、施工难度大、工期长，对整个项目的完成起关键作用的建（构）筑物以及影响全局的主要分部（分项）工程，目的是为了进行技术和资源的准备工作，确保施工进程的顺利开展和现场的合理布置。

施工组织总设计应对脚手架工程、起重吊装工程、临时用水用电工程、季节性施工等专项工程所采用的施工方法进行简要说明。

对施工方法的确定要兼顾技术工艺的先进性和可操作性以及经济上的合理性。

7 施工总平面布置

1）施工总平面布置应符合下列原则：

（1）平面布置科学合理，施工场地占用面积少；

（2）合理组织运输，减少二次搬运；

（3）施工区域的划分和场地的临时占用应符合总体施工部署和施工流程的要求，减少相互干扰；

（4）充分利用既有建（构）筑物和既有设施为项目施工服务，降低临时设施的建造费用；

（5）临时设施应方便生产和生活，办公区、生活区和生产区宜分离设置；

（6）符合节能、环保、安全和消防等要求；

（7）遵守当地主管部门和建设单位关于施工现场安全文明施工的相关规定。

2）施工总平面布置图应符合下列要求：

（1）根据项目总体施工部署，绘制现场不同施工阶段（期）的总平面布置图。一些特殊的内容，如现场临时用水、临时用电布置等，当总平面图不能清晰表示时，也可单独绘制平面图；

（2）现场所有设施、用房应由总平面布置图表述，避免采用文字叙述的方式。

（3）施工总平面布置图的绘制应符合国家相关标准要求，例如：应有比例关系，应标注各种临设的尺寸，应附有必要的文字说明等等。

3）施工总平面布置图应包括下列内容：

（1）项目施工用地范围内的地形状况；

（2）全部拟建的建（构）筑物和其他基础设施的位置；

（3）项目施工用地范围内的加工设施、运输设施、存贮设施、供电设施、供水供热设施、排水排污设施、临时施工道路和办公、生活用房等；

（4）施工现场必备的安全、消防、保卫和环境保护等设施；

（5）相邻的地上、地下既有建（构）筑物及相关环境。

8 主要施工管理计划

施工管理计划目前多作为管理和技术措施编制在施工组织设计中,这是施工组织设计不可缺少的内容。施工管理计划涵盖很多方面的内容,可根据工程的具体情况加以取舍,但应至少包括进度管理计划、质量管理计划、安全管理计划、环境管理计划和成本管理计划等五项基本内容。各项管理计划的制定,应根据项目特点有所侧重。

除上述五项基本管理计划之外的其他有必要写入施工组织总设计当中的管理计划,可并入其他管理计划当中。

8.1 进度管理计划

项目施工进度管理应按照项目施工的技术规律和合理的施工顺序,保证各工序在时间上和空间上的顺利衔接。不同的工程项目期施工技术规律和施工顺序不同。即使是同一类工程项目,其施工顺序也难以做到完全相同。因此必须根据工程特点,按照施工的技术规律和合理的组织关系,解决各工序在时间和空间上的先后顺序和搭接问题,以达到保证质量、安全施工、充分利用空间、争取时间、实现经济合理安排进度的目的。

1. 管理目标分解

进度目标已在总体施工部署中阐明,本处不必赘述。应对项目施工进度计划目标进行逐级分解,通过阶段性目标的实现保证最终工期目标的完成。

通常是通过对最基础的分部(分项)工程的施工进度控制来保证各个单项(单位)工程或阶段工程进度控制目标的完成,进而实现项目施工进度控制总体目标;因而需要将总体进度计划进行一系列从总体到细部、从高层次到基础层次的层层分解,一直分解到施工现场可以直接调度控制的分部(分项)工程或施工作业过程为止。

2. 组织机构、职责及管理制度

建立施工进度管理的组织机构并明确职责,制定相应的管理制度。管理制度若有适用的相关文件,明确文件的名称及标识号即可,不必在此处赘述。

施工进度管理的组织机构是实现进度计划及目标的组织保证。它既是施工进度计划的实施组织,又是施工进度计划的控制组织;既要承担进度计划实施赋予的生产管理和施工任务,又要承担实现进度目标的职责,因此需要严格落实有关管理制度和职责。

3. 保证措施

针对不同施工阶段的特点,制定进度管理的相应措施,包括施工组织措施、技术措施和合同措施等。

4. 动态管理及赶工措施

建立施工进度动态管理机制,及时纠正施工过程中的进度偏差,并制定特殊情况下的赶工措施。

面对不断变化的客观条件,施工进度往往会产生偏差。当发生实际进度比计划进度超前或落后时,控制系统就要做出应有的反应。分析偏差产生的原因,采取相应的措施,调整原来的计划,使施工活动在新的起点上按照调整后的计划继续运行,如此循环往复,直至预期计划目标的实现。

注意赶工与快速跟进的区别,快速跟进是为压缩项目进度而将正常情况下按顺序进行的活动交叠进行的一种进度管理方法;赶工是采取措施缩短项目总持续时间的一种方法,应以最低成本和最大限度压缩持续时间为目标，不涉及活动的重叠。

5. 协调措施

根据项目周边环境特点，制定相应的协调措施，减少外部因素对施工进度的影响。

项目周边环境是影响施工进度的重要因素之一，其不可控性大，必须加以重视并采取相应的协调措施，如环境扰民、交通组织和偶发意外等。

8.2 质量管理计划

质量管理计划可参照《质量管理体系要求》（GB/T19001），在施工单位质量管理体系的框架内编制。

执行《项目策划管理办法》的工程项目，按照规定在《项目策划书》中将"施工组织总设计"和"质量计划"分别进行编制，该"质量计划"可代替本处的"质量管理计划"。没有执行《项目策划管理办法》的工程项目，可按照下述内容编制"质量管理计划"。

1. 管理目标分解

质量目标已在总体施工部署中阐明，不必赘述。应将质量目标尽可能地量化和层层分解到最基层，分解成具有可测量性的质量指标，并建立阶段性目标。

2. 组织机构、职责及管理制度

应建立项目质量管理的组织机构并明确各岗位的职责，与质量有关的各岗位人员应具备与职责要求相匹配的知识、能力和经验。

3. 保证措施

制定符合项目特点的技术保障和资源保障措施，通过可靠的预防控制措施，保证质量目标的实现。

应采取各种有效措施，确保项目质量目标的实现。这些措施包含但不局限于：原材料、构配件、机具的要求和检验，主要的施工工艺、主要的质量标准和检验方法，夏期、冬期和雨期施工的技术措施，关键过程、特殊过程、重点工序的质量保证措施，成品、半成品的保护措施，工作场所环境以及劳动力和资金保障措施等。

4. 质量检查和质量事故处理制度

建立质量过程检查制度，并对质量事故的处理做出相应规定。

按质量管理八项原则中的过程方法要求，将各项活动和相关资源作为过程进行管理，建立质量过程检查、验收以及质量责任制等相关制度，对质量检查和验收标准做出规定，采取有效的纠正和预防措施，保障各工序和过程的质量。

8.3 安全管理计划

安全管理计划可参照《职业健康安全管理体系 规范》（GB/T28001），在施工单位安全管理体系的框架内编制。建筑施工安全事故通常分为七大类：高处坠落、机械伤害、物体打击、坍塌倒塌、火灾爆炸、触电、窒息中毒。安全管理计划应针对项目的实际情况，建立安全管理组织，制定相应的管理目标、管理制度、管理控制措施和应急预案等。

执行《项目策划管理办法》的工程项目，按照规定在《项目策划书》中独立编制"环境、职业健康安全计划"，该计划可代替本处的"安全管理计划"。没有执行《项目策划管理办法》的工程项目，可按照下述内容编制"安全管理计划"。现场安全管理应符合国家和地方政府部门的要求。

1. 重要危险源的确认
2. 组织机构和职责

应建立有管理层次的项目安全管理组织机构并明确职责。

3. 资源配置

应根据项目特点，进行职业健康安全方面的资源配置。

4. 管理制度

应建立具有针对性的安全生产管理制度和职工安全教育培训制度。

5. 保证措施

（1）应针对项目重要危险源，制定相应的安全技术措施。

（2）对达到一定规模的危险性较大的分部（分项）工程和特殊工种的作业应制定专项安全技术措施的编制计划。

（3）根据季节、气候的变化，制定相应的季节性安全施工措施。

6. 安全检查和安全事故处理制度

应建立现场安全检查制度，并对安全事故的处理做出相应的规定。

7. 应急预案

8.4 环境管理计划

施工现场环境管理越来越受到建设单位和社会各界的重视，同时各地方政府也不断出台新的环境监管措施，环境管理计划已成为施工组织设计的重要组成部分。

环境管理计划可参照《环境管理体系 要求及使用指南》（GB/T24001），在施工单位环境管理体系的框架内编制。一般来讲，建筑工程常见的环境因素包括：大气污染、垃圾污染、噪声污染、光污染、放射性污染和污水排放等，应针对项目的实际情况和工程各阶段的特点，依据分部（分项）工程进行环境因素的识别和评价，并制定相应的管理目标、控制措施和应急预案等。

执行《项目策划管理办法》的工程项目，按照规定在《项目策划书》中独立编制"环境、职业健康安全计划"，该计划可代替本处的"环境管理计划"。没有执行《项目策划管理办法》的工程项目，可按照下述内容编制"环境管理计划"。现场环境管理应符合国家和地方政府部门的要求。

1. 重要环境因素的确认
2. 组织机构和职责

应建立有环境管理组织机构并明确职责。

3. 资源配置

应根据项目特点，进行环境保护方面的资源配置。

4. 保证措施

应制定现场环境保护的控制措施。

5. 环境检查和环境事故处理制度

应建立现场环境检查制度，并对环境事故的处理做出相应的规定。

6. 应急预案

8.5 成本管理计划

成本管理计划应以项目施工预算和施工进度计划为依据进行编制。

执行《项目策划管理办法》的工程项目，按照规定在《项目策划书》中独立编制"项目成本计划"，该计划可代替本处的"成本管理计划"。没有执行《项目策划管理办法》的工程项目，可按照下述内容编制"成本管理计划"。应正确处理成本与进度、质量、安全和环境之间的关系，不能片面强调成本节约。

1. 管理目标分解

应根据施工进度计划，对项目施工成本目标进行阶段分解。

2. 组织机构、职责及管理制度

应建立施工成本管理的组织机构并明确职责，制定相应的管理制度。

3. 保证措施

应采取合理的技术、组织和合同等措施，控制施工成本。

4. 纠偏和风险控制措施

应确定科学的成本分析方法，制定必要的纠偏措施和风险控制措施。

8.6　其他管理计划

特殊项目的管理可在上述五项基本管理计划的基础上增加相应的管理计划，以保证建筑工程的实施处于全面的受控状态。例如：绿色施工管理计划、防火保安管理计划、合同管理计划、组织协调管理计划、创优工程管理计划、质量保修管理计划、施工现场生产要素（人力资源、施工机具、材料设备等）管理计划等。其他管理计划可根据项目的特点和复杂程度加以取舍。

各项管理计划的内容均应包括：目标、组织机构、资源配置、管理制度和技术、组织措施等。

附录 A　×××××××
附录 B　×××××××
附录 C　×××××××

附录 2 施工进度计划网络图、横道图、平面图及相关附表模板

表 F2.1 基础分部工程 7 工进度计划表

分部分项工程名称	工程量	计划天数	施　工　进　度																			备注
			2	4	6	8	10	12	14	16	18	20	22	24	26	28	30	32	34	36	38	40	
放样钉设龙门板	/	1																					
机械开挖土方	2000 m³	4																					
人工修整土方	/	2																					
浇灌垫层混凝土	20 m³	1																					
分中放样弹线	/	1																					
柱基模板安装	450 m²	3																					
地网柱基钢筋安装	15t	2																					
柱基础混凝土浇灌	530 m³	3																					
拆模板及再水分中	/	1																					
短柱的模板安装	150 m²	1																					
浇灌短柱混凝土	12 m³	1																					
拆模板及清理基底	/	1																					
组织基础结构验收	/	1																					
对基础混凝土养护	/	7																					
基础土方回填夯实	1450 m³	3																					
地梁模板安装	430 m³	3																					
地梁钢筋安装	11t	2																					
地梁混凝土浇灌	23 m³	1																					

表 F2.2 主体分部工程施工进度计划表

分部分项名称	工程量	计划天数	施 工 进 度 (05-120)
一层结构工程	模板1600 m²钢筋22t 混凝土145 m³	8	
二层结构工程	模板1400 m²钢筋20t 混凝土135 m³	8	
三层结构工程	模板1400 m²钢筋20t 混凝土135 m³	8	
四层结构工程	模板1400 m²钢筋20t 混凝土135 m³	8	
五层结构工程	模板1400 m²钢筋20t 混凝土135 m³	8	
六层结构工程	模板1400 m²钢筋20t 混凝土135 m³	8	
七层结构工程	模板1600 m²钢筋22t 混凝土145 m³	8	
屋面檐盖水箱	模板200 m²钢筋4t 混凝土13 m³	7	
一层填充砖墙	内墙25 m³、外墙18 m³	5	
二层填充砖墙	内墙75 m³、外墙20 m³	7	
三层填充砖墙	内墙75 m³、外墙20 m³	7	
四层填充砖墙	内墙75 m³、外墙20 m³	7	
五层填充砖墙	内墙75 m³、外墙20 m³	7	
六层填充砖墙	内墙75 m³、外墙20 m³	7	
七层填充砖墙	内墙75 m³、外墙20 m³	7	
屋面栏杆栏板	混凝土8 m³、砌体8 m³	8	
楼层栏杆栏板	混凝土30 m³、砌体458 m³	10	
主体结构验收			

注：填充墙的砌筑可数层同时同步进入施工，屋面栏杆、栏板也可在砌筑填充墙的时候同时进入施工，这样主体分部施工时间可缩短为100天。特此说明！

表 F2.3 轮廓总进度计划表

计划施工工期：300天

主要分部分项工程名称	工程量	计划天数	进度安排
柱基础混凝土工程	530 m³	29	第1个月上旬—下旬
地梁混凝土工程	23 m³	6	第2个月上旬
回填土工程	1450 m³	3	第2个月中旬
一层结构工程	145 m³	8	第2个月下旬
二层结构工程	135 m³	8	第3个月上旬
三层结构工程	135 m³	8	第3个月中旬
四层结构工程	135 m³	8	第3个月下旬
五层结构工程	135 m³	8	第4个月上旬
六层结构工程	135 m³	8	第4个月中旬
七层结构工程	135 m³	8	第4个月下旬
梯盖水箱工程	13 m³	7	第5个月上旬
砖筑墙体工程	475 m³	47	第5个月中旬—第6个月下旬
屋面分部工程	1100 m²	18	第6个月下旬—第7个月上旬
装修装饰工程	12500 m²	180	第5个月下旬—第10个月下旬
水卫安装工程	850 m	80	第6个月中旬—第10个月中旬
电气安装工程	2230 m	80	第6个月中旬—第10个月中旬
竣工验收	1	1	第10个月下旬

注：① 填充墙砌筑可在主体封顶之前插入施工。② 水卫、电气的预埋应在绑扎钢筋时插入施工。③ 水卫、电气的安装应在装修阶段插入施工，不得影响土建施工进度。

附录2 施工进度计划网络图、横道图、平面图及相关附表模板 249

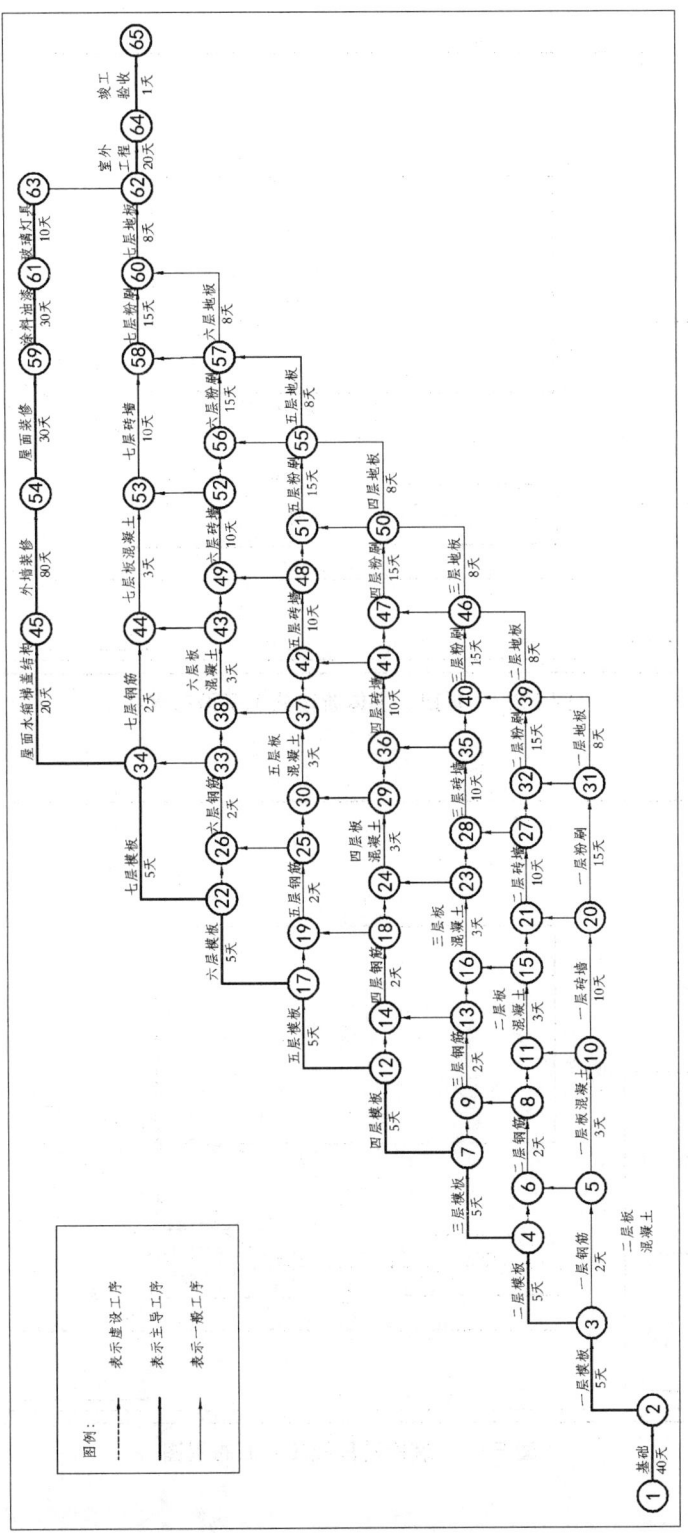

图 F2.1 施工进度计划网络图

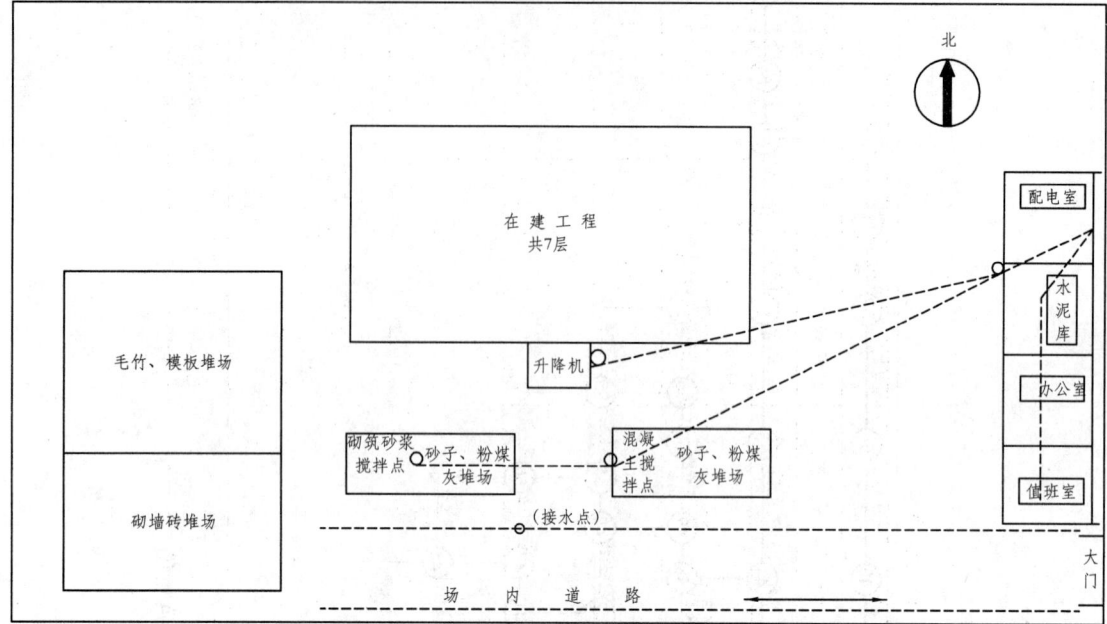

图 F2.2 基础、主体阶段施工平面布置图

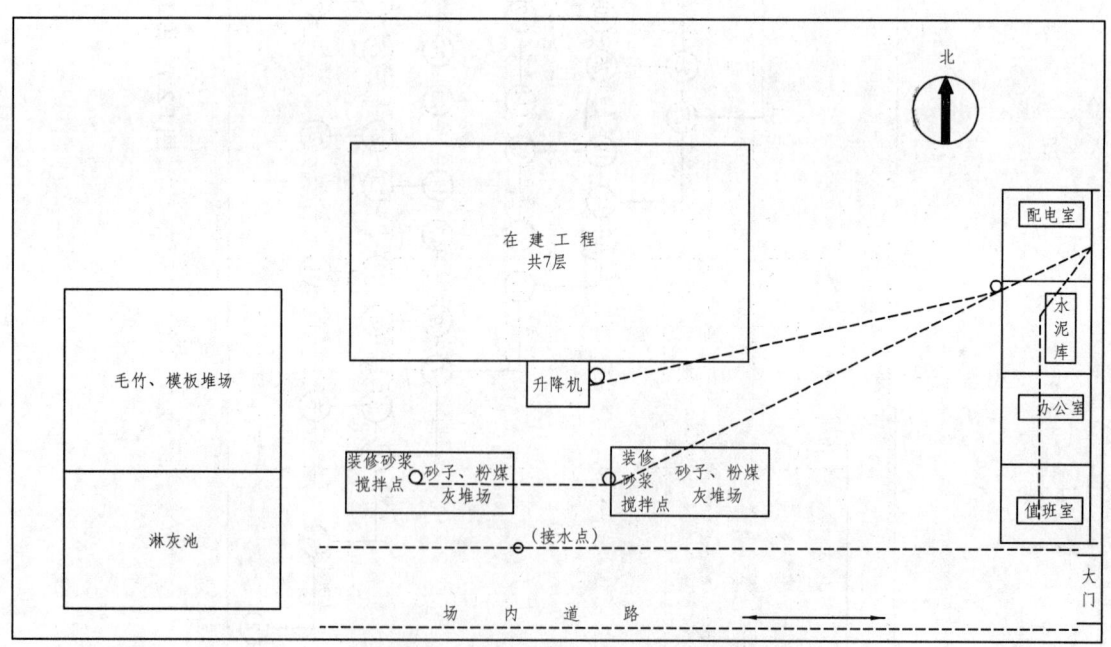

图 F2.3 装修阶段施工平面布置图

附录2 施工进度计划网络图、横道图、平面图及相关附表模板 251

表F2.4 施工机械需用量计划表

顺序	机械名称	型号	单位	数量	使用说明	进场时间	使用起讫时间	备注
1	反铲挖掘机	W2-40	辆	2	土方开挖时租赁用	开挖前一天到位	土方开始施工至结束	由土方承包人提供
2	装载正铲机	C4-3A	辆	2	回填土方时租赁用	回填前一天到位	回填开始施工至结束	由土方承包人提供
3	农用运输车	2T	辆	3	常驻工地运输地材	开工日必须到位	工地开工至竣工结束	由挂勾运输户提供
4	井架提升机	SSD60	台	1	供施工垂直运料用	二层浇混凝土前2天	二层板开工至拆外架	由项目部自己解决
5	混凝土拌机	JZC-350	台	1	固定工地搅拌混凝土	垫层浇混凝土前1天	基础垫层至混凝土全完成	由项目部自己解决
6	砂浆搅拌机	HJ1-200B	台	2	固定在工地拌砂浆	砌墙充墙前1天	开始砌砖至装修完成	由项目部自己解决
7	平板振动器	HZ2-5	台	1	振捣楼板混凝土用	垫层浇混凝土前1天	垫层开工至地板完成	由项目部自己解决
8	插式振动器	HZ6-50	台	2	振捣柱梁混凝土用	基础浇混凝土前1天	基础混凝土开始至混凝土完成	由项目部自己解决
9	蛙式打夯机	BA-215A	台	1	夯实室内回填土	回填土方前1天	回填开始至回填完成	由项目部自己解决
10	钢筋电焊机	BX1-330	台	1	钢筋焊接和其他用焊	钢筋开始制作时	钢筋开始至钢筋结束	由项目部自己解决
11	三相抽水泵	2DA-8	台	2	雨天抽排基础剪水	土方开挖的当天	土方开始至基础退场	由项目部自己解决
12	木工圆盘锯	MJ104	台	1	模板制作剪木料用	制作模板前1天	模板开始制作至退场	由项目部自己解决
13	木工平刨机	MB103	台	1	模板制作剪木料用	制作模板前1天	模板开始制作至退场	由项目部自己解决
14	柴油发电机	ZYD-30	台	1	工地停电日发电用	开工3天内到位	工地开工至地竣工	由项目部自己解决

表 F2.5 主要材料需用量计划表

顺序	材料名称	规格	单位	数量	进场时间
1	水泥	325^R	t	480	按进度分批进场
2	白水泥	325^R	t	38	按进度分批进场
3	钢筋	Ⅰ、Ⅱ级钢	t	340	按进度分批进场
4	松原木	直径>250	m³	38	制作脚手木时进场
5	杉原木	直径>350	m³	32	制作木门时进场
6	杂硬木	直径>90	m³	3 000	制作支撑时进场
7	胶合板	1830×915×18	块	2 350	模板安装时进场
8	钢管	φ=48	t	5	搭平台架时进场
9	空心砖	190×190×90	千块	5 200	按进度分批进场
10	多孔砖	190×190×90	千块	1 000	按进度分批进场
11	实心砖	240×115×53	千块	850	铺隔热层时进场
12	混凝土隔热板	500×500×30	块	3 260	使用前 2 d 进场
13	防水涂料	851环保2000	t	3	开工时必须进场
14	铁线	12#、14#、16#	kg	各65	
15	河砂	中砂	m³	1 500	按进度分批进场
16	砾石	2~4 cm	m³	1 250	按进度分批进场
17	粉煤灰	袋装	t	180	按进度分批进场
18	石灰膏	熟化 15 d	t	150	按进度分批进场
19	纸筋灰	成品灰	t	200	按进度分批进场
20	红粘土	粉状	t	80	按进度分批进场
21	饰面砖	100×100	箱	1 800	内墙粉刷后进场
22	地板砖	400×400	箱	980	外墙粉刷后进场
23	内墙涂料	环保 106	t	4	装修开始后进场
24	外墙涂料	环保墙漆等	t	2	制作窗扇时进场
25	油漆	防锈漆等	kg	180	使用前 15 d 进场
26	玻璃	5 mm 厚	m²	1 200	制作窗框时进场
27	SBS卷材	1.0 m×12 m	卷	120	
28	铝型材	1.2 mm 厚	t	2	

表 F2.6 预制构件及半成品进场计划表

顺序	名称	规格	采用图集号	页数	单位	数量	计划进场时间	备注
1	成型钢筋	直径 6~25 mm			t	289	按施工进度分批进场	
2	成型铝合金框	见门窗表	仿 TC 图集	第 12 页	樘	420	按施工进度分批进场	
3	成型铝合金扇	见门窗表	仿 TC 图集	第 12 页	樘	840	按施工进度分批进场	
4	混凝土隔热板	500×500×30			块	3 700	屋面防水完成后预制	
5	预制混凝土砌块	190×190×90			块	2 480	现场就地预制	固定铝合金窗框用
6	预制木砖	190×190×90			块	1 500	现场就地预制	固定木门框用
7	预制门过梁	比门洞宽加500	闽 J86-101	第 8 页	根	270	现场就地预制	
8	外墙饰面砖	100×100			m²	1 950	按施工进度进场	
9	内墙面瓷砖	200×300			m²	880	按施工进度进场	
10	地板钢砖	400×400			m²	2 800	按施工进度进场	
11	防滑砖	300×300			m²	210	按施工进度进场	
12	玻璃	5 mm 厚			m²	780	铝合金窗扇制作时进场	
13	空心砖(多孔砖)	190×190×90			千块	6 200	按施工进度进场	外墙采用多孔砖砌筑
14	实心机砖	240×115×53			千块	850	按施工进度分批进场	内墙采用空心砖砌筑

表 F2.7 主要施工工具需用量计划表

顺序	工具名称	型号规格	单位	数量	使用说明	进场时间	使用起迄时间	备注
1	混凝土试块模型	150×150×150	组	10	制作混凝土试块用	垫层混凝土浇灌前1d	混凝土开始至最后结束施工	由试验员保管
2	抗渗试块圆模型	直径150,高150	组	4	制作屋面混凝土试块用	屋面混凝土浇灌前1d	屋面混凝土开始至试块拆除	由试验员保管
3	砂浆试块模型	70.7×70.7×70.7	组	4	制作砌筑砂浆试块用	砖墙开始砌筑之时	砌体开始施工至结束后	由试验员保管
4	坍落度检查筒	TLD-250	个	1	检查混凝土坍落度	垫层混凝土浇灌前1d	混凝土开始至最后结束施工	外业施工员保管
5	砂浆稠度测量仪	CDJ-150	个	1	检查砂浆稠度用	砖墙开始砌筑之时	砌体开始至砂浆全完成	外业施工员保管
6	贮水铁桶	大号汽油桶	只	8	拌制混凝土、砂浆用水用	根据需要分批进场	基础混凝土浇灌开始至竣工	发水班组保管
7	铁锹	尖口、平口各半	把	20	开挖和回填用	土方正式开挖当天	土方开始施工回填完	发土方保管
8	检查尺	自动显示2 m尺	支	2	检查垂直度、平整度	底层柱拆模后到位	底层柱拆模后至竣工	由质检员保管
9	吊线锤	5 kg	粒	2	楼层分中、放线用	二层混凝土完成后到位	二层混凝土完成至主体完成	外业施工员保管
10	游标卡尺	L-250	把	1	检查玻璃、钢筋、卷材用	钢筋进场验收之前	钢筋进场至竣工验收后	由质检员保管
11	直角尺	200×200	把	10	检查阴阳角用	室内粉刷打底之时	粉刷开始至装修完成	发粉刷班组保管
12	水平尺	L-1000	把	2	检查门窗框垂直、平整用	基础模板拆完之时	基础拆模后至竣工	发门窗组保管
13	水平仪	30倍正视镜	台	1	建筑物测量、抄平用	正式定位放样之前	建筑物定位至竣工完成	外业施工员保管
14	经纬仪	红外线型	台	1	建筑物定位、放线、主体高、全高垂直度观测用	正式定位放样之前	建筑物定位至竣工完成	外业施工员保管

表 F2.8 安全设施料具需用量计划表

顺序	项目名称	型号规格	单位	数量	使用说明	进场时间	使用起讫时间	备注
1	安全帽	安监认证产品	项	100	限场内施工人员用	开工之时可以进场	开工至竣工	领用安全帽须签名
2	安全带	安监认证产品	条	8	高处作业人员使用	主体开始时要进场	主体开工至提升机拆除	发给高处作业工种
3	安全网	安监认证产品	领	200	外墙脚手架封闭用	外架使用时要进场	开始搭架至架子拆除	由架子工负责挂设
4	毛 竹	尾径≥70 mm	根	6 000	搭设外架和防护棚	基础施工时可进场	基础施工至外架拆除	由外架承包组提供
5	钢 管	直径 48 mm 壁厚 3.5 mm	吨	5	搭设卸料平台铺设	基础搭架时可进场	基础施工至卸料架子拆除	由外架承包组提供
6	竹 笆	1 200×1 000	片	2 000	外架操作层铺设用	外架搭设时可进场	开工至竣工期间使用	由外架承包组提供
7	漏电保护器	30 mA	个	10	用于电设备配置用	开工之时可以进场	开工至竣工期间使用	由项目部负责购置
8	电 铃	D-150	只	2	井架提升机信号用	开工之时可以进场	井架安装至井架拆除	由项目部负责购置
9	配电箱	XGF1-W	个	1	施工临时用电总箱	开工之时可以进场	开工至竣工期间使用	由项目部负责购置
10	开关箱	XGL1-W	个	10	各机械设备独立箱	开工之时可以进场	机械设备开始用至退场	由项目部负责购置
11	绝缘手套	中号	双	20	操作轻便式机具用	开工之时可以进场	该工种开工至结束期间	由项目部负责购置
12	绝缘胶鞋	39#、41#、各半	双	20	操作轻便式机具用	开工之时可以进场	该工种开工至结束期间	由项目部负责购置
13	灭火器	0.75L	瓶	10	易燃易爆物总堆用	开工之时可以进场	开工至竣工期间使用	由项目部负责购置
14	安全警示牌	规范型	套	1	有针对性重点部位悬挂	开工之时可以进场	开工至竣工期间使用	由项目部负责购置

注：用于安全设施、料具购置的开支为工程造价的 2%左右。

表 F2.9 主要劳力需用量计划表

工种名称	所需总工日数	分期分批出工人数											计划班组数	计划班组人数
		第1个月	第2个月	第3个月	第4个月	第5个月	第6个月	第7个月	第8个月	第9个月	第10个月		
土方工	40	40	/	/	/	/	/	/	/	/	/	1组	每组20人共1组
混凝土浇灌工	245	100	55	55	35	/	/	/	/	/	/	2组	每组15人共2组
模板工	1235	105	400	400	330	/	/	/	/	/	/	2组	每组20人共2组
钢筋工	550	70	180	180	120	/	/	/	/	/	/	1组	每组20人共1组
架子工	235	30	60	60	60	/	/	/	/	/	25	1组	每组10人共1组
砌砖工	750	/	/	/	300	400	50	/	/	/	/	2组	每组20人共2组
抹灰工	1950	/	/	/	/	/	100	600	600	600	50	2组	每组20人共2组
铝合金工	180	/	/	/	/	/	/	60	60	/	60	1组	每组10人共1组
贴砖工	380	/	/	/	/	/	/	/	/	300	80	1组	每组20人共1组
杂工	120	30	10	10	10	10	10	10	10	10	10	1组	每组10人共1组
防水工	75	/	/	/	/	/	/	/	30	45	/	1组	每组10人共1组
油漆涂料工	160	/	/	/	/	/	/	/	/	60	100	1组	每组12人共1组
水管工	215	/	15	13	12	25	25	25	50	50	/	1组	每组10人共1组
电线工	220	/	15	15	10	15	15	15	15	60	60	1组	每组10人共1组

参考文献

[1] 卜良桃,廖国荣. 土木工程施工. 武汉:武汉理工大学出版社,2015.
[2] 丁洁,杨洁云. 建筑工程项目管理. 北京:北京理工大学出版社,2016.
[3] 蔡雪峰. 建筑工程施工组织管理. 北京:高等教育出版社,2015.
[4] 殷为民,张正寅. 土木工程施工组织. 武汉:武汉理工大学出版社,2016.
[5] 曹吉鸣. 工程施工组织与管理. 第2版. 上海:同济大学出版社,2016.
[6] 杨颖. 建筑工程施工技术及其现场施工管理探讨. 煤炭技术 2012(08).
[7] 王延树. 建筑工程项目管理. 北京:中国建筑工业出版社,2007.
[8] 付奕,阮涌波. 施工组织. 海口:海南出版社,2007.